理論・実証・政策
新しい産業組織論

小田切宏之 ── 著

有斐閣

はしがき

　産業組織論はエキサイティングな学問である。経済の実態に関心があるものにとっても，理論に関心があるものにとってもエキサイティングな学問である。経営戦略への応用を考えているものにとっても，公共政策を考えているものにとってもエキサイティングな学問である。

　これは，産業組織論が現実の企業や産業を常に相手にしているからである。しかも，ここ20年の間に，ゲーム論などを応用した理論分析によって目覚ましい発見がいくつもあった。かつて M. E. ポーターは，産業組織論を応用して『競争の戦略』（1980年）を書き，経営戦略論を一変させたが，今や欧米のビジネススクールでは，産業組織論におけるより最新の理論的・実証的成果を存分に取り入れた経営戦略論が教えられている。また，新しい産業組織論は合併審査などの競争政策運用に，あるいは公益事業における規制緩和に生かされている。

　産業組織論をこうしたエキサイティングな研究分野として学んでほしい。これが本書を執筆した動機である。ただしあらかじめお断りしておくが，エキサイティングな学問を学ぶのはけっして容易ではない。新しい理論分析を次々と取り入れてきたからこそ，産業組織論はエキサイティングに発展してきたからである。したがって，ミクロ経済学の十分な素養がなければ，本書で紹介していく理論的展開をフォローしていくのは困難である。しかし，ミクロ経済学の基礎を学んだうえで，こうした理論を丹念にフォローしていくなら，産業組織論のエキサイティングさを感じとっていただけるものと確信している。

　タイトルは『新しい産業組織論』とした。かつて，いわゆる「伝統的産業組織論」（トラディショナル IO）と「新しい産業組織論」（ニュー IO）とが対比された時期があった（植草益編［1995］『日本の産業組織』有斐閣，に解説がある）。しかし，本書はいわゆる「新しい産業組織論」の立場のみに立つわけではない。現在では，「伝統的な」考え方が成立する場合も「新しい」考え方が成立する場合も，さまざまな状況に応じてありうることが，産業組

織論研究者の間での合意となっており，そのことを知っていただくのが本書の目的の1つでもある．すなわち，いずれの考え方をも包含するのが今の時点での『新しい産業組織論』といえる．

　本書は，学部上級レベルから大学院修士課程向けの教科書である．筆者は筑波大学と一橋大学の大学院で20年以上にわたり産業組織論を教えてきた．いずれにおいても，学部で十分に経済学を学んだうえで研究者をめざして大学院で学ぼうとする院生諸氏に加え，学部では経済学以外を学んでいた諸氏や，いったん社会人となって大学からは離れていた諸氏で，高度な学問的素養を持つ社会人となることをめざして大学院で学ぶ諸氏を対象としてきた．こうした院生諸氏は今や全国で増えている．彼ら彼女らには，最新の理論的成果を交えて産業組織論を学んでほしい，そしてそれら成果が現実の企業行動を分析するために，また公共政策や経営戦略を考えていくために有用であることを知ってほしい．このための手助けとなることを目的として，本書は書かれている．

　本書は大きくいって3つの部分からなっている．第1章から第5章は基本理論である．ミクロ経済学における完全競争・独占・寡占理論の応用を中心に，利益率についての実証分析や，参入障壁の意味について学ぶ．第6章から第9章は企業戦略と産業組織の関わりについてである．参入阻止・差別化・広告・研究開発についての企業の戦略的行動を分析し，産業組織との関係，また競争政策上の含意について考える．最後に，第10章から第12章は競争政策の経済学的分析をおこなう．ここで取り上げるのは，カルテル・合併・垂直的取引制限である．これらについては，すべて競争制限的であるとする論調と，営業の自由や規制緩和の観点から自由化すべきとする産業界の主張とが，いたずらに対立しがちである．しかし，企業のインセンティブの立場からも公共政策の立場からも，これらを経済学的に分析することは可能であり，それによって誤りの少ない競争政策の運用が図られなければならない．

　すでに述べたように，本書はミクロ経済学の基礎知識を前提とする．したがってそうした知識を持たない読者は，まずミクロ経済学を十分に学ぶことから始めていただきたい．いわゆる基礎から中級のミクロ経済学の教科書で

あればどれでもよい。特に最近は，梶井厚志・松井彰彦［2000］『ミクロ経済学——戦略的アプローチ』(日本評論社)のように，ゲーム論的あるいは戦略論的な思考をわかりやすい形で取り入れたミクロ経済学の教科書も出版されている。本書における主要な理論がゲーム論を取り入れたものであるだけに，生産関数や効用関数について伝統的なミクロ経済学の教科書で学んだうえで，こうした教科書を読んでおくと，本書への準備として好適であろう。

　本書の内容は，おおむね4単位（1時間30分×30回）の授業に対応するものとして構想されている。その場合は，理論的に難度の高い節（＊印を付した）については必要性と理解力に応じて取捨選択しつつ，本書を通じて学ぶことをお勧めする。2単位授業（15回）の場合には，以下のような講義計画がお勧めできよう。

第1回　　序論と SCP パラダイム（第1章第1～3節）
第2回　　集中度（第1章第5節，公正取引委員会データなどによる市場集中の実態の紹介）
第3回　　完全競争と独占（第2章第1～4節）
第4回　　寡占，経済厚生と利益率（第3章第1～3節）
第5回　　ベルトラン・パラドックス，参入阻止価格（第4章第1～2，5節）
第6回　　コンテスタブル・マーケット理論（第5章第1～2節）
第7回　　参入障壁（第5章第3～4節）
第8回　　戦略的参入阻止（第6章第1～2，4節）
第9回　　製品差別化（第7章第1～2節）
第10回　　不完全情報と広告（第8章第1～2，6節）
第11回　　研究開発（第9章第1～3節）
第12回　　カルテルと暗黙の協調（第10章第1～3節）
第13回　　合併（第11章第1～2，4節）
第14回　　垂直的取引制限（第12章第1～5節）
第15回　　予備

　各章にはコラム（第3，4章を除く）と練習問題を加えてある。コラムは

補足的なテーマや実例などを取り上げている。また練習問題は，読者の復習に役立てていただくために用意されたものであり，答えは本文を読み返すことによって明らかなはずなので，模範解答を付してはいない。なお，＊印を付した練習問題は＊印を付した節（難度の高い節）に対応している。

　本書をこのような形で完成することができたのは，何よりも，筑波大学・一橋大学で筆者の授業へ質問し，筆者により良い教え方を工夫することの必要性を痛感させた学生諸君のおかげである。そのうちの一人であった前田芳斗君は，修士課程を修了し社会人として就職してからも，週末や夜間の時間を惜しんで原稿入力を進めてくれた。また，筆者自身の大学院時代の産業組織論の恩師や筆者の産業組織論分野での研究者仲間たちがいなければ，筆者の理解はずっと限られたものであったろう。有斐閣の柴田守氏は，時として論文調の文章を書きがちな筆者に教科書として読みやすい書き方を示唆されるなど，編集担当として的確な助言をして下さり，本としてまとめあげて下さった。これらの方々に心より感謝したい。

　最後に私事ながら，著書や論文執筆のたびに励ましてくれた妻真理なくしては本書はありえなかったことを書き加えるのをお許し願いたい。

　　2001年春，国立にて

小田切　宏之

【2013 年夏，第 5 刷にあたって】
　本書が刊行されて 10 年以上が経過する。多くの読者の支持を得て 5 刷となったことに，ありがたく御礼申し上げたい。本書の中心部をなす理論および実証については，その後の研究の発展があるものの，現在もそのまま有用であり，改訂の必要はないと考える。しかし制度やデータに大きな変化があり，加筆・修正することとした。主な変更は以下のとおりである。
　(1)　第 1 章コラム①：集中度につき，最新データに改めた。
　(2)　第 10 章コラム⑧：独占禁止法改正による制度変更を反映させた。
　(3)　第 11 章 5，6 節：公正取引委員会企業結合ガイドライン改正を反映させた。
　(4)　学習ガイド：参考書につき，より最新のものを参照した。
　なお，筆者は現在，公正取引委員会に在籍するが，今回の変更部分を含め，本書は筆者個人の見解に基づくものであり，所属する組織のものではない。

小田切　宏之

◎目　次◎

第1章　産業組織論の基本概念 …………………………………………… 1

1. 産業組織論とはどのような学問分野か ………………………… 1
2. 「産業」とは何か，「市場」とは何か ………………………… 2
3. 構造・行動・成果（SCP）分析 ………………………………… 3
   市場構造 3　　市場行動 5　　市場成果 5　　SCPの背後にあるもの 6
4. 変数とモデル ……………………………………………………… 7
5. 集中度 ……………………………………………………………… 9
   k社集中度 9　　ハーフィンダール指数 9　　シェア・データについての問題点 10

   コラム①　日本の産業における集中度 ……………………… 11

第2章　独占による経済厚生の損失 …………………………………… 15

1. 厚生経済学の基本定理 …………………………………………… 15
   基本定理 15　　簡単な証明 16
2. 完全競争市場均衡の最適性 ……………………………………… 17
3. 独占市場均衡と厚生 ……………………………………………… 19
4. 独占による厚生の損失の推計 …………………………………… 21
   推定モデル 21　　推定上の問題点 21　　推定結果と国際比較 22
5. 固定費用の影響 …………………………………………………… 26

   補論：消費者余剰と生産者余剰 ………………………………… 28

   コラム②　X非効率性と厚生の損失 ………………………… 24

第3章　寡占市場の均衡・経済厚生・利益率 ………………………… 31

1. 生産量決定型寡占モデル ………………………………………… 31
   基本モデル 31　　対称的複占におけるクールノー均衡 33　　推測的変動の影響 34　　企業数の影響 35
2. 製品差別化とクールノー均衡 …………………………………… 36
   製品差別化度 37　　均衡分析 37
3. 企業間費用格差とマーケット・シェア ………………………… 38
   マーケット・シェアの決定 38　　プライス・コスト・マージン 39
4. 市場構造と利益率 ………………………………………………… 40

企業レベルでの実証分析　40　　産業レベルでの実証分析　41　　推定上の問題点　43　　解釈上の問題点　43

5*. 集中度と社会的厚生 ……………………………………………………… 45
　　　産業成果改善可能性指数の定義　45　　産業成果改善可能性指数と集中度　47
　　数学注：定理3⑦の証明 ………………………………………………… 48

第4章　価格決定のベルトラン・モデルと参入阻止　51

1. 価格決定型寡占モデル …………………………………………………… 51

2. 製品差別化と価格決定型モデル ………………………………………… 53

3*. 生産能力の制約下での最適価格決定 …………………………………… 55
　　　エッジワースのベルトラン批判　56　　生産能力が制約となる場合　57

4*. 生産能力の決定 …………………………………………………………… 59
　　　均衡の成立　60　　ベルトラン・パラドックスの現実性　61

5. 参入阻止価格戦略 ………………………………………………………… 61
　　　費用条件の差と参入　61　　最適価格の3つのケース　62

第5章　コンテスタブル・マーケットと参入障壁　67

1. コンテスタブル・マーケットの理論 …………………………………… 67
　　　コンテスタブル・マーケットとは何か　67　　サステイナブルな解の3つのケース　68　　サステイナブルな解の性質　71

2. パレート最適性とラムゼイ最適性 ……………………………………… 73
　　　サステイナブルな解のラムゼイ最適性　74　　サステイナブルな解の存在　75

3. 参入障壁の要因：費用優位性とサンク・コスト ……………………… 77
　　　絶対的費用優位性　77　　サンク・コストと固定費用　79　　サンク・コストはなぜ参入障壁を生むか　80

4. 参入障壁と参入の実証分析 ……………………………………………… 83
　　　参入障壁の計測　84　　規模の経済性は参入障壁となるか　85　　参入行動の実証分析　86

5. 利益率格差の持続性 ……………………………………………………… 88
　　　推定モデル　89　　推定結果と国際比較　90

　　補論*：範囲の経済性とラムゼイ定理 …………………………………… 93
　　　　1．複数財生産における自然独占　93　　2．独占解　95　　3．ラムゼイ定理　96　　4．弱い見えざる手の定理　98

　　コラム③　自然独占市場における規制緩和 ……………………………… 81

第6章　戦略的参入阻止とコミットメント　　101

1. **参入阻止にコミットメントが果たす役割**　……　101
   生産量決定型の参入阻止戦略　101　　コミットメント　103

2. **参入阻止のための投資理論**　……　105
   生産量の決定　105　　生産能力の決定　107　　遊休能力の不在　109

3*. **不完全情報と参入阻止戦略**　……　110
   ミルグロム＝ロバーツ・モデル　111　　ケース①：参入からの期待利益が負　112　　ケース②：参入からの期待利益が正　113　　情報が不完全なときの最適生産量　115

4. **参入阻止戦略の実証分析**　……　116

5. **過剰参入の可能性**　……　118
   自由参入解　119　　最善解と次善解　119　　参入のもたらす外部効果　121

   コラム④　参入阻止戦略についてのアンケート調査　……　117

第7章　製品差別化による競争　　123

1. **差別化とは何か**　……　123
   差別化という言葉　123　　垂直的差別化と水平的差別化　124　　ブランド・バラエティと効用　125

2. **過剰な差別化，過小な差別化**　……　127
   独占的競争モデル　127　　最適な製品バラエティ　128

3. **製品空間における立地―線分モデル**　……　130
   最小差別化定理　130　　最小差別化解の問題点　133

4*. **線分モデルにおける価格決定**　……　133
   最小差別化のもとでの均衡価格　134　　2段階モデルによる価格と立地の決定　135　　線分モデルと円環モデル　138

5*. **製品空間における立地―円環モデル**　……　138
   円環モデルの枠組み　139　　2段階モデルによる価格と立地の決定　140　　社会的最適解　141　　過剰参入定理との比較　142

   コラム⑤　情報探索の最適停止　……　142

第8章　広告の情報提供機能と先行者の優位性　　145

1. **広告は説得的か情報提供的か**　……　145
   3種類の情報源　145　　情報提供的広告と説得的広告　146　　広告の社会的厚生への影響　146

2. **品質のシグナルとしての広告**　……　148

探索財と経験財 149　高品質メーカーの広告インセンティブ 149
- **3*. 広告の信頼性についての消費者学習** ……… 151
  消費者による品質の推定 151　企業行動のモデル 152　シミュレーション分析 153
- **4*. 品質情報の不完全性と最適価格戦略** ……… 154
  シュマーレンゼー・モデル 154　浸透価格戦略 156　シャピロ・モデル 157　上澄み価格戦略 158
- **5*. 先行者の優位性** ……… 159
  不完全情報がもたらすスイッチング・コスト 159　参入企業の価格戦略 160　金銭的スイッチング・コスト 163　その他の理由による先行者の優位性 164
- **6. 広告と参入** ……… 166
  参入障壁としての広告 166　参入手段としての広告 167

　　コラム⑥　ネットワーク外部性 ……… 165

第9章　研究開発と特許についての競争　171

- **1. 技術革新の果たす大きな役割** ……… 171
  シュンペーターの革新論 171　進化論的理論 172　技術革新とは何か 173
- **2. 発明へのインセンティブは十分か** ……… 174
  技術の専有可能性 174　完全競争企業と独占企業の比較 175　独占企業に発生する置換効果 177　社会的最適解との比較 178
- **3. シュンペーター仮説** ……… 179
  企業規模と研究開発の関係 179　集中度，シェアと研究開発 180　モデル分析 181
- **4. 特許をめぐる競争** ……… 183
  バーゼル・モデル 184　ラウリー・モデル 185　特許取得による参入阻止 186
- **5*. 技術スピルオーバーと最適研究開発支出** ……… 187
  技術フロー 188　2段階モデルによる分析 188　研究開発費の決定 190　市場構造と研究開発の関係 191
- **6*. 共同研究と経済厚生** ……… 193
  共同研究における結合利潤最大化 194　非協力解と協力解の比較 195　協力解と次善解の比較 196　共同研究のその他の効果 197

　　数学注：式の導出 ……… 198
　　コラム⑦　技術の専有可能性 ……… 192

第10章　カルテルと暗黙の協調　203

1. 不当な取引制限の禁止　203
2. カルテルの最適化行動と安定性　204
    総合利潤最大化 204　カルテル参加のインセンティブ 205　カルテルから逸脱するインセンティブ 206
3. 報復の脅威による協調の維持　208
    引き金（トリガー）戦略 208　有限回繰り返しゲームにおける最終期問題 209　市場集中とカルテルの安定性 210　暗黙の協調 210　プライス・リーダーシップ 211
4.* 景気変動とカルテル・協調　213
    グリーン＝ポーター・モデル 213　ローテンバーグ＝サロナー・モデル 215
5. カルテルと利益率の実証研究　217
    実在したカルテルについての分析 217　カナダのガソリンスタンドについての分析 217　PCMと景気変動の関係についての分析 218　日本についての実証分析 220

    コラム⑧　独占禁止法違反事件の処理手続　221

第11章　合併の経済効果　225

1. 企業結合規制　225
    独占禁止法の規制 226　水平合併・垂直合併・混合合併 226
2. なぜ企業は合併するか　227
3. 合併による効率性の向上　228
    価格の変化 229　利潤の変化 230　効率性向上の源泉 231
4. 合併と社会的厚生　232
    厚生のトレードオフ 232　合併企業の効率性向上の影響 234
5.* 合併規制におけるシェア基準　235
    シェア50％基準の意義 236　日米競争政策当局による合併規制 237
6. 市場の画定　240
    製品間代替の可能性 240　市場画定の現実的困難性 243

    コラム⑨　八幡製鉄・富士製鉄合併　243

第12章　垂直的な取引制限　247

1. 垂直的取引関係における最適化行動　247
    メーカーと小売店 247　二重の限界化 248

2. 再販とフランチャイズ制 ……………………………………… 251
   再販売価格の維持 251　　フランチャイズ契約 252
3. ブランド内競争とブランド間競争 …………………………… 253
   ブランド内競争 253　　ブランド間競争 253　　ブランド内・ブランド間競争 255
4. 小売店によるサービス供給 …………………………………… 256
   ドーフマン＝スタイナー条件 256　　他店サービスへのただ乗り 257　　サービス供給促進手段としての再販 258　　テリトリー制によるサービス供給の促進 260　　再販とテリトリー制の比較 261
5. 垂直的取引制限がもたらす競争制限 ………………………… 262
   市場の囲い込み 262　　排他条件付取引の利点 263
6. 不公正な取引方法の禁止 ……………………………………… 263
   コラム⑩　不 当 廉 売 ……………………………………… 265

変 数 一 覧 ……………………………………………………… 269
学 習 ガ イ ド ………………………………………………… 273
参 考 文 献 ……………………………………………………… 275
索　　　引 ……………………………………………………… 281

第1章

産業組織論の基本概念

1. 産業組織論とはどのような学問分野か

産業組織論（産業経済論ともいう）は，対象とする産業について，その組織構造や参加者（企業，消費者）の行動を分析・評価し，公共政策への理論的・実証的な基礎を与えることを目指す学問分野である。このため，一方では，高度に理論的なモデルが援用されて産業分析に役立てられるものの，他方ではきわめて実践的な性格を持つ。実際，競争政策・産業政策・通商政策・規制などの公共政策は，産業組織論分析が進むに伴い大きく変化してきた。逆に，公共政策遂行の必要性から新たな問題提起がなされ，産業組織論の発展を促した例も多い。たとえば，最近のマイクロソフト社への独占禁止法違反訴訟事件はよく知られているが，これにより，OSやソフトウェア産業における産業組織について，あるいはインターネットの普及が産業組織に与える影響についての分析が幅広くおこなわれるようになった（たとえばShapiro and Varian [1998]）。

また産業組織論では，産業の主要参加者である企業の行動についての分析が欠かせないから，**経営戦略論**とも密接に関連する。やや極端に単純化していえば，どのような企業行動が独占の弊害を生むかを分析する産業組織論のアプローチを逆転させることによって，独占的利益を生むためにはどのような戦略を企業はとるべきかを論じることができる。経営戦略論の第一人者といえるM. E. ポーターは，もともと産業組織論の分野で博士号を取得した人で，その代表作『競争の戦略』はまさに上述したアプローチで書かれている。今やアメリカの主要ビジネス・スクールで多くの産業組織論研究者が教鞭をとっているのは，この理由によるのである。

理論的には，産業組織論は**ミクロ経済学**の応用である。ミクロ経済学には，

市場間の相互依存を考慮に入れる一般均衡分析と，個別の市場に焦点をあてる部分均衡分析があり，この部分均衡分析を現実の市場・産業に対応させておこなうのが産業組織論といえる。この分野では，市場の参加者をゲームのプレイヤーにたとえ，**ゲーム理論**を用いて分析することが一般化している。自社がとる行動に対してライバル他社がどう反応するかを考慮しつつ自社の最適行動を考えるのは，まさにゲーム理論だからである。1970年代頃からの20世紀最後の4半世紀は，ゲーム理論の精緻化と活用によって産業組織の理論的分析が飛躍的に進んだ時期であった。本書でゲーム理論のアプローチに基づいたモデルがいくつか紹介されるのは，こうした最近の理論的発展を概観するためで，それなくしては今の産業組織論が達成した成果を理解することができないからである。

2. 「産業」とは何か，「市場」とは何か

　産業組織論は「**産業**」あるいは「**市場**」を分析対象とする。産業とは，同一の商品（財あるいはサービス）を生産し販売する企業の集まりを指すものと理解される。一方，市場とは，元来，売り手と買い手が集まり取引する場を指す言葉であった。しかし，そのような場は広く分散するようになり，株式取引ですら「場」での立ち会いからコンピュータと通信網を利用した取引に移行したことでわかるように，具体的な場を特定することはもはや無意味である。そこで，売り手と買い手が参加して，ある同一の商品について取引をおこなう具体的あるいは仮想的な場を抽象的に総称して市場と呼ぶ。1つの市場に参加する売り手の集団が，産業であるともいえる。

　以上の定義には2つの問題が残る。1つは，産業に含まれるのは，現時点で生産あるいは販売をおこなっている企業のみなのか，現在は生産も販売もしていないが，価格や技術などの条件によっては，生産あるいは販売に乗り出すことを将来的に検討している企業も入るのかという問題である。とりあえずは前者のみを考えるが，前者を既存企業，後者を潜在的参入企業と呼んで区別し両者の関係を考えることは，本書第4～6章の主要テーマである。

　もう1つは，「同一の商品」とは何を指すかの問題である。これは「市場

の画定」の問題と呼ばれ，第11章で見るように，合併などに対する競争政策運用上の大きな論点となっている。たとえば自動車を考えたときに，トラックと乗用車を同一の商品とみなすのか，大型乗用車と軽乗用車を同一の商品とみなすのか，小型乗用車の2ドア車と4ドア車を同一の商品とみなすのか，同じ4ドア小型車のトヨタ・コロナと日産ブルーバード，本田アコードを同一商品とみなすのか，という問いに答えることは難しい。当面，この問題を無視し，単に市場や産業という言葉を用いるが，特に製品の差別化の問題を考える場合には，2社の製品は同一市場に属すると考えるのか，異なる市場に属すると考えるのかが恣意的でありうることに注意する必要がある。

3. 構造・行動・成果（SCP）分析

ある市場を分析するとき，その構造（Structure），行動（Conduct），成果（Performance）の3つの側面から分析するのが便利である。このことを，3つの頭文字をとって**SCP分析**と呼ぶ。あるいは，分析の理論的枠組みを意味するパラダイム（paradigm）の語を用いて，**SCPパラダイム**と呼ぶ。このそれぞれについて，以下で説明しよう。

市場構造 **市場構造**とは，言葉の示す通り，その市場がどのような構造をとっているかを指す。構造は多くの要因によって規定されるが，その中でも売り手・買い手の数と分布，製品差別化の程度，参入障壁の高さの3つが重要である。

売り手の数が1社のときを**独占**，複数だが少数のときを**寡占**，十分に多いときを**競争市場**と呼ぶ。ただし，独占の場合を除けば，企業の数だけではなく，その分布も重要である。10社存在しても，各社がほぼ同規模の場合と，1社が突出して大きい場合とでは構造は異なるとみなすべきだからである。数と分布を単一の指標に集約するためにいくつかの集中度の概念が工夫されていることについては，第5節で学ぶ。

買い手についても数と分布が問題になる。消費財市場では買い手は一般消費者であり，多数存在して，各買い手の影響力は小さいと考えてよい。これに対し，中間財や投資財の場合には買い手の数が限られることが多い。たと

えば自動車部品の買い手は自動車組立メーカー（アセンブラー）に限られ，鉄道車両の買い手は鉄道会社に限られる。食料品のような消費財でも，生産者と消費者の間に大手スーパーのような大きな力を持つ流通業者が介在する場合には，生産者・流通業者間での買い手側の力を考慮する必要がある。こうした状況を**買い手独占**や**買い手寡占**と呼び，その下での市場均衡についてのモデルが考えられてきている。本書でも，第12章の垂直的取引制限に関する分析ではこのことを考慮するが，その他の章では，買い手は多数存在すると仮定する。

買い手が売り手A社の商品とB社の商品とを異なるものと認識するとき，製品が**差別化**されているという。デザイン・品質・味などについて物理的特性が異なるときには，差別化は明確である。また，商品に付帯する物やサービスで差別化されている場合もある。ガソリン・スタンドで，ティッシュ・ペーパーのような景品提供や，窓清掃やエンジン・ルーム点検などのサービスで差別化を図っているのが，この例である。クレジット・カードによる支払いの受付も付帯サービスである。もう1つの重要な差別化が立地によるものである。いくつもあるコンビニエンス・ストアの間で売られている商品の種類や価格が同じであっても，消費者は近くのコンビニエンス・ストアを便利に感じる。つまり，AストアとBストアは地理的な理由で異なるものと認識されているから，差別化である。都市経済学・地域経済学における主要テーマの1つである**立地理論**は，以上の理由で，製品差別化を分析するのに有用である。このことについては第7章で学ぶ。

製品差別化とは，買い手が2社の商品を異なるものと「認識」することと定義した。このため，A社商品とB社商品が物理的にはまったく同じものであっても，買い手が別のものと認識していれば製品差別化が成立する。この典型例が**ブランド**による差別化である。まったく同じ服でありながら，一方には有名デザイナー・ショップのブランドが付き，他方はノー・ブランドであれば，ほとんどの買い手はこれらを同一視せず，前者の方が高くても購入しようとする。こうしたブランドと品質の関係については第8章で学ぶ。

市場構造を規定する第3の要因が**参入障壁**である。これは，ある産業に新規の企業が参入しようとするとき，既存企業に比べどの程度不利であるかを

示す。新規企業がまったく参入できないときを**参入不能**，逆に新規企業の参入に何らの障壁も存在しないときを**参入自由**と呼ぶ。ほとんどの市場では，この両極端の中間が成立するから，参入障壁がどの程度高いか，どのような理由で高いかが問題になる。この問題は第5章で議論する。

市場行動　市場に参加する経済主体がどのような行動をとるか，これを**市場行動**の問題と呼ぶ。ほとんどの市場では，中心的な問題となるのは売り手企業の行動であるから，これは**企業戦略・経営戦略**の問題にほかならない。戦略としてまずあげられるのは価格と生産量の決定で，ミクロ経済理論の中心的な問題意識である。本書でも第2～4章をはじめとする多くの章で，この問題が扱われる。

しかし，企業が戦略手段として考えるのは価格と生産量だけではない。設備投資（第6章），製品戦略（第7章），広告（第8章），研究開発（第9章），流通戦略（第12章）などのほか，合併（第11章），提携，垂直的統合，多角化などの経営組織に関わる戦略もある（経営組織に関する問題について，詳しくは小田切［2000］を参照）。これらはすべて市場行動の一環と考えられるのである。

市場成果　**市場成果**とは，貢献度や達成度のことである。この貢献には経済への貢献と，市場参加者，特に企業への貢献とがある。後者はいうまでもなく，利潤や株価，あるいは成長などで測られる。どの指標が最も重要かは，**企業の行動原理**に依存する。企業が株主のものであると考える限り，株価（および株価を決定する利潤）が唯一の基準である。実際，本書でも，すべてのモデルにおいて**利潤最大化**（あるいは利潤現在価値最大化）を仮定する。しかし**経営者資本主義**と呼ばれる考え方のように，経営者が株価や利潤のほかに成長率や従業員生涯賃金などを経営目標とするという考え方もある（小田切［2000］）。

産業組織論で主として問題にされるのは，経済的厚生への貢献である。その中心が**資源配分の効率性**で，「他の誰の効用をも下げることなく，誰かの効用を上げることがもはや不可能な状態」と定義される**パレート最適性**（Pareto optimality）が達成されているかが問題となる。産業組織論における分析は主として部分均衡分析なので，パレート最適性は市場での社会的余剰，

すなわち消費者余剰と生産者余剰の和が最大化されていれば満たされていると判断される。より詳しくは次章で説明しよう。

経済的厚生に関連するものとして，このほかにも，**進歩性**と**公平性**がある。進歩性は経済成長や技術進歩で代表される。設備投資や研究開発のような動学的な問題，すなわち今日の決定が将来の成果に影響を及ぼすような問題では，進歩性は重要な成果基準となる。

公平性は主として所得分配上の問題とみなされる。ただし，どのような分配をもって公平とみなすかについては国民の間での判断の一致が望みえず，本書でも考慮の範囲外とせざるをえない。たとえば中小企業の保護・育成はしばしば産業政策の一環として取りあげられ，また競争政策においても，不当廉売の規制や優越的地位濫用禁止の規定が中小企業保護のために用いられがちである（第12章コラム）。こうした政策の評価は論者によって大きく異なり，経済学的・客観的に論じることには困難がある。

SCPの背後にあるもの　市場の構造（S）・行動（C）・成果（P）がどのように関係しているかについては，本書を通じてさまざまに考えていくことになる。構造・行動・成果は多くの要因の影響を受ける。こうした要因にはマクロ経済条件や市場を取り巻く社会的・文化的条件，さらには国際環境に関わる条件まで含まれる。

売り手側すなわち供給側に与える影響としては，技術と費用に関する条件が特に重要である。規模の経済性がどの程度か，不可逆的な設備投資がどれだけ必要かは，企業の最適規模を決める主な要因であり，市場構造への影響が大きい。科学技術がどの程度急速に進展しているか，基礎科学を主として研究する大学や国立研究所との情報交換がどの程度あるかは，企業の研究開発に大きな影響を与える。

費用条件としては，生産要素の入手可能性と価格が重要である。稀少な自然資源や熟練労働が自由に入手できなければ，新規企業の参入は難しい。労働組合の存在によって労働者の採用と解雇が制限されれば参入・退出はより困難となり，また賃金などの労働条件が制約されれば費用関数は影響される。法的あるいは行政に関する環境も供給側に影響を与える。たとえば環境・労働・製造物責任などに関する種々の規制は，企業行動や費用構造に影響を与

える。

　買い手側すなわち需要側では，消費者の嗜好を決める社会的・文化的条件や購買力を決めるマクロ経済的要因のほか，代替商品の市場に関する条件が重要である。密接な代替品が入手しやすければ，価格上昇により代替品への切替えが起こりやすいから，需要の価格弾力性は大きくなりがちである。いうまでもなく，この問題は第2節で述べた市場の画定の問題と密接に関連する。

　需要側にも供給側にも共通する要因として，流通に関わる条件がある。流通が整備されてオープンであればあるほど，供給側では新規参入が容易であり，需要側では当該商品の購入も代替品への切替えもしやすい（第12章参照）。

　もう1つの共通する要因は，情報がどれだけ完全か，すなわち，参加者がどれだけの情報を持ち，どれだけ容易に情報入手できるかである。このことは企業の価格決定にもマーケティング活動にも大きな影響を与える（第7章コラム，第8章，第10章など）。

　本書では産業組織を考えていくためのいくつかのモデルを紹介していくことになるが，モデル間の違いは，以上にあげたような諸条件についての仮定の置き方が違うことにあると考えてよい。そしてそれによってS，C，Pが，あるいはS-C-P間の関係が規定されることを学んでいく。

4. 変数とモデル

　これらのモデルにおいて中心となるのは**需要関数**と**費用関数**である。その基本的事項についてここで整理しておこう。なお，巻末に「変数一覧」を付けたので，本書を通じて参考にするとよい。

　とりあえず，製品は差別化されておらず同質的としよう。このとき，市場需要量を Q，価格を p として，**逆需要関数**は $p=p(Q)$ と書かれる。需要関数が，価格の関数として需要量を示す関数であるのに対し，その逆関数として，ここでは価格（需要価格）を需要量の関数としているので，逆需要関数と呼ぶ。

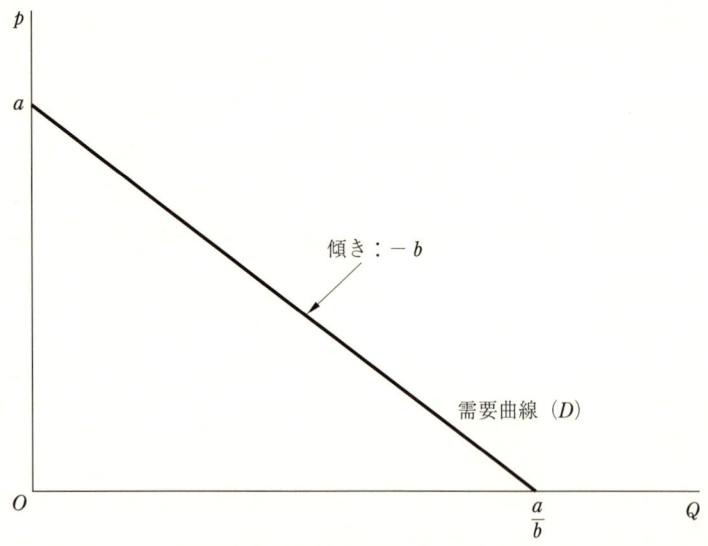

図1①　線型モデルでの需要曲線

以下では原則として，大文字で産業レベル・市場レベルの変数を表し，小文字で企業レベルの変数を表す．添字 i は第 i 企業を表し，企業数を n で表すので，$i=1, \cdots, n$ である．Q は市場需要量・産業生産量であり，q_i は第 i 企業の生産量なので，需給がバランスする限り，$Q=\sum_{i=1}^{n} q_i$ である．

第 i 企業の費用関数を，生産要素価格の項を省略して，$C_i(q_i)$ と書く．いうまでもなく，$\dfrac{C_i}{q_i}$ は**平均費用**（AC_i），$\dfrac{dC_i}{dq_i}$ は**限界費用**（MC_i）である．

本書では，単純化のために，しばしば限界費用を一定と仮定する．このとき，第 i 企業の費用関数は，

$$C_i = c_i q_i + f_i \tag{1.1}$$

と書かれる．C_i は総費用を示す．c_i は平均可変費用で，生産量にかかわらず一定と仮定されるので限界費用に等しい．また f_i は固定費用，すなわち生産量に依存しない費用である．ただし，生産を中止して，$q_i=0$ のとき，$f_i=0$ である．

また逆需要関数についても，

$$p = a - bQ \tag{1.2}$$

という線型の場合に限定することが多い．このときの需要曲線は図1①に示

されている。

　以下では(1.1)式の費用関数と(1.2)式の逆需要関数を持つケースを**線型モデル**と呼ぶ。線型モデルを用いるのは計算や図示が容易なためで，多くの場合，一般的な費用関数と逆需要関数を用いても結論は変わらない。ただし，パラメーターの影響を見るための比較分析などで，符号が一意的に定まらなくなる場合もないわけではない。本書での線型モデルによる分析を一般的な分析に拡張することは困難ではないことが多いので，練習問題として読者自身で試みるとよい。

5. 集中度

　市場構造の代表的指標である**集中度**について説明しておこう。ある商品の第 i 企業の生産量（q_i）をその商品の産業全体の生産量（Q）で割った比率は**マーケット・シェア**（market share：市場占有率）あるいは単に**シェア**と呼ばれ，s_i と記される。$s_i = \dfrac{q_i}{Q}$ である。シェアは 0.1 というように絶対数で表される場合も，10％というようにパーセント標記される場合もある。

k 社集中度　　企業を $s_1 \geq s_2 \geq \cdots \geq s_n$ となるようにシェアの大きい順に並べよう。このとき，

$$CRk = \sum_{i=1}^{k} s_i \qquad (k=1,2,3,\cdots) \tag{1.3}$$

を **k 社集中度**（k-firm concentration ratio）と呼ぶ。C_k と記すこともある。上位 k 社のシェアの合計である。k は任意の正の整数で，$CR1$ は 1 社集中度（首位集中度と呼ぶこともある），$CR2$ は 2 社集中度である。

ハーフィンダール指数　　集中度としてはこのほかにも多くの指標が工夫されてきたが，特に広く使われているものとして**ハーフィンダール指数**（Herfindahl index）がある。H または HI と略し，次式で定義される。

$$H = \sum_{i=1}^{n} s_i^2 \tag{1.4}$$

すなわち，全企業のシェアの 2 乗和である。

　ハーフィンダール指数の持つ特徴を理解するため，全企業のシェアの平均を μ，分散を σ^2 と書こう。すると，定義により $\sum s_i = 1$ であるから（$\sum$ は

$i=1$ から n までの総和とする），

$$\mu \equiv \frac{\sum s_i}{n} = \frac{1}{n} \tag{1.5}$$

$$\sigma^2 \equiv \frac{\sum (s_i - \mu)^2}{n} = \frac{\sum s_i^2 - n\mu^2}{n} = \frac{H}{n} - \frac{1}{n^2} \tag{1.6}$$

となり，(1.6)式より，

$$H = n\sigma^2 + \frac{1}{n} \tag{1.7}$$

を得る。このことは，企業数 (n) が同じでも，シェアの分散が大きいほど H が大きいことを意味する。

たとえば，企業数はともに5であるが，A産業では各社とも同規模でシェア20％，B産業ではシェアの大きい順に40％，35％，15％，9％，1％であるとしよう。後者は1999年の日本のビール産業（発泡酒を含む）の，順にキリンビール，アサヒビール，サッポロビール，サントリー，オリオンビールのシェアを実例としてとったものである（データ出所は『東洋経済統計月報』2000年10月号）。

するとA産業では $H=(0.2)^2 \times 5 = 0.2$ であるのに対し，B産業では $H=(0.40)^2+(0.35)^2+(0.15)^2+(0.09)^2+(0.01)^2=0.3132$ となり，A産業の H を大きく上回る。これは(1.7)式での σ^2 がA産業では0であるのに対し，B産業では0.02264と大きいからである。

σ^2 は非負であるから，$\sigma^2=0$ のとき H は $1/n$ の最小値をとる。また H は1を超えることがないから，

$$\frac{1}{n} \leq H \leq 1 \tag{1.8}$$

であることがわかる。独占の場合は $H=1$ となり，完全競争の場合は各社のシェアは0に近いので，2乗して総和しても0である。

シェア・データについての問題点 シェアについては2つの問題がある。

第1は，量で測るか額で測るかの問題である。財がまったく同質的で情報も完全であれば，企業間で価格は等しくなければならず，量で測っても額で測ってもシェアは同じはずである。しかし差別化されていれば，高級品を生産しているメーカーほど額で測ったシェアが量で測ったシ

ェアを上回ることになる。上記のビールの例では量（リットル）で測られたシェアが示されているが，低価格の発泡酒を含むため，データ集計当時，発泡酒を生産していなかったアサヒビールについては額でのシェアが増え，発泡酒が売上の4分の1を超えていたキリンビールについては額でのシェアが低下するはずである。

　第2は，国内生産量で測るか国内市場出荷量で測るかの問題である。この2つの間には3つの理由で差が生じる。第1は輸出で，生産量には含まれるが，国内市場への出荷とはならない。第2に，逆に輸入は，国内企業によっては生産されていないが，国内市場へ出荷される。第3に自己消費・自家使用がある。たとえば，生産された半導体のうち，コンピュータ組立のために社内で使用されたものは，半導体市場には出荷されない。

　この3点を考慮すると，〈出荷量＝生産量－自己消費・自家使用－輸出＋輸入〉の関係があることがわかる。シェアや集中度は生産量について測られることが多かったが，経済の国際化によって輸出入の影響が大きくなり，市場での競争性に影響するのは出荷レベルと考えるのが自然なため，最近は出荷レベルでの値を用いるのが一般化しつつある。

　第3節で述べた通り，こうした集中度は市場構造を表す典型的な指標とされており，次章以下でもしばしば触れられる。特にハーフィンダール指数は，以上で述べた以外にも有用な特徴を持っており，第3章で戻って再び論じることになる。

―――― コラム① 　日本の産業における集中度 ――――

　表①は，読者にも馴染みが深いであろう10の高集中産業について，3社集中度（$CR\,3$）を生産・出荷の両方で示し，また生産でのハーフィンダール指数（H）を示している（輸入の企業別内訳が不明なため出荷ハーフィンダール指数は計算されていない）。2点に注目しよう。

　第1に，$CR\,3$とHでは順位が必ずしも一致しない。たとえば，$CR\,3$が90％を超える5産業についてHを比較しよう。もし3社で100％を占め，またこれら3社のシェアが均等であれば$H＝100\%^2/3＝3333$であるが，歯磨き，飲料用プラスチック・ボトル，移動電気通信業（携帯電話等を含む）でのH

表① 日本の代表的高集中産業の集中度と輸入比率（2010年）

(%)

産　業	3社集中度（CR3）		生産 H	輸入比率
	生　産	出　荷		
即席めん類	66.7	68.5	1811	0
ビール（発泡酒等を含まない）	89.6	89.1	3488	0.8
ウィスキー	93.6	84.2	4239	9.8
インスタント・コーヒー	98.2	84	4978	9.6
歯磨き	91.5	82	2893	8.4
飲料用プラスチック・ボトル	94.3	95.2	3476	不明
板ガラス	87.5	47.1	2775	50.3
パーソナル・コンピュータ	74.6	55.6	2297	0
普通・小型乗用車	70.2	85.1	2536	0
移動電気通信業	96.5	96.5	3747	輸入なし

出所：公正取引委員会（http://www.jftc.go.jp/soshiki/kyotsukokai/ruiseki/index.html）。

はこれに近いのに対し，ウィスキーやインスタント・コーヒーでは4000を上回る。このことは(1.7)式右辺第1項がこれら2産業では大きいこと，すなわち3社間でのシェアのバラつきが大きいことを示す。公正取引委員会はトップ企業の名前やシェアを公表していないが，ウィスキーではサントリー，インスタント・コーヒーではネスレが永らくトップ企業であることがよく知られており，50％を超えるシェアを得ているものと思われる。このように，ハーフィンダール指数は企業間のシェアのバラつきに敏感である。

　第2に，輸入比率の高い産業では出荷 $CR3$ が生産 $CR3$ より低い。このことは，板ガラスの場合に明確で，輸入比率は50％に達し，このため出荷 $CR3$ は生産 $CR3$ より40％ポイント低くなっている。輸入による競争が集中度を下げるのに貢献していることがよくわかる。なお，この調査での輸入比率にはいわゆるメーカー輸入を含まないことに注意が必要である。自動車メーカーやパソコン・メーカーは自社の海外工場や生産委託した海外工場で生産したものを輸入し，自社ブランドで国内販売している。これらは当該企業の国内生産額には含まれず国内出荷額に含まれるが，輸入比率には含まれていない。自動車，パソコンの輸入比率が0になっているのはこのためである。国内メーカーは自社の国内生産品か輸入品かにかかわらず販売戦略を立てるはずなので，これらをあわせた国内出荷額で市場における地位を測るのは合理的である。

　集中度は工業統計調査（経済産業省）の一環としても計算されている。公正取引委員会調査よりも対象品目が広範なため，これによって分布を見たのが表

表② ハーフィンダール指数の分布（2010 年）

ハーフィンダール指数	品目数	%	%（累積）
9000〜	32	1.8	1.8
8000〜8999	5	0.3	2.1
7000〜7999	16	0.9	3.0
6000〜6999	34	1.9	4.8
5000〜5999	49	2.7	7.6
4000〜4999	78	4.3	11.9
3000〜3999	150	8.4	20.3
2000〜2999	275	15.3	35.6
1000〜1999	472	26.3	61.9
0〜999	683	38.1	100.0
計	1,794	100	

出所：平成 22 年工業統計表「企業統計表」(www.meti.go.jp/statistics/tyo/kougyo/result-2/h 22/kakuho/kigyo/index.html) より筆者作成。

②である。6 割の品目で H は 2000 未満であり，3000 以上は 20％，4000 以上は 12％でしかない。中間値は 1405 であり，(1.7)式と対応させて考えれば，同一シェア企業が 7 社ある市場における H の値（$=100\%^2/7=1429$）にほぼ相当することがわかる。この中間値と比較しても，表①で示した 9 産業（即席めん類を除く）は高集中産業といえる。ただし，工業統計調査は製造業に限られ，また 6 桁商品分類に従って集計されているので，商品の実態に合わせ調査品目を定義・選択している公正取引委員会調査とは厳密に比較できないことに注意が必要である。

◎練習問題
❶ 市場構造・市場行動・市場成果とは何を意味するかを述べ，それらの間にどのような関係があるか考えてみなさい（この後半部分の質問に対する答えは，次章以降でさまざまに説明していくことになる。次章以降への問題意識を高めるために，ここで自分なりに考えてみるとよい）。
❷ 『日経シェア調査』（日経産業新聞編）や『日本マーケットシェア事典』（矢野経済研究所編）各年版は多くの品目について主要企業のシェアを公表している。自分の興味のある品目をいくつか選び，3 社集中度とハーフィンダール指数を計算しなさい。なお，すべての企業のシェアが記載されているわけではないので，入手できる企業の数字だけでハーフィンダール指数を計

算してよい．また，計算して得た集中度を公正取引委員会や工業統計表のデータ（表①②に記したウェブサイト参照）と比較してみるとよい．

❸ 産業Aと産業Bではいずれも4社が生産しているが，ハーフィンダール指数はAが0.3，Bが0.8であった．このことは両産業でのマーケット・シェアの分布について何を意味するだろうか．

❹ 出荷集中度と生産集中度の違いを述べ，市場での集中の実態を見るためには前者の方が望ましいと考えられているのはなぜか，論じなさい．

第2章

独占による経済厚生の損失

1. 厚生経済学の基本定理

　産業組織論における考え方の根本にあるのは**競争原理**への信頼である。もちろん，本書のいくつかの箇所で論じていくように，競争が必ずしも最善の帰結をもたらさないような状況は十分にありうる。また，市場メカニズムにすべてを任せてしまういわゆる自由放任（レッセ・フェール）の政策が常に正しいわけでもない。とはいえ，理想的な状況での競争市場メカニズムの役割を考えることから議論を進めるのが適切である。そこで本章では，まず競争原理の役割を明確に示す「厚生経済学の基本定理」を説明し，その後で，独占がある場合にはどれだけの経済厚生が失われるかを考えていこう。

基本定理　まず**パレート最適**（Pareto optimal）を定義しよう。ある資源配分状況（Aとする）から別の資源配分状況（Bとする）に移ったときに，他の誰の効用も下がることなく，誰か少なくとも一人の効用が上がっているなら，BはAに比べ**パレート改善**されているという。そして，パレート改善できるような資源配分がもはや存在しないとき，資源配分はパレート最適であるという。

　外部性や公共財が存在しないなどの条件が成立すれば，以下の定理が成立する。

定理2①　〈**厚生経済学の基本定理**〉完全競争均衡が存在すれば，それはパレート最適な資源配分を達成する。

　この基本定理についての詳しい証明や前提条件について述べることは本書の範囲を超えるので，以下では基本的な考え方のみを述べよう。なお，ここで述べている定理は基本定理のうち第1定理と呼ばれるもので，さらに「任意のパレート最適な資源配分は，適切に所得を再分配することにより，完全

競争均衡によって必ず実現可能である」とする第2定理もあるが，説明を略す．詳細については，たとえば奥野・鈴村［1988］を参照するとよい．

簡単な証明　消費者の**効用最大化条件**は，限界効用の比率である限界代替率が価格比に一致することである．すなわち，j 財と k 財の間で，

$$\frac{MU_j}{MU_k}=\frac{p_j}{p_k} \tag{2.1}$$

が成立することである．MU_j，p_j はそれぞれ j 財の限界効用，価格である（k 財についても同様）．

一方，完全競争市場における生産者の**利潤最大化条件**は，限界費用（MC_j）と価格が一致するレベルに生産量を決定することである．すなわち，

$$MC_j=p_j \tag{2.2}$$

が成立することである．k 財についても同様である．この2つの条件より，

$$\frac{MU_j}{MU_k}=\frac{MC_j}{MC_k} \tag{2.3}$$

が成立する．ところが，この等式はパレート最適のための必要条件でもある．このことを見るために，(2.3)式が成立しておらず，たとえば，

$$\frac{MU_j}{MU_k}>\frac{MC_j}{MC_k} \tag{2.4}$$

であるとしよう．このとき，k 財の生産を1単位減らし，j 財の生産を MC_k/MC_j 単位だけ増やそう．費用増は近似的に，

$$-1 \cdot MC_k+\left(\frac{MC_k}{MC_j}\right) \cdot MC_j=0 \tag{2.5}$$

であり，社会にとっての総費用は変わらない．一方，k 財の消費を1単位減らし j 財の消費を MC_k/MC_j 単位増やしたことによる消費者の効用増は，近似的に，

$$-1 \cdot MU_k+\left(\frac{MC_k}{MC_j}\right) \cdot MU_j=MU_j\left(-\frac{MU_k}{MU_j}+\frac{MC_k}{MC_j}\right) \tag{2.6}$$

となり，(2.4)式の仮定により正である．つまり，他の消費者の効用を下げることなく，この消費者の効用を上げることができたため，(2.4)式が成立

していればパレート最適ではないことがわかる。(2.4)式の不等号が逆方向の場合には，k 財を増やし j 財を減らせば同様に効用を改善できるから，パレート最適のためには(2.3)式が成立していなければならない。上記の通り，完全競争均衡ではこの式が満たされている。よって定理2①が成立する。

2. 完全競争市場均衡の最適性

　前節での議論は厚生経済学の基本定理の完全な証明ではないが，完全競争市場における均衡条件である価格と限界費用の均等がなぜ重要なのかを示している。本節ではこのことを**社会的余剰**の概念を用いて説明しよう。社会的余剰は社会的厚生レベルを測るものであり，このため以下では，これを社会的余剰を呼んだり社会的厚生と呼んだり，あるいは経済厚生と呼んだりする。なお，社会的余剰，およびそれを構成する**消費者余剰**や**生産者余剰**の概念に不慣れな読者は，以下の説明に進む前に，本章の補論を読むことを勧める。

　完全競争市場では企業数は十分に大きいので，各企業は自社の行動が市場価格に与える影響を無視し，市場価格（p）を所与のものと考える。この仮定を**プライス・テーカー**（価格受容者）の仮定という。このとき，利潤，$\pi_i \equiv pq_i - C_i(q_i)$，を最大化するための条件は次の通りである（以下では単一市場を扱うので，産業あるいは財を示す添字は省略する。添字 i は第 i 企業を指す）。

$$\frac{\partial \pi_i}{\partial q_i} = p - \frac{dC_i}{dq_i} \equiv p - MC_i = 0 \qquad (2.7)$$

すなわち(2.2)式で示された価格と限界費用の均等である。

　このため限界費用曲線は各企業の供給曲線となり，これをすべての企業について水平方向に総和したものが市場供給曲線となって，これと需要曲線との交点で均衡が決まる。図2①の E^c 点がこの均衡を示している。均衡価格は p^c，均衡生産量は Q^c で，消費者余剰（CS）は Ap^cE^c で示される面積，生産者余剰（PS）は p^cBE^c で，両者の和である社会的余剰（W）は ABE^c である。

　生産量が Q^c 以下であっても以上であっても，W は ABE^c 以下である。

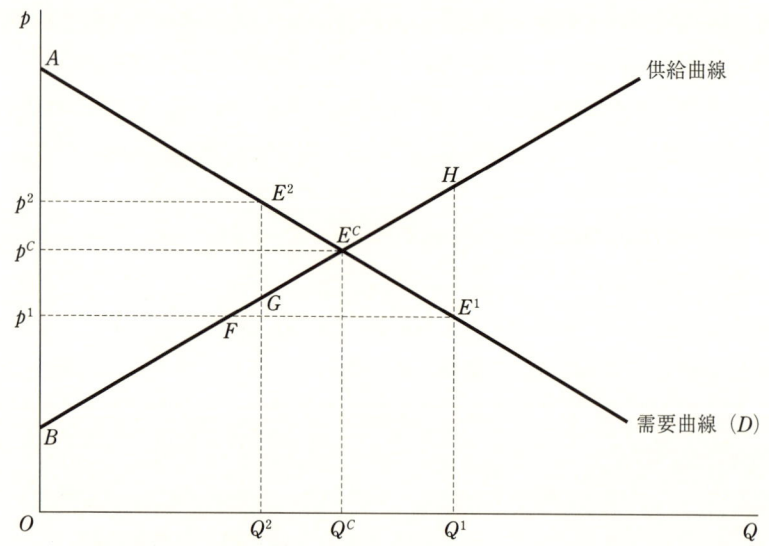

図2① 完全競争市場均衡

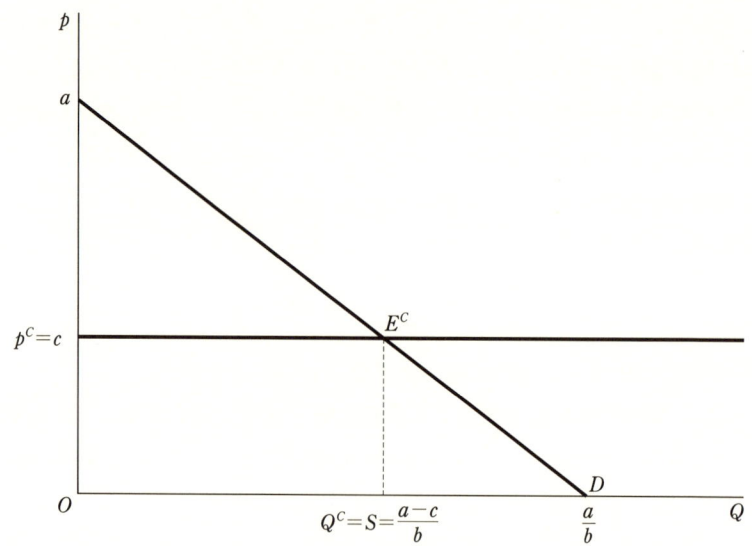

図2② 線型モデルでの完全競争均衡

たとえば均衡点が E^2 であれば CS は Ap^2E^2, PS は p^2BGE^2 となり, W は $ABGE^2$ で ABE^c より E^2GE^c だけ小さい。均衡点が E^1 であれば CS は Ap^1E^1 と大きくなるが, PS は, p^1 より低く供給曲線より上の面積を Q^1 の左側について求めたものなので, 三角形 p^1BF マイナス三角形 FE^1H となる。このため $W(=PS+CS)$ は, 三角形 E^cFE^1 の部分は相殺されるが, 三角形 E^cE^1H の分だけ三角形 ABE^c から差し引かれる必要がある。

このことから, 完全競争均衡生産量 Q^c が社会的余剰 W を最大化していることがわかる。これが, 厚生経済学の基本定理を単一市場について表したものにほかならない。

以上のことを, 第1章第4節で定義した線型モデルについて考えよう。ここでは固定費用 f_i をゼロとし, また限界費用は c で各社共通とする。すると利潤最大化条件は $p^c=c$ であるから, 逆需要関数 $(p=a-bQ)$ を代入して,

$$Q^c=(a-c)/b\equiv S \qquad (2.8)$$

を得る。$(a-c)/b$ を市場規模の1つの指標と考えて, 以下では S と書く。この均衡は図2②に示されている通りである。消費者余剰は acE^c となり, 生産者余剰はゼロである。これは, 固定費用のない線型モデルでは限界費用が平均費用に等しく, したがって完全競争均衡では価格と平均費用が一致し, 利潤はゼロだからである。

3. 独占市場均衡と厚生

今度は, 独占市場における均衡と社会的余剰について説明しよう。

独占市場では1社しかいないため, 独占企業生産量 q は市場供給量 Q に等しい。利潤は $\pi=pQ-C(Q)$ であり, これを最大化するための条件は,

$$\frac{\partial \pi}{\partial Q}=\frac{dp}{dQ}Q+p-\frac{dC}{dQ}=0 \qquad (2.9)$$

である。$\frac{dp}{dQ}Q+p$ は**限界収入**（MR）であり, $\frac{dp}{dQ}<0$ のため p より小さい。独占企業は, より多く販売するためには価格を引き下げなければならな

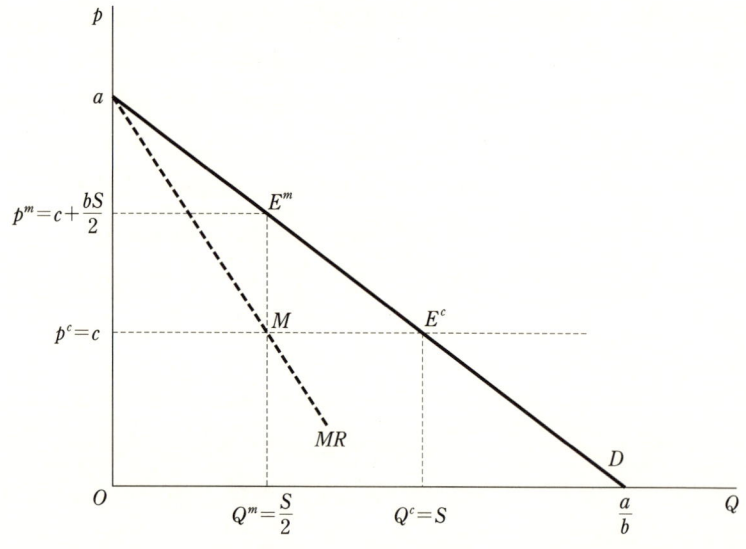

図2③ 独占市場における均衡

いからである。$\dfrac{dC}{dQ}$ は限界費用（MC）で，これが Q の非減少関数である限り，$MR<p$ より，独占均衡生産量（Q^m）は完全競争均衡生産量（Q^c）以下である。

線型モデルでは $dp/dQ=-b$，$dC/dQ=c$ であるから，(2.9)式により均衡生産量は以下の通りである。

$$Q^m=(a-c)/2\,b=S/2 \qquad (2.10)$$

つまり，完全競争均衡に比べ，独占均衡生産量は半分となる。均衡価格は，

$$p^m=(a+c)/2=c+bS/2 \qquad (2.11)$$

となり，$bS/2$ だけ完全競争均衡価格 $p^c(=c)$ より高いことがわかる。図2③はこの均衡を示す。

消費者余剰は ap^mE^m，生産者余剰（利潤）は $p^mp^cME^m$ であり，社会的余剰は ap^cME^m となるから，完全競争均衡に比べ E^mME^c だけ小さい。これが**独占による厚生の損失**であり，**死重的損失**（deadweight loss）とか**厚生の三角形**（welfare triangle）とも呼ばれる。このため，独占均衡はパレート最適ではない。生産量を増やすことによって，社会的余剰を増やすことがで

きるからである。

　なお, 消費者余剰は完全競争均衡での消費者余剰 (ap^cE^c) に比べ, 死重的損失分が減少したうえに, さらに $p^mp^cME^m$ 分だけ減少していることに注意しよう。後者は独占力の行使により, 消費者から生産者への所得再分配が起きたことを意味する。

4. 独占による厚生の損失の推計

　現実の経済において, 独占による厚生の損失はどの程度の大きさなのだろうか。これを推計する試みがいくつかなされてきたので紹介しよう。

推定モデル　　　j 産業における独占による生産量の減少 ($Q_j^m - Q_j^c$) を $\Delta Q_j (<0)$, 価格の上昇 ($p_j^m - p_j^c$) を Δp_j と書こう。すると需要曲線が線型で近似できる限り, 経済全体での厚生の損失 (ΔW) は, 産業数を $m (j=1, \cdots, m)$ として,

$$\Delta W = \sum_{j=1}^{m} \frac{1}{2} (-\Delta Q_j) \Delta p_j \qquad (2.12)$$

となる。この式を変形すれば,

$$\begin{aligned} \Delta W &= \sum_{j=1}^{m} \frac{1}{2} \left(\frac{\Delta p_j}{p_j} \right)^2 \frac{(-\Delta Q_j)}{\Delta p_j} \frac{p_j}{Q_j} p_j Q_j \\ &= \sum_{j=1}^{m} \frac{1}{2} \left(\frac{\Delta p_j}{p_j} \right)^2 \eta_j R_j \end{aligned} \qquad (2.13)$$

$$\text{ただし,} \quad \eta_j = \frac{-\Delta Q_j}{\Delta p_j} \frac{p_j}{Q_j}, \quad R_j = p_j Q_j$$

を得る。η_j は**需要の価格弾力性**, R_j は売上収入にほかならない。

　参入自由な完全競争均衡では, 価格と平均費用 (AC_j) は一致するから, $\Delta p_j \equiv p_j^m - p_j^c = p_j^m - AC_j$ となり, これは単位当たり利益である。よって $\Delta p_j/p_j$ の分母分子に Q_j を乗じれば, これは利益の売上高に対する比率, すなわち売上高利益率に等しいことがわかる。

　したがって, 各産業の売上高利益率, 売上高, 需要の価格弾力性がわかれば, (2.13)式により ΔW を計算することができる。

推定上の問題点　　　実際の推定には, 2点の問題がある。
　第1は, 弾力性データをいかにして得るかである。原

理的には，各産業の需要関数を推定して求めればよいが，計量経済学上の問題やデータ収集の困難さのために誤差が大きなものにならざるをえない。そこで，恣意的にある値を想定するか，**ラーナーの公式**を用いるのが普通である。厚生上の損失を最初に推定した A. ハーバーガー（Harberger [1954]）は前者の方法を用い，すべての産業について $\eta_j=1$ と仮定した。一方，これを批判した K. カウリング＝D. C. ミューラー（Cowling and Mueller [1978]）はラーナーの公式を用いた。(2.9)式より，添字 j を付けて，

$$\frac{p_j - MC_j}{p_j} = \frac{1}{\eta_j} \tag{2.14}$$

を得る。MC_j は限界費用である。これがラーナーの公式である。完全競争均衡価格は限界費用に等しいので，$p_j^m - MC_j = p_j^m - p_j^c = \Delta p_j$ であることを用い，(2.13)式に代入すれば，

$$\Delta W = \frac{1}{2}\sum_{j=1}^{m}\Delta p_j Q_j = \frac{1}{2}\sum_{j=1}^{m}\pi_j \tag{2.15}$$

と単純化される。

　よってラーナーの公式を用いれば，厚生の損失は各産業の利益の半分の総和に等しい。このことは，線型モデルでは図2③より明らかである。$Q^m = S/2 = Q^c/2$ であるから，三角形 $E^m M E^c$ の面積は利潤である長方形 $p^m p^c M E^m$ の面積の半分に等しいからである。

　第2の推定上の問題は，利益として何をとるかである。この問題が自明でないのは，**経済学上の利潤**が資本の正常な支払いを含めたすべての費用を控除したもので，**会計上の利益**とは異なるからである。損益計算書における営業利益は資本費用を引いておらず，経常利益は利子支払いを控除済みであるが株主資本への正常な報酬は控除前である。いずれも（経済学上の）利潤とは異なるので，〈利潤＝営業利益－単位当たり資本費用×総資産〉のようにして計算する必要がある。単位当たり資本費用については資本の機会費用と同一とみなし，これを全産業平均利益率で近似するのが普通であるが，どのデータを用いるかは分析によって異なる。

推定結果と国際比較　　主要な推定結果は表2①にまとめられている。最初の推計をおこなったハーバーガーは，厚生の損失を

対象国・期間	アメリカ 1924-28[(1)]	アメリカ 1963-66[(2)]	イギリス 1968-69[(3)]	日 本 1966-70[(4)]	日 本 1976-80[(5)]
需要の価格弾力性＝1	0.1	0.40	0.21	0.043	0.041
ラーナーの公式		3.96	3.86	0.679	0.698
平均利益率の指標	製造業平均総資産利益率	株式投資収益率	株式投資収益率	製造業平均総資産営業利益率	製造業平均総資産営業利益率
平均利益率の値	10.4％	12.0％	8.15％	7.52％	6.28％

注：対GNP比率（％）。ただし，(2)(3)では法人企業総生産量に対する比率（％）。
出所：(1) Harberger [1954].
　　　(2)(3) Cowling and Mueller [1978].
　　　(4)(5) Shinjo and Doi [1989].

表2① 独占による厚生の損失の推定値

GNPの0.1％と推計し，独占の弊害がもっと大きいと考える多くの論者を驚かした。カウリング＝ミューラーはこれを過小評価とし，基本的に同じ方法で再推定しても0.4％とより大きいこと，また，ラーナーの公式を用いれば10倍の約4％に増加することを示した。もちろん，4％という数字自体が大きいか小さいかを評価することはできないが，ハーバーガーの推定が過小評価であった可能性は強く示唆される。

　表2①は国際比較も示している。イギリスはアメリカとほぼ同じ値を示しているが，注目されるのは，日本で英米より1桁小さいものと推定されていることである。この結果は意外に思われるかもしれないが，利益率の水準も企業間分散も日本の方が低いという事実と整合的である。この事実は小田切 [1992] に示されている。また，後に説明する第5章の表5①でも，初期利益率や長期利益率のグループ間での格差が英米よりも日本で小さいことが示される。

　厚生の損失の推定値が利益率の平均や企業間分散と関連していることは，次のように示される。(2.15)式より，ラーナーの公式を用いるときには，利益率が低ければΔWは小さいことが予想される。一方，単位当たり資本費用を平均利益率で近似する場合には，$\Delta p_j \approx (r_j k_j - \bar{r} k_j)/Q_j$（$r_j$は総資産営業利益率，$\bar{r}$はその平均，$k_j$は総資産）として計算するから，これを(2.13)式に代入すると，

$$\Delta W = \sum_{j=1}^{m} \frac{1}{2}(r_j - \bar{r})^2 \frac{k_j^2}{R_j}\eta_j \qquad (2.16)$$

を得る。これは $k_j^2 \eta_j / R_j$ をウェイトとして計算した r_j のウェイト付き分散と比例的（$m/2$ 倍）である。よって，利益率の企業間あるいは産業間の分散が小さいとき，厚生上の損失は小さいと推定されるのである。

―――――― コラム②　X 非効率性と厚生の損失 ――――――

W.S. コマナー ＝ H. ライベンシュタイン（Comanor and Leibenstein [1969]）は，A. ハーバーガーらによる社会的厚生の損失の推定が独占企業の非効率な経営による損失を見逃しており，過小推計であると論じた。

ミクロ経済学の授業で学ぶように，費用曲線は，生産関数の制約のもとで費用最小化することを前提に導かれたものである。つまり，費用曲線は，それぞれの生産量を生産するのに要する最小の費用を表している。完全競争企業の場合には，費用を最小化していない企業は競争に生き延びられないはずであり，費用最小化の仮定は妥当である。しかし独占企業の場合には，競争圧力がないから，費用を最小化していなくても正の利潤を上げられる。このため，必要人数以上の労働者を雇用したり，必要以上に豪華な事務所や工場を建設したり，接待費を濫用したり，数億円の絵画を社長室に飾ったりというように，必要以上の費用をかけている可能性がある。このことによる非効率性を **X 非効率性**

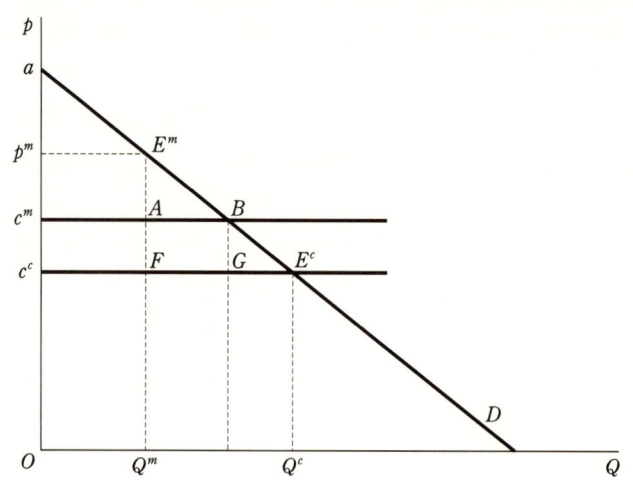

図①　X 非効率があるときの社会的厚生の損失

と呼ぶ。本文で示したような**資源配分上の非効率**に対し，会社内での眼に見えない形での非効率という意味でライベンシュタイン（Leibenstein [1966]）が名付けたものである。

　もちろん，株式会社であれば，X 非効率性は株主利益を損なうから，株主からの統治（**ガバナンス**）が有効であれば経営者は効率的な経営をせざるをえないはずである。しかし，こうした統治はしばしば不完全である（小田切 [2000]）。よって，独占企業の経営者が X 非効率な経営を持続する可能性は強い。

　図①を見よう。c^c は費用最小化している場合の平均費用である。完全競争企業は，競争圧力によってこの平均費用を実現していると予想される。ところが，独占企業は X 非効率性のために平均費用が高く，c^m のレベルにある。この企業は，p^m の価格をつけ，Q^m だけの生産をしている。

　本文で説明したように，ハーバーガーらによる死重的損失の推計は，観察された利益率に基づいておこなわれており，$p^m - c^m$ を単位当たり利益としている。よって推計されている死重的損失は三角形 $E^m AB$ の面積である。ところが，完全競争市場であれば点 E^c が均衡となっていたはずであり，真の死重的損失は三角形 $E^m FE^c$ の面積である。よって，これまでの推計は過小評価になっている。これがコマナー=ライベンシュタインの議論である。

　線型モデルであれば，三角形 $E^m FE^c$ と三角形 $E^m AB$ の面積の比率は $p^m - c^c$ と $p^m - c^m$ の比率の 2 乗である。仮に，$p^m - c^m = c^m - c^c$ であれば，推定された死重的損失は真の死重的損失の 25％でしかないことになる。しかも，長方形 $c^m c^c FA$ の面積も X 非効率性のために過剰に要した費用なので，損失に含めるべきであろう。すると，社会的損失はさらに大きくなる。

　こうした推定を実際におこなうのは，c^c が観察されないだけに，困難である。鳥居 [1995] はフロンティア生産関数の COLS 法による推定という手法を用い，日本の全産業で 36％の非効率性があると推定している。つまり，投入生産要素をもっとも効率的に用いて生産したときに比べ，現実企業は 64％の生産量しか上げていないことを意味する。これを c^m と c^c の関係に直ちに換算することはできないので，真の社会的損失をこれに基づいて推計することはできないが，X 非効率の大きさをうかがわせるに十分であろう。ただし，技術革新が進んでいるときに，まだ耐用期間中の旧技術の設備を用いて生産するのが非効率ではあっても経済的に合理的なことがありうるように，推定され

た技術的非効率性の中には経済的には必ずしも非効率でないものも含まれている。

　表2①でも紹介したカウリング=ミューラーは，広告費が X 非効率による費用増加分にあたるという大胆な仮定を用い，長方形 $c^m c^c FA$ と三角形 $E^m FE^c$ の合計の面積を推計し，表2①と同じく，法人企業総生産量に対する比率として計算している。彼らの推定結果によれば，アメリカについて，需要の価格弾力性を1とすると 6.52％，ラーナーの公式を用いると 12.27％と，X 非効率を無視して計算された表2①での推計値を数倍上回る値を得ている。新庄・土井も同じ方法で日本について計算しており，1976～80年をとると，0.572％（需要の価格弾力性＝1），1.422％（ラーナーの公式）と，やはり，X 非効率を無視した場合に比べ大きく増やしている。ただし，これら2つの研究を比較する限り，アメリカでの推定値が日本の推定値をはるかに上回っていることには変化がない。

　いずれにせよ，ハーバーガーによる，対 GNP 比率で 0.1％という最初の推定が過小評価であったことは，さまざまな理由で疑いのないことのように思われる。

5. 固定費用の影響

　以上の議論において，固定費用は何らの役割も果たさなかった。それでは，どのような場合に固定費用は影響するのだろうか。このことを説明しておこう。

　線型モデルにおいて，企業の利潤は，

$$\pi_i = pq_i - cq_i - f_i \tag{2.17}$$

である。f_i は固定費用であるが，最適生産量の決定には何らの影響を与えない。利潤最大化条件は限界収入と限界費用の均等であり，固定費用の有無は限界費用に影響しないからである。

　しかし，固定費用は企業の参入退出行動に影響を与える。独占企業であれば均衡で $q=Q^m$ であるから，(2.10)，(2.11)式を(2.17)式に代入すると，均衡利潤は（独占であるので添字 i を除く），

$$\pi^m = \frac{1}{4} bS^2 - f \qquad (2.18)$$

と計算される。よって,

$$\pi^m \gtreqless 0 \quad \Leftrightarrow \quad f \lesseqgtr \frac{1}{4} bS^2 = \frac{(a-c)^2}{4b} \qquad (2.19)$$

の関係が成立する。

一方,固定費用を除いた純社会的余剰 W^N は利潤と消費者余剰の和であり,

$$W^N = \frac{3}{2} \cdot \frac{1}{4} bS^2 - f \qquad (2.20)$$

となる。この式は図2③より理解できる。$Q^m = S/2$ であることから,線分 p^cM と線分 ME^c の長さは等しく,これはまた線分 p^mE^m の長さにも等しい。このことから,消費者余剰である三角形 ap^mE^m の面積は三角形 E^mME^c の面積に等しく,長方形 $p^mp^cME^m$ の半分であることがわかる。よって,固定費用控除前の粗余剰 W は粗利潤 ($=bS^2/4$) の 3/2 倍であり,純余剰 (W^N) はこれから f を引いたものである。これが(2.20)式である。

(2.19),(2.20)式を合わせると,

$$\frac{1}{4} bS^2 < f < \frac{3}{8} bS^2 \qquad (2.21)$$

すなわち,

$$\frac{(a-c)^2}{4b} < f < \frac{3(a-c)^2}{8b} \qquad (2.22)$$

のとき,$\pi^m < 0$ であるが $W > 0$ であることがわかる。よって,この企業が操業することが社会的には望ましいにもかかわらず,企業は操業するインセンティブを持たない。つまり,新規企業は参入せず,既存企業なら退出してしまう。この意味で**過少参入**である。

こうした過少参入の可能性については第7章で詳しく論じるが,以上で明らかなのは,企業が得る利潤が純社会的余剰の一部でしかないために,企業の最適行動が社会的最適化とは乖離してしまう可能性である。いいかえれば,消費者余剰を含めたすべての社会的余剰が企業に帰属することになれば,企

業の決定と社会的最適化とは必ず一致する。これは，逆需要関数にしたがって1単位ずつ異なった価格を課すことによってすべての余剰を企業が吸収してしまう場合に成立する。こうした価格付けを**完全な価格差別**（perfect price discrimination）と呼ぶ。よって，企業が完全な価格差別を実行できるようであれば，社会的に最適な参入・退出行動が市場メカニズムによって実現する。ただし，いうまでもなく，消費者と企業間での所得分配の問題は別に考慮する必要がある。

補論：消費者余剰と生産者余剰

本書では消費者余剰と生産者余剰の概念を多用するので，ここで説明しておく。これらの概念にすでに親しんでいる読者は省略してかまわない。

j 財の生産量（＝消費量）が Q_j^* であるとき，$0 \leq Q_j \leq Q_j^*$ の範囲での需要曲線の下の面積は，(2.1)式を代入して，

$$\int_0^{Q_j^*} p_j dQ_j = \int_0^{Q_j^*} \frac{MU_j}{MU_k} p_k dQ_j \qquad (2.\text{A}1)$$

である。k 財を貨幣としよう。すると，定義により貨幣の価格（p_k）は1である。MU_k が Q_j の変化に対し一定であるとすれば，$MU_k=1$ であるように効用関数を定義することができるから，これらを用いて，需要曲線の下の面積は，

$$\int_0^{Q_j^*} MU_j dQ_j = \int_0^{Q_j^*} \frac{\partial U}{\partial Q_j} dQ_j \qquad (2.\text{A}2)$$
$$= U(Q_1, \cdots, Q_{j-1}, Q_j^*, Q_{j+1}, \cdots, Q_m) - U(Q_1, \cdots, Q_{j-1}, 0, Q_{j+1}, \cdots, Q_m)$$

と計算できる。すなわち，他の財の消費量を一定として，Q_j を Q_j^* だけ消費したことによる効用増である。これを j 財消費からの効用と呼べば，需要曲線の下の面積はこの効用レベルを示していることになる。この面積から，この消費のために必要な支払額を引いたものが，消費者にとって余剰，すなわち**消費者余剰**（consumers' surplus, CS と略す）である。

以上で，貨幣からの限界効用（MU_k）が一定であると仮定した。この仮定は実は正しくない。j 財の消費量が増えれば，予算制約式により貨幣の所有量は減少する。すなわち実質所得が減少するため，限界効用逓減の法則により貨幣の限界効用は高まるはずだからである。ただし，単一の財への支出額が所得に占める比率は小さいであろうことを考えると，この誤った仮定を用いたことによって発生

する誤差は小さいものに違いない。R.D. ウィリグ（Willig [1976]）はこの誤差を数値例により計算し，通常の財については，その価格変化がもたらす実質所得の変化は1％に満たないとして，貨幣の限界効用の変化による誤差は無視してよいと結論している。彼の論文が「言い訳無用の消費者余剰」（Consumer's surplus without apology）と題されているのはこのためである。

次に，限界費用曲線の下の面積は総可変費用，すなわち総費用マイナス固定費用（f）を表す。なぜなら，

$$\int_0^{Q^*} \frac{\partial C}{\partial Q} dQ = C(Q^*) - \lim_{Q \to 0} C(Q) = C(Q^*) - f \quad (2.\text{A}3)$$

だからである。固定費用については第5章第3節で詳しく述べるが，生産量に関わりなくかかり，生産を止めればかからない費用である。このため総費用は$Q=0$ではゼロだが，$Q>0$となればどんなに小さいQでも少なくともfだけの費用がかかることになり，$Q=0$で不連続である。これが上式で$\lim_{Q \to 0} C(Q)$という表現を用いた理由で，これはfに等しい。

生産者余剰（producers' surplus，略して PS）は，価格より下の面積，すなわち売上収入（＝価格×生産量）から限界費用曲線の下の面積，すなわち（2.A3）式で示されたものを差し引いたものであるから，利潤プラス固定費用である。よって $PS+CS$ で表される**社会的余剰**（W）は消費者余剰と利潤の和に固定費用が加わったものである。固定費用を除いたもの，すなわち消費者余剰プラス利潤を**純社会的余剰**（W^N）と呼んで区別することもあるが，固定費用は生産量に依存しないので，総余剰を最大化する生産量は必ず純余剰を最大化する。よってWの最大化のみを考えてよい。ただし，社会にとっての最適企業数を論じるためには，純余剰で考える必要がある。総余剰マイナス純余剰は企業数×企業当たり固定費用であるため，企業数の影響を受けるからである。こうした議論は第6章などでなされる。

◎練習問題

❶ パレート最適とはどのような資源配分の状況を指すかを定義し，需要曲線と限界費用曲線（あるいはその水平和である供給曲線）の交点がパレート最適な生産量と価格の組合せを示すことを，社会的余剰の概念を用いて説明しなさい。

❷ 完全競争企業はプライス・テーカーとして価格を受容し，独占企業はプライス・メーカーとしてみずから価格を決定する。この違いが何を意味してい

るのか説明しなさい。
❸ 独占による厚生の損失あるいは死重的損失とは何か，図で説明しなさい。また，なぜそれが社会にとっての損失なのか説明しなさい。
❹ X 非効率性とは何か，説明しなさい。

第3章

寡占市場の均衡・経済厚生・利益率

1. 生産量決定型寡占モデル

　第2章では，完全競争市場と独占市場について説明した。しかし現実には，多くの市場において，生産者の数は完全競争モデルが仮定するほど多くはなく，とはいえ，独占とは異なって複数企業が存在して競い合っている。こうした市場構造が**寡占**である。寡占市場では，独占と異なりライバル企業の反応を常に考慮する必要があり，しかも完全競争とは異なり，個々のライバル企業が眼に見えている。まさに**ゲーム理論**のあてはまる世界であり，本書の大半はこうした市場におけるさまざまな戦略や均衡の分析にあてられる。

　まず，本章から次章にかけては，その基本ともいうべき生産量と価格の決定の分析を説明する。なお，以下での説明にあたってはS. マーチン（Martin [1993]）を参考にした。

基本モデル　n 社存在する寡占産業を考えよう。財を同質的とし，企業の参入・退出はないものとする。後者の仮定は n が固定されていることを意味し，前者の仮定は需要価格が総生産量，$Q = \sum_{i=1}^{n} q_i$，のみに依存することを意味する。i 社以外の企業による総生産量，$\sum_{k \neq i} q_k$ を Q_{-i} と書くと，$Q = q_i + Q_{-i}$ である。

　i 社（$i=1, \cdots, n$）が（$q_1, \cdots, q_{i-1}, q_{i+1}, \cdots, q_n$）を観察しつつ，利潤を最大化するように q_i を決定する。このような寡占モデルを**生産量決定型寡占モデル**（quantity-setting oligopoly model）と呼ぶ。

　企業の利潤は $\pi_i = p(Q)q_i - C_i(q_i)$ と書かれるので，利潤最大化条件は，

$$\frac{\partial \pi_i}{\partial q_i} = \frac{dp}{dQ}(1+\lambda_i)q_i + p(Q) - \frac{dC_i}{dq_i} = 0 \tag{3.1}$$

$$\text{ただし，} \lambda_i \equiv \frac{\partial Q_{-i}}{\partial q_i}$$

となる。中央の式の最初の2項が限界収入，最後の項が限界費用で，両者が均等することが利潤最大化の条件であるのは独占の場合と共通する。ただし寡占では，限界収入が他社の生産量および他社生産量の自社生産量への反応に依存する。この反応が λ_i に示されている。これは，自社が生産量を1単位増やしたときに，ライバル企業を合わせて何単位の生産量変化が生まれるかについての i 社の予測を示すもので，**推測的変動** (conjectural variation) と呼ばれる。

$\lambda_i = 0$ の場合，i 社は自社が生産量を変更してもライバル企業は以前のままの生産量を維持するだろうと予測していることになり，この仮定を**クールノーの仮定**と呼ぶ。すべての企業についてこの仮定が満たされている場合の均衡が**クールノー均衡**である。

これに対し $\lambda_i = -1$ の場合，i 社は自社が生産量を増やすとライバル企業が同じ量だけ生産量を減らし，産業全体の供給量は変わらないと予測していることになる。産業供給量が不変なら価格も不変のはずなので，i 社は価格を所与としているのと同じことになる。このため，$\lambda_i = -1, \forall i,$ のときの均衡は完全競争均衡と一致することを，以下で示す。

また，$\lambda_i = n-1, \forall i,$ の場合には，独占均衡と一致することも示す。一般に $-1 \leq \lambda_i \leq n-1$ であると考えられている（なお，$\forall i$ は「すべての i について」を意味する記号である）。

λ_i はあくまでも i 社の予測であって，実際にライバル企業がどう反応するかとは必ずしも一致しない。たとえばクールノー・モデルでは，均衡以外では，各社は以下で示す反応関数にしたがって生産量を変化させる。よって，均衡以外では予測と現実は一致しない。これが必ず一致するような推測的変動は**整合的**（コンシステント，consistent）であると呼ばれ，どのような条件を必要とするかについて T. F. ブレスナハン (Bresnahan [1981]) らの研究がある。

線型モデル（第1章第4節参照）では，(3.1)式は次式に簡略化できる。

$$-b(1+\lambda_i)q_i + p = -b(2+\lambda_i)q_i + a - bQ_{-i} = c_i \quad (3.2)$$

よって，

$$q_i = \frac{S_i - Q_{-i}}{2 + \lambda_i} \qquad \text{ただし,} \quad S_i = \frac{a - c_i}{b} \qquad (3.3)$$

となる。この式は，ライバル企業群の生産量（Q_{-i}）に対応して自社の最適生産量がどう決まるかを示しており，**反応関数**（reaction function）と呼ばれる。

この式を用いて，以下ではいくつかの分析をおこなう。なお，企業間で異なるのは c_i（線型モデルでは，これは限界費用でも平均可変費用でもある）と λ_i（推測的変動）であり，これらがすべての企業につき等しい場合（$c_i = c$, $\lambda_i = \lambda$, $\forall i$）を**対称的**（symmetric）と呼び，そのときの均衡を**対称均衡**（symmetric equilibrium）と呼ぶ。本節ではまず３つの対称均衡を説明しよう。

対称的複占におけるクールノー均衡 (3.3)式で，$\lambda_i = 0$, $\forall i$, として，n 企業についての式を連立させて求めた解がクールノー均衡である。もっとも簡単なケースとして２社のケース，すなわち，**複占**からはじめよう。また $c_1 = c_2 \equiv c$ という対称的なケースを考える。

(3.3)式より反応関数は，

$$q_i = \frac{S - q_j}{2} \qquad i \neq j, \ i, j = 1, 2 \qquad (3.4)$$

となり，これを図示したのが図３①の反応曲線である。均衡点 E は両社の反応曲線の交点で決まり，この均衡生産量を上付き添字２で表せば（２は２社あることを示す。２乗を意味するわけではないので注意すること），

$$\begin{aligned} q_1^2 &= q_2^2 = S/3 \\ Q^2 &= q_1^2 + q_2^2 = 2S/3 \end{aligned} \qquad (3.5)$$

である。よって，第２章での分析と比較すれば $Q^m < Q^2 < Q^c$ となり，均衡生産量は，独占より多いが完全競争よりは少ないことがわかる。このため，均衡価格は独占より低いが完全競争よりは高い。このことは，(3.5)式を逆需要関数に代入することにより，

$$p^2 = c + bS/3 \qquad (3.6)$$

を得るから，$p^c = c$, $p^m = c + bS/2$, と比較すれば明白である。

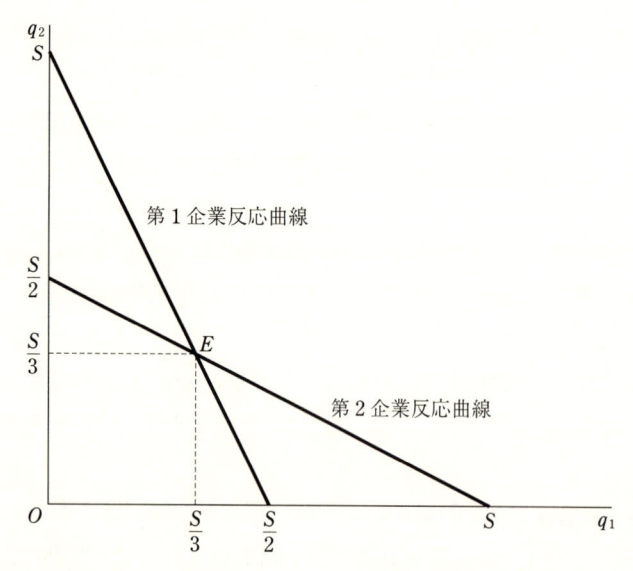

図3① 複占市場における対称的クールノー均衡

推測的変動の影響

次に、推測的変動の影響を見てみよう。複占の対称的均衡で $\lambda \neq 0$ のとき、(3.3)式を用いて均衡を求めれば、

$$q_1^2 = q_2^2 = \frac{1}{3+\lambda}S$$
$$Q^2 = \frac{2}{3+\lambda}S \qquad (3.7)$$
$$p^2 = c + \frac{1+\lambda}{3+\lambda}bS$$

であるから、線型モデルの仮定のもとで次の定理を得る。

定理3① 寡占における対称均衡では、推測的変動が大きいほど産業生産量は小さく、価格は高い。このため厚生の損失は大きい。$\lambda = -1$ のとき、均衡は完全競争均衡に一致し、$\lambda = n-1$ のとき、独占均衡に一致する。

なお、この定理が $n \geq 3$ でも成立することについては、以下の (3.9) 式で示される。

さらに、均衡利潤を、$\pi_i^2, i=1,2$、と書くと、

$$\pi_1^2 = \pi_2^2 = \frac{1+\lambda}{(3+\lambda)^2} bS^2 \tag{3.8}$$

となるから，λ の増加関数である。

これはなぜだろうか．(3.1)式に戻れば，各社は，自社が1単位生産量を増やせば，産業全体としては $1+\lambda$ だけ生産量が増えると予測していることがわかる．よって λ が大きいほど，自社生産増による総供給増が大きく，価格の低下が大きいと予測することになる．このため限界収入は小さい．このことを恐れ，各社は生産量を少なく設定することにより，限界収入と限界費用の均等を図ろうとする．この結果，総生産量は抑制され，市場価格は高い．

λ が大きいと，ライバル企業のいわば報復が大きく，より競争的なように思われるかもしれない．しかし，結果はむしろ逆である．報復を恐れて自重する結果，いわば，より協調的になるからである．こうした報復の脅威については，第10章で説明するカルテル・モデルで再び論じられる。

企業数の影響　次に，企業数を2社以上と一般化してみよう．c_i と λ_i がすべての企業について等しく，$c_i = c, \lambda_i = \lambda, \forall i$，となる対称的な状況では，各社の均衡生産量は等しくならざるをえない．つまり，n 社存在するときの均衡生産量を q^n と書くと，$q_1 = \cdots = q_n = q^n$ である．よって $Q_{-i} = (n-1)q^n$ となり，これを(3.3)式に代入することにより，以下の均衡条件を得る．

$$\begin{aligned} q^n &= \frac{1}{n+1+\lambda} S \\ Q^n &= \frac{n}{n+1+\lambda} S \\ p^n &= c + \frac{1+\lambda}{n+1+\lambda} bS \end{aligned} \tag{3.9}$$

よって，線型モデルの仮定のもとで次の定理が成立する．

定理3②　対称均衡では，企業数が少ないほど，すなわち市場がより集中しているほど，各社の生産量は大きいものの産業全体での総生産量は小さく，価格は高い．このため厚生の損失は大きい．

簡単化のため，クールノーの仮定（$\lambda = 0$）が成立する場合に限定しよう．

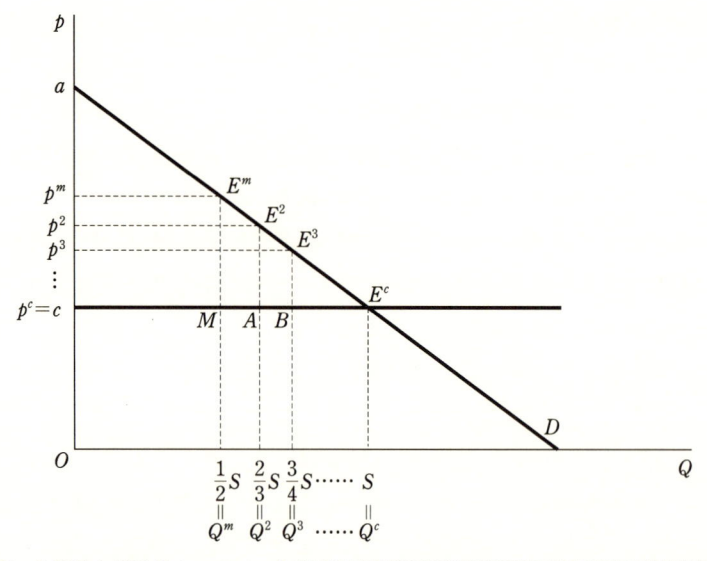

図3②　企業数と対称的クールノー均衡

すると，総生産量は2社では(3.5)式と同じく $(2/3)S$，3社では $(3/4)S$，4社では $(4/5)S$ などとなり，S が大きくなるにつれ，S に近づく，すなわち完全競争均衡に近づくことがわかる．逆に $n=1$ では，$Q^1=(1/2)S$ となり，独占解 Q^m に一致する．この関係は図3②に示す通りである．厚生上の損失は，独占では三角形 $E^m M E^c$，2社では $E^2 A E^c$，3社では $E^3 B E^c$ などとなるので，企業数の増加につれて減少することが明らかである．

定理3②は，高集中が資源配分を損なうという「市場構造⇒市場成果」（市場構造が市場成果を規定する）の考え方を明快に支持する定理である．また，定理3①は，企業間の協調（高い λ）が資源配分を損なうことを明快に支持する定理である．これらの定理の意味と限界については，今後さまざまな形で述べていくことになる．

2. 製品差別化とクールノー均衡

これまでは製品がすべて同質的であるとした．しかし多くの市場においては，第1章第3節で述べた意味で，製品が差別化されている．製品差別化の

厳密な分析は第7章でおこなうが，ここでは簡便な方法で製品差別化の影響を分析しよう。

製品差別化度 　第i企業に対する逆需要関数が次の式で書かれるものとする。

$$p_i = a - b(q_i + \theta Q_{-i}) \tag{3.10}$$

まず，注意する必要があるのは，価格が企業間で異なりうることである。これがpに添字iがついている理由である。製品が同質的であれば，企業間で価格が異なることはありえない。なぜなら，少しでも他社より高い価格をつけた企業はすべての需要を安値企業に奪われるからである。これに対し，差別化されていれば，他社より価格が高くても，この企業の製品が好みであるとして買ってくれる顧客がおり，需要がゼロになるわけではない。

(3.10)式が通常の逆需要関数と異なるもう1つの要因はパラメーターθである。$\theta=1$のとき，(3.10)式の右辺は通常の逆需要関数と一致し，かっこ内は単にQと一致する。つまり，i社製品も他社製品も単純に足し合わせることができることになり，これは製品が差別化されていないことを意味する。逆に$\theta=0$のとき，p_iはq_iにのみ依存して，他社生産量にはまったく影響されない。これは完全差別化のケースと呼ばれ，各社はその製品についてまったく独占であるのと同じである。一般には$0 \leq \theta \leq 1$と考えられ，θが小さいほど製品が差別化されているとみてよい。よって$1-\theta$を**製品差別化度**と呼ぶ。

均衡分析 　再び，費用関数は同じとしよう。また推測的変動は無視しよう。すると，(3.10)式でのパラメーターa, b, θも各社共通であるから，各社の最適生産量と最適価格が同じになる対称均衡が実現することは明らかである。この均衡が以下の通りであることは，容易に計算できる。

$$\begin{aligned} q^{nd} &= \frac{1}{2+(n-1)\theta} S \\ p^{nd} &= c + \frac{1}{2+(n-1)\theta} bS \end{aligned} \tag{3.11}$$

上付き添字のnはn社のときの，dは差別化されているときの均衡であることを示す。$\theta=1$のとき，すなわち製品が同質的なときには，(3.11)式は

(3.9)式で $\lambda=0$ のときに一致することが明らかであろう。また各社の利潤は,

$$\pi^{nd} = b\left[\frac{S}{2+(n-1)\theta}\right]^2 \tag{3.12}$$

である。このことから,線型モデルの仮定のもとで次の定理を得る。

定理3③ θ が小さいほど,すなわち製品が差別化されているほど,対称均衡において各社生産量は大きく,価格も高い。また各社利潤は大きい。

差別化により価格は高くなるが,生産量も大きくなることに注意しよう。これは(3.10)式を $p_i=(a-b\theta Q_{-i})-bq_i$ と書き直すとわかるように,θ が小さくなれば需要曲線は右上にシフトするからである。この結果,厚生の損失は θ につれて減少することも増加することもありうる。

利潤は θ の減少関数であるから,各社は製品を差別化して利潤を増加させようとするインセンティブを持つ。こうした差別化の戦略や,差別化の経済厚生への影響の分析は,第7章でおこなわれる。

3. 企業間費用格差とマーケット・シェア

製品が同質的な2社のケースに戻り,企業間で非対称で費用が異なる場合を考えよう。

マーケット・シェアの決定 たとえば,第1企業の方が効率的なために,平均可変費用(限界費用)が低いとしよう。線型モデルを仮定し続けるが,$c_1<c_2$ である。このとき,(3.3)式より均衡を求めると,

$$\begin{aligned} q_1^2 &= \frac{1}{3}S_1 + \frac{1}{3b}(c_2-c_1) \\ q_2^2 &= \frac{1}{3}S_1 - \frac{2}{3b}(c_2-c_1) \end{aligned} \tag{3.13}$$

を得る。$c_2>c_1$ より,$q_1^2>q_2^2$ である。よって,線型モデルの仮定のもとで次の定理を得る。

定理3④ 均衡では,限界費用のより低い企業が生産量が多く,より大きなマーケット・シェアを得る。

この定理が2社のときに限らず,また推測的変動がゼロのときに限らず成立することは,次のように示される。
　(3.1)式に戻り,この式を変形すれば次式を得ることができる。

$$\frac{p-MC_i}{p} = \frac{s_i(1+\lambda_i)}{\eta} \qquad (3.14)$$

ただし,

$$MC_i = \frac{dC_i}{dq_i} \quad （限界費用）$$

$$s_i = \frac{q_i}{Q} \quad （マーケット・シェア）$$

$$\eta = -\frac{dQ}{dp}\frac{p}{Q} \quad （需要の価格弾力性）$$

よって,$\lambda_i = \lambda, \forall i,$ であれば,$MC_i < MC_j$ のとき $s_i > s_j$ である。すなわち定理3④が成立する。

　(3.14)式は均衡条件であり,MC_i と s_i のどちらが原因でどちらが結果かという因果関係については,何も述べていない。ただし,ある一時点のみを考えると,c_i は技術的条件によって先決されているとみなすのが妥当であろう。すると,(3.14)式はマーケット・シェアを決定する式とみなされることになる。これは,市場構造が内生的であることを意味することになる。

プライス・コスト・マージン　(3.14)式の左辺は,価格と限界費用の差を価格で割った比率で,これを**プライス・コスト・マージン**(price-cost margin),略して**PCM**と呼ぶ。限界費用についてのものであることを明確にするために**限界PCM**と呼ぶこともある。これに対して,(価格－平均可変費用)/価格を**平均PCM**と呼ぶ。線型モデルでは MC_i は一定で,限界費用でも平均可変費用でもあるので,限界PCMと平均PCMは一致する。

　PCMの分母・分子に生産量を乗じると平均PCMは,

$$(pq_i - 平均可変費用 \times q_i)/pq_i = (売上高 - 総可変費用)/売上高$$
$$= (利潤 + 固定費用)/売上高 \qquad (3.15)$$

に等しいことがわかる。売上高から総費用(総可変費用＋固定費用)を引いたものが利潤だからである。よって,平均PCMは固定費用控除前の売上高利益率に等しい。このことを合わせて考えると,(3.14)式から次の定理を得

る。

定理3⑤　　限界PCMは，マーケット・シェアの大きい企業ほど大きく，推測的変動が大きく（すなわち協調的で），需要が非弾力的な産業における企業ほど大きい。また，限界費用が一定であれば，限界PCMは固定費用控除前売上高利益率に等しい。

再び，この定理は因果関係を含意しているわけではないことを指摘しておこう。

4. 市場構造と利益率

企業レベルでの実証分析　　定理3⑤はPCM（売上高利益率）とマーケット・シェアの正の相関を予告しており，これはデータによって実証することが可能である。実証分析では，利益率としてむしろ総資産利益率（＝（経常利益＋支払利息等）/総資産）をとることが多い。これは，次章で論じる参入の可能性を考えると，同一シェアの企業間で均等化すると予想されるのは，売上高に対する利益率ではなく，投下資本に対する収益率を表す総資産利益率だからである。もちろん，資本生産性すなわち総資産当たり売上高が企業間で同じなら，売上高利益率と総資産利益率の企業間順位は同じである。

総資産利益率（％）をPA，マーケット・シェア（％）をMS，産業生産額成長倍率（1984年生産額÷1979年生産額）をIGとして，1984年の日本の製造業376社について推定した結果は，以下の通りであった（小田切[1988]）。

$$PA = \underset{(10.11)^{***}}{5.13} + \underset{(4.92)^{***}}{0.08 MS} + \underset{(5.07)^{***}}{1.42 IG} \qquad \bar{R}^2 = 0.11 \qquad (3.16)$$

ただし，かっこ内はt値で，***は1％水準（両側検定）で有意であることを示す。また$\bar{R}^2$は自由度修正済み決定係数である。

MSが正で有意な係数を持つことは定理3⑤を支持しており，シェアが10％高い企業は総資産利益率が0.8％高いことを意味している。また，成長産業に属する企業の利益率が高いことも示されている。

なお，こうした実証分析ではマーケット・シェアの計測が問題になる。シェアについての政府統計は存在しないから，『東洋経済統計月報』などの資料によることになるが，産業分類は政府統計と一致せず，またカバーされている産業数も限られる（なお，(3.16)式の推計では公正取引委員会の協力を得て内部資料により計算をお願いした)。もう1つの問題は，多くの企業が**多角化**していることにある。日立製作所の利益率を，単に1つの製品（たとえばコンピュータ）のマーケット・シェアと関連づけることには無理がある。このため，上述の分析では，各社の売上高を構成するものの中から上位5品目をとり，これらの売上比率により加重平均をとっているが，5品目を超える製品を販売している企業が多いから，問題は残っている。

産業レベルの実証分析 こうしたシェア・データの問題点を考えると，産業データによる分析の方が望ましい可能性がある。『工業統計表』などのデータは事業所（たとえば工場）単位で収集され，各事業所の主要製品に応じて日本標準産業分類に従って集計されるからである。一工場内で産業分類の異なる多種の製品を生産しているケースは少ないこと，少なくとも企業レベルで多角化しているよりはずっと少ないことを考えると，多角化によるデータの誤りは産業レベルでは深刻でないと想定してよい。

産業レベルでの関係式は，次のようにして得ることができる。(3.1)式の両辺に q_i を乗じ，すべての企業について総和しよう。すると $\lambda_i = \lambda, \forall i,$ であれば，$\sum_{i=1}^{n} q_i = Q$ を代入して，

$$\frac{pQ - \sum_{i=1}^{n} MC_i \times q_i}{pQ} = -\frac{dp}{dQ}\frac{Q}{p}(1+\lambda)\sum_{i=1}^{n}\left(\frac{q_i}{Q}\right)^2$$
$$= \frac{(1+\lambda)H}{\eta} \qquad (3.17)$$

を得る。マーケット・シェアの2乗和がハーフィンダール指数（H）であることは，第1章第5節で述べた通りである。

左辺は産業レベルでの限界PCMである。限界費用が平均可変費用に等しければ，分子第2項は各社の総可変費用を合計したものに等しい。よってこのときには，限界PCMは再び平均PCM，すなわち固定費用控除前の産業売上高利益率に一致する。そして(3.17)式は，これがハーフィンダール指数

と比例的であることを示している。よって次の定理を得る。

定理3⑥ 需要の価格弾力性と推測的変動が同じであれば，産業レベルでの限界PCMはハーフィンダール指数の高い産業ほど大きい。また，各社の限界費用が一定のとき，この限界PCMは固定費用控除前の産業売上高利益率に等しい。

『工業統計表』から計算された平均PCMと公正取引委員会が公表しているハーフィンダール指数を用い，36製造業，10年間（1983～92年）のパネル・データによって推定した結果は，次の通りであった（丸山［1996］）。

$$\text{PCM} = \underset{(15.1)^{***}}{0.0059\,H} - \underset{(-2.02)^{**}}{0.056\,KS} + \underset{(3.88)^{***}}{10.02\,IG} + \underset{(0.27)}{0.012\,E} + \underset{(1.71)^{*}}{0.119\,M}$$

$$+ \underset{(4.25)^{***}}{1.218\,LS} - \underset{(-1.43)}{0.299\,HIE} - \underset{(-2.72)^{***}}{1.111\,HIM} \qquad \bar{R}^2 = 0.672$$

$$(3.18)$$

ただし，$KS=$有形固定資産/出荷額，$IG=$出荷額対前年度成長率，$E=$輸出額/生産額，$M=$輸入額/(生産額−輸出額＋輸入額)，$LS=$出荷額対数値，$HIE=H\times E\,(\times 10^{-4})$，$HIM=H\times M\,(\times 10^{-4})$である。また，固定効果モデルを用いているので，上式には記されていないが，各産業ダミーが加えられていることになる。(3.16)式と同じく，かっこ内はt値で，***は1％，**は5％，*は10％水準（両側検定）で有意であることを示す。

Hの係数が正でt値が高いのは，定理3⑥を支持する結果である。他の変数の中で注目されるのは輸入比率（M）である。Hは国内生産量のみについて計算され生産集中度（第1章第5節参照）であるから，Hが同じでも輸入比率が高ければ輸入品からの競争が強まり，PCMは低くなるものと予想される。(3.18)式ではMの係数は正であり，この予想を支持していない。しかし，$HIM=H\times M\,(\times 10^{-4})$であることから，

$$\frac{\partial \text{PCM}}{\partial H} = 0.0059 - 1.111\,M\,(\times 10^{-4}) \qquad (3.19)$$

であり，輸入比率が高い産業ほどHのPCMへの効果は小さいことがわかる。つまり，市場集中のPCMへの限界的な効果は，輸入品からの競争によって低下しているといえるのである。

以上で紹介したようなシェアとPCM（または利益率），集中度とPCM

（または利益率）の実証分析はこのほかにも数多くなされてきた。R. シュマーレンゼー（Schmalensee [1989]）のサーベイ論文を参照するとよい。日本については植草 [1982]（第9章），土井 [1986]（第4章），小田切 [1992]（第8章）などがある。

推定上の問題点 ただし，こうした推定には数多くの問題点がある。
その1つは計測上・推定上の問題である。第1に，本来は限界 PCM について成り立つ関係を平均 PCM について分析している。限界 PCM を推定した分析には，西村・大日・有賀（Nishimura, Ohkusa, and Ariga [1999]）などがあるが，数少ない。第2に，利益率は会計上の操作により影響される余地があり，たとえばG. L. サラモン（Salamon [1985]）は大企業ほど利益率を過大に報告する傾向があると論じている。第3に，会計上の利益率は短期利潤のみを反映し，リスクを反映しない，また資産が時価評価されていないなどの欠点がある。この理由により，M. スマーロック＝T. ギリガン＝W. マーシャル（Smirlock, Gilligan, and Marshall [1984]）などのように，トービンの q（企業の市場価値/資産時価）を利益性の指標として用いた分析もある。第4に，集中度の高い産業にある企業ほど高い賃金や役員賞与を払い，このため利益率は低く計上されている傾向がある。日本では，土井 [1986] がこの相関を確認している。これは，経営者と労働者の間で賃金率についてバーゲニングがなされているためである。

これらの理由により，利益率（または PCM）とマーケット・シェアや集中度との関係の推定には誤差が生まれやすい。特に第2点や第4点は，シェアや集中度の利益率への影響を過小評価する要因となる。

解釈上の問題点 こうした計測上の問題以上に根本的なのは，推定結果の解釈に関するものである。伝統的には，大きなシェア，高い市場集中度が企業に市場支配力をもたらしたり，企業間での共謀を容易にするため，高利益率をもたらしていると解釈されてきた。これを**市場支配力仮説**（market power hypothesis）と呼ぶ。第1章で述べた SCP パラダイムでの，市場構造が市場成果を決定するという考え方に沿った解釈である。

しかし，定理3④，3⑤は限界費用の低い企業がより大きなマーケット・

シェア，より高い PCM を得ることを明らかにしており，シェアも PCM もともに費用条件によって決まる内生変数として，正の相関が生まれることになる。つまり，シェアと PCM はどちらが原因でどちらが結果という関係ではない。定理3⑥もまた，H と PCM に正の相関があるとしているだけで，因果関係を述べているわけではない。

　これらの定理は生産量決定型寡占モデルの均衡条件から導いたものであるが，より一般的な形で述べたのは H. デムセッツ（Demsetz [1974]）である。彼によれば，より効率的な企業が低価格や高品質によってシェアを拡大するとともに，低費用のゆえに高利潤を得るため，シェアと利潤に正の相関が生まれる。また，企業間の効率の差が大きければ，シェアの格差は広がり，集中度は高まる。一方で，高効率のために高利潤を得ている企業がシェアを高める結果，産業平均利益率も高まる。このためにこそ，集中度と利益率に正の相関が生まれるというのである。この考え方を**効率性仮説**（efficiency hypothesis）と呼ぶが，上述の定理はこの仮説と共通しているといってよい。

　市場構造と利益率の推定結果から，市場支配力仮説と効率性仮説のいずれが正しいかを結論することは困難である。おそらくは，産業によって，共謀が起きやすいところも，効率性格差が主要な要因であるところもあり，一概にどちらが正しいとは決められないと考えるべきであろう。ただし重要なのは，これら2つの仮説の含意する政策提言がまったく相反することである。市場支配力仮説によれば，高集中産業では競争が阻害されているために高利潤が生じており，競争政策の観点からは企業分割も含めた対応が望ましい。ところが効率性仮説によれば，競争の結果として，高効率企業が高シェアと高利潤を獲得したのであり，競争は厳然として存在する。よって高シェア企業を分割するような政策は，努力して効率を改善した企業にペナルティを課すことになり，効率性向上へのインセンティブを損なって有害である。この観点から，デムセッツは競争政策に対して懐疑的である。

　たとえば日本の高シェア企業の典型とされる富士写真フイルム（カラーフィルムにつき1998年にシェア69％）や80年代までのキリンビール（81年にビールにつき62.7％）は高品質や低価格によりシェアを獲得したのだろうか，それとも小売・卸への支配力などを用いて競争を妨げたことによって

シェアを獲得したのであろうか。この疑問に答えることは難しい。おそらくは、いずれも一面の真実であろう。市場支配力仮説と効率性仮説は、この例が示すように、いずれが正しいと一概に決められるものではなく、市場に応じ、あるいは状況により、事実を見つめ判断すべきものであるように思われる。

5*. 集中度と社会的厚生

　定理3②は、同一の費用条件で同質的な財を生産する n 社（$n=$ 所与）の企業からなる市場では、線型モデルの仮定下で、企業数が少ないほど厚生の損失が大きいことを示した。この結論をもう少し一般化することはできないだろうか。このことを考えるためには、R. E. ダンズビー＝R. D. ウィリグ（Dansby and Willig [1979]）の**産業成果改善可能性指数**（industry performance gradient index : 直訳すれば産業成果勾配指数）の考え方が役に立つ。彼らは製品差別化がある場合も含めて議論しているが、簡単化のため、以下では同質的な財の場合に限って説明しよう。

産業成果改善可能性指数の定義　今までと同様に、企業数 n は固定されているとして、企業 i の生産量を q_i と書こう。費用関数を一般的に $C_i(q_i)$ と書いて、企業間で異なる場合も含めることとする。

　市場で実現されている各社の生産量を q_i^o と上付き添字 o を付けて表す。次に、この実現生産量のベクトルから（金額単位で）t の距離内で各社生産量を変更し、社会的厚生をできるだけ大きくすることを考えよう。社会的厚生を $q_1, \cdots, q_n$ の関数として $W(q_1, \cdots, q_n)$ と書けば、この問題は以下の制約付き最大化問題である。

$$\begin{aligned}
&\underset{q_1,\cdots,q_n}{\text{Maximize}} \quad W(q_1, \cdots, q_n) \\
&s.t. \quad p^o\left[\sum_{i=1}^n (q_i - q_i^o)^2\right]^{\frac{1}{2}} \leq t
\end{aligned} \quad (3.20)$$

ただし、$p^o = p(Q^o)$, $Q^o = \sum_{i=1}^n q_i^o$ である。上式での制約条件の左辺は距離を表している。市場価格 p^o が乗じられているのは、数量単位で測った距離は測定単位（トンかキログラムか）に左右されるのに対し、金額単位で測った

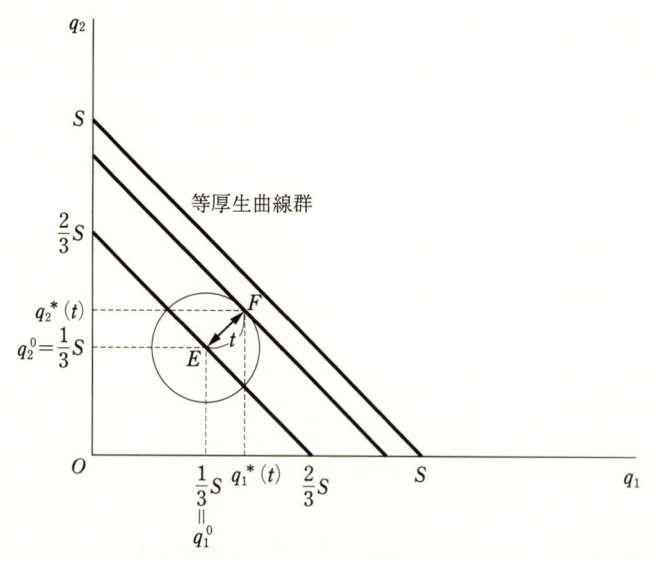

図3③ 対称的クールノー均衡と制限付き社会的厚生最大化

ものは測定単位から自由であることによる。

　(3.20)式の解は t に依存するので、これを $q_1^*(t), \cdots, q_n^*(t)$ と書こう。完全競争均衡では $q_i^*(t) = q_i^0, \forall i$、である。均衡でパレート最適が達成されているから、生産量を変更しても社会的厚生が改善されるわけではない。一方、クールノー均衡などの寡占均衡では社会的に過少生産となっているから、t が小さければ、t の距離内でできるだけ生産量を増加させることが厚生改善につながる。すなわち $\sum q_i^*(t) > \sum q_i^0$ である。たとえばクールノーの対称均衡で $n=2$ とすれば、$q_1^0 = q_2^0 = S/3$ であることは(3.5)式に示された通りである。パレート最適な産業生産量は S であるから過少になっている。

　2社の限界費用が等しく一定であるという単純化されたケースでは、2社の間で生産量がどう配分されるかは社会的厚生を変えない。そこで、等厚生曲線群、すなわち社会的厚生が一定であるような q_1 と q_2 の組合せは、図3③に示されているように、マイナス45度の傾きを持つ直線群であり、$q_1 = q_2 = S$ の点で切片を持つ等厚生曲線（SS線）が最大厚生に対応する。SS線より左下にあるほど、あるいは右上にあるほど、社会的厚生は低下する。

　図ではクールノー均衡は点 E で示されている。よって、$p^0 = 1$ と単純化

すれば，(3.20)式の制約条件が満たされる q_1 と q_2 の組合せは，E 点を中心として半径 t で描かれた円の内側（円周上を含む）である。t が大きくない限り，この制約のもとで社会的厚生が最大になる点は，点 E から45度右上にあって等厚生曲線と円が接する点 F であることが明らかである。

もちろん，企業間での差異があれば，点 E から点 F への動きは45度線上にあるとは限らない。いずれにせよ，点 E が寡占均衡であり，また t が十分に小さければ E も F も SS 線の左下になるから，E から F への動きは社会的厚生の改善をもたらす。

この改善の程度を表すのが産業成果改善可能性指数で，次式の ϕ で定義される。

$$\phi \equiv \lim_{t \to 0} \frac{W(q_1^*(t), \cdots, q_n^*(t)) - W(q_1^o, \cdots, q_n^o)}{t} \quad (3.21)$$

つまり，ϕ は，均衡から厚生改善の方向へ生産配分を変えていくときに，どれだけ厚生が増えていくかの傾きを表す。よって ϕ が大きいほど，現在の均衡は望ましくなく，たとえば政策的介入によって社会的な厚生を改善できる余地があることを示している。

産業成果改善可能性指数と集中度 ダンズビー=ウィリグは，(3.20)式の最大化問題を解き，(3.21)式に代入することにより，次式を得た（証明は章末の数学注を参照）。

$$\phi = \left[\sum_{i=1}^{n} \left(\frac{p^o - MC_i}{p^o} \right)^2 \right]^{\frac{1}{2}} \quad (3.22)$$

すなわち，

定理3⑦ 産業成果改善可能性指数（ϕ）は各社の限界プライス・コスト・マージンの二乗和の平方根に等しい。

さらに(3.14)式を代入すれば，$\lambda_i = \lambda, \forall i$，のとき，

$$\phi = \left[\sum \left(\frac{s_i(1+\lambda)}{\eta} \right)^2 \right]^{\frac{1}{2}}$$
$$= \frac{1+\lambda}{\eta} \sqrt{H} \quad (3.23)$$

を得る。すなわち，

定理3⑧ ϕ はハーフィンダール指数（H）の平方根に比例する。また，

推測的変動（λ）が大きく，需要の価格弾力性（η）が小さいほど ϕ は大きい

ことがわかる。

このことは，ハーフィンダール指数で測る集中度が高いほど，各社の生産量の組合せを少し変えることによって市場成果を改善できる余地が大きいことを示している。この意味で，産業成果改善可能性指数の理論は，市場構造（集中度）が市場成果と密接に関係することを明らかにしている。また前節では，ハーフィンダール指数が利益率とも密接に関係することを見た。これら2つの議論から，集中度，特にハーフィンダール指数が，厚生という社会的観点からの市場成果にも，利益率という企業経営の概念からの市場成果にも関連することがわかるのである。第1章で述べたSCPパラダイムはこのようにして支持されることになる。

ただし，以上での議論は，企業数を所与とする生産量決定型モデルにおける結論であったことを改めて注意しておく。これらの前提が崩れれば，結果は大きく変わりうる。このことを次の第4章では価格決定型モデルによって，そして第5章では企業数が可変となるモデルによって明らかにしていく。

数学注：定理3⑦の証明────────────────▶

$U(Q)$ を $Q(=\sum q_i)$ だけ消費したときの効用とすると，社会的厚生は効用と費用の差，$U(Q)-\sum C_i(q_i)$ に等しい。限界効用は価格に等しいとしてよいから（第2章補論参照），

$$\frac{\partial W(Q)}{\partial q_i} = \frac{\partial U(Q)}{\partial Q}\frac{\partial Q}{\partial q_i} - \frac{\partial C_i(q_i)}{\partial q_i} \quad i=1,\cdots,n \quad (3.\text{A}1)$$
$$= p(Q) - MC_i(q_i)$$

となる。ただし $MC_i(q_i)$ は限界費用である。すなわち，生産量増の厚生への限界的な貢献は価格と限界費用の差に等しい。

(3.20)式の最大化問題を解こう。図3③に明らかなように，寡占では(3.20)式での制約条件は等号で成立するから，このことを前提としてラグランジュ方程式をつくり，λ をラグランジュ乗数とすると，1階の条件として，ラグランジュ方程式を q_i で偏微分して 0 とおくことにより，次式を得る。

$$\frac{\partial W(q_1^*(t),\cdots,q_n^*(t))}{\partial q_i}=\lambda p^o\left[\sum(q_i^*(t)-q_i^o)^2\right]^{-\frac{1}{2}}(q_i^*(t)-q_i^o) \qquad i=1,\cdots,n \tag{3.A 2}$$

両辺を二乗して総和することにより

$$\sum\left(\frac{\partial W(q_1^*(t),\cdots,q_n^*(t))}{\partial q_i}\right)^2=\lambda^2 p^{o2} \tag{3.A 3}$$

を得る。(3.A 1)式を代入して

$$\lambda^2=\frac{\sum[p(Q^*(t))-MC_i(q_i^*(t))]^2}{p^{o2}} \tag{3.A 4}$$

となる。一方、ラグランジュ乗数は制約の目的関数への限界的効果を意味するから、$dW(q_1^*(t),\cdots,q_n^*(t))/dt$ に等しい。(3.21)式を微分表現で以下のように書きあらため、以上の結果を代入すれば、次式を得る。

$$\begin{aligned}\phi &\equiv \lim_{t\to 0}\frac{dW(q_1^*(t),\cdots,q_n^*(t))}{dt} \\ &=\lim_{t\to 0}\lambda \\ &=\lim_{t\to 0}\left[\frac{\sum(p(Q^*(t))-MC_i(q_i^*))^2}{p^{o2}}\right]^{\frac{1}{2}} \\ &=\left[\sum\left(\frac{p^o-MC_i(q_i^o)}{p^o}\right)^2\right]^{\frac{1}{2}}\end{aligned} \tag{3.A 5}$$

よって、本文の定理3⑦が成立する。

◎練習問題
❶ 推測的変動とは何を意味するかを述べ、推測的変動が大きいほど均衡生産量が小さいのはなぜかを説明しなさい。また、それが−1の場合、0の場合、1の場合の均衡はそれぞれ何に当たるか述べなさい。
❷ 線型モデルでの対称的なクールノー均衡では、企業数が大きいほど産業生産量が増加し完全競争均衡に近づくことを、証明しなさい。
❸ プライス・コスト・マージン（PCM）とは何かを定義し、マーケット・シェアやハーフィンダール指数とPCMはどのような関係にあるかを、生産量決定型寡占モデルに基づいて述べなさい。
❹ 市場集中度と利益率の相関を説明する2つの仮説、市場支配力仮説と効率性仮説、を比較しなさい。
　＊　なお、次章末にも、本章と次章の両方にまたがる形での練習問題が用意されています。

第4章

価格決定のベルトラン・モデルと参入阻止

1. 価格決定型寡占モデル

前章では各企業が生産量を戦略変数とする場合を説明したが，本章では，各企業が価格を戦略変数とする場合について説明しよう。すなわち，各社がライバル企業の価格を観察しつつ，利潤を最大化するように自社の価格を設定する場合を考える。こうしたモデルを**価格決定型寡占モデル**（price-setting oligopoly model）と呼ぶ。

生産量決定型寡占モデルと同様に，ライバル企業の価格決定についても推測的変動を考えることができるが，生産量決定型モデルにおけるクールノーの仮定に準じて，以下ではこれをゼロとする。よって，各社はライバル企業の設定する価格を所与とする。前章と同じく，同質的な財を生産する n 社からなる寡占産業を考える。参入・退出はないので n は一定である。また線型モデルの対称均衡を考えるので，限界費用はすべての企業にとって等しく一定で，c に等しい。固定費用はないものとする。

i 社が決定する価格を p_i としよう。すると，財が同質的であるため，$p_i > p_j$，$j \neq i$，であれば，買い手はすべて j 社から購入しようとする。このため，i 社への需要関数には p_i が p_j よりも大きいか否かにより不連続性が生まれる。これは生産量決定モデルと大きく異なる点である。

以下では簡単化のために $n=2$ としよう。すると，第1企業への需要関数を次のように書くことができる。

$$
\begin{aligned}
p_1 > p_2 &\Rightarrow q_1 = 0 \\
p_1 = p_2 &\Rightarrow q_1 = (a-p_1)/2b \\
p_1 < p_2 &\Rightarrow q_1 = (a-p_1)/b
\end{aligned}
\quad (4.1)
$$

自社価格がライバル企業価格より高いときには，需要量がゼロになることに

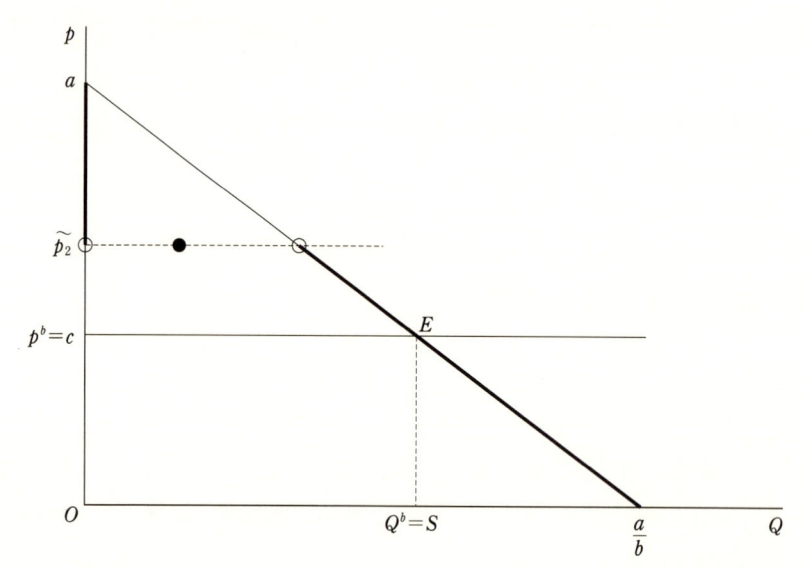

図4① 同質的寡占市場における価格決定（ベルトラン・モデル）

注意しよう。逆に自社価格の方が低い場合には，すべての市場需要は自社への需要となるため，逆需要関数（$p=a-bQ$）より最後の式を得る。両社が同一価格をつける場合には，両社で市場需要を折半するものとする。

$p_2=\tilde{p}_2$ のときの第1企業の需要関数は，図4①の太線で示されているように，$\tilde{p}_2$ において不連続なジャンプを持つものとなっている。このため，$p_1=\tilde{p}_2$ から $p_1=\tilde{p}_2-\varepsilon$ へと微小に価格を下げることの限界的な収入増がきわめて大きい。しかも $\tilde{p}_2>c$ であるから，それに伴う限界的な費用増を上回る。かくして第1企業には $\tilde{p}_2$ 以下へと値下げして顧客を奪おうとするインセンティブが生じる。

しかし，第1企業がこうして値下げすれば，第2企業も同じ論理により第1企業の設定する価格以下に値下げするインセンティブを持つ。このインセンティブは，ライバル企業が平均費用 c を上回る価格をつけている限り続くから，均衡では $p_1=p_2=c$ とならざるをえない。これ以下に値下げしても，利潤はマイナスになり不利だからである。よって次の定理を得る。

定理4① 企業が，①同質的な製品を生産し，②固定費用がなく限界費用は一定で，③費用条件が企業間で同じであるような寡占市場で，

各社が他社の価格を所与として自社の価格を決定するような行動をとるならば，均衡では各社の価格は限界費用と一致する。産業生産量は完全競争均衡と一致し，社会的厚生は最大化される。

均衡点は図4①の E 点で示され，生産量は $S\ (=(a-c)/b)$ となって完全競争均衡と一致することが明らかである。このモデルを**ベルトラン・モデル**（Bertrand model）と呼び，均衡を**ベルトラン均衡**と呼ぶ。均衡価格と均衡生産量は図4①で上付き添字 b で示されている。

J.L.F. ベルトランは，企業が戦略変数とするのは生産量ではなく価格であるとして，A.A. クールノーを批判し，価格決定型では均衡はクールノー均衡と大きく異なり完全競争均衡と一致することを示したのである。この結論は2社以上であれば必ず成立するので，$n \geq 2$ である限り，企業数も集中度も均衡価格・生産量に違いをもたらさないこと，しかもその均衡では利潤はゼロで，パレート最適が成立することを示しており，前章までの定理をすべて否定するものである。このことから定理4①の結果を**ベルトラン・パラドックス**（Bertrand Paradox），すなわちベルトランの逆説と呼ぶことも多い。

2. 製品差別化と価格決定型モデル

定理4①では3つの条件を仮定した。また企業数は所与であるとした。以下では，これらの仮定の意味を順次検討しよう。

まず，仮定①が成立せず，製品の差別化が起きているとしよう。重要なのは，このときには他社より高くても自社製品を購入してくれる買い手が存在することである。(4.1)式で示されたような需要関数の不連続性が発生しない。

逆需要関数は，再び，前章の(3.10)式であるとしよう。第 i 企業は，この式の制約のもとで，また $p_j, j \neq i$，を所与として，利潤 $(p_i-c)q_i$ を最大化すべく p_i を決定する。$n=2$ のとき，最大化のための1階の条件を整理すると次式を得ることができる。

$$p_i = c + [(1-\theta)bS + \theta(p_j-c)]/2 \qquad i=1,2 \quad j \neq i \qquad (4.2)$$

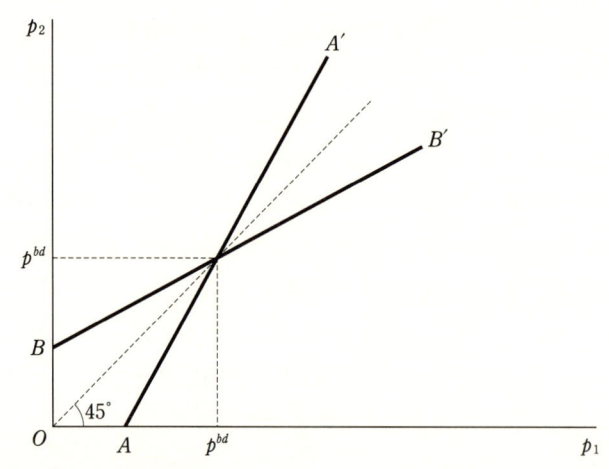

$OA = OB = [c + (1-\theta)a]/2$
注：AA'（第1企業の反応曲線）：$p_1 = c + [(1-\theta)bS + \theta(p_2-c)]/2$
　　BB'（第2企業の反応曲線）：$p_2 = c + [(1-\theta)bS + \theta(p_1-c)]/2$

図4②　価格決定型寡占モデル（製品が差別化されているときの反応曲線と均衡）

いうまでもなく，$S = (a-c)/b$ であり，$1-\theta$ は製品差別化度である。

(4.2)式は価格に関する**反応関数**である。ライバル企業の決定した価格に対応する自社最適価格を示しているからである（なお，需要量が非負でなければならないことから，(4.2)式が成立しうる p_i, p_j の範囲については制約が存在する。以下の議論ではこの制約が満たされているものとする）。

図4②は第1企業と第2企業の**反応曲線**を示している。生産量を戦略変数とするときの反応曲線（図3①参照）とは異なり，右上がりの曲線になっていることに注意しよう。ライバル企業の価格が高ければ，自社の最適価格は高くなるからである。こうした関係を**戦略的補完関係**（strategic complements）と呼ぶ。これに対し，生産量決定型モデルの場合のように反応曲線が右下がりにあるとき，**戦略的代替関係**（strategic substitutes）にあるという。

両社の費用条件は同一と仮定しているから，2社の反応曲線は45度線をはさみ対称である。したがって両曲線の交点で決まる均衡価格は両社で等しく，図で p^{bd} として示されている。(4.2)式を第1企業と第2企業で連立させて解けば，

$$p^{bd} = c + \frac{1-\theta}{2-\theta} bS \qquad (4.3)$$

である。差別化されていれば $\theta<1$ であり，また $S>0$ であるから，$p^{bd}>c$ であることがわかる。すなわち，製品差別化があれば均衡価格は限界費用を上回り，ベルトラン・パラドックスは成立しない。

なお，(4.3)式を(3.11)式で $n=2$ のときと比較すれば，$p^{nd}>p^{bd}>c$ であることがわかる。つまり，製品が差別化されているときも，価格決定型寡占の方が価格は低い。それでも限界費用を上回っているからパレート最適ではないが，生産量決定型に比較すれば社会的厚生の観点から望ましいことになる。

3*. 生産能力の制約下での最適価格決定

定理4①での仮定②と③について検討しよう。

まず③が成立せず，限界費用は一定だが，第1企業の限界費用（c_1）は第2企業の限界費用（c_2）より低いとしよう。両社の競争により $p=c_2>c_1$ まで価格が低下することは明らかである。しかしこれは均衡ではない。なぜなら，$p=c_2-\varepsilon$ とすることによって，第2企業は生産しない方が有利になり，第1企業は全市場を自分のものにできるからである。$p=c_2$ で市場の半分に販売するよりも，$p=c_2-\varepsilon$（ただし ε は微小数）で全市場に販売すれば有利である。このことは，$c_1\neq c_2$ であれば $n=2$ のもとでのベルトラン均衡は存在しえず，2社存在すること自体が現実的でないことを示している。よって市場への参入と退出を議論しなければ意味がない。これは第5節でなされる。

仮定②が成立せず，固定費用が存在したり，限界費用が生産量に対して逓減的なときにも同じ問題が起こる。規模の経済があるため，1社で独占になるはずだからである。こうした自然独占のケースは次章で扱われる。逆に平均費用が逓増の場合には，各社はライバル企業よりも低い価格を設定するが，その価格のもとでの全需要に対応するのではなく，価格＝限界費用となる生産量のみを生産する方が有利であるから，超過需要が発生しうる。この状況

で価格競争が起きるなら，価格がさらに低下していくため，各社の生産量はさらに小さくなり，企業数は多くなければ需給がバランスしえない。再び，参入・退出による企業数の決定を議論しなければ意味がない。

**エッジワースの　　**平均費用が逓増的な場合の特殊ケースとして，$q_i=k_i$
ベルトラン批判　　以下の生産量（q_i）では平均費用は一定だが，$q_i=k_i$
において平均費用曲線が垂直になるケースを考えることができる。これは k_i 以上には生産できないという生産能力の制約があるケースである。以下ではこのケースを分析しよう。

各社は，$q_i \leq k_i, i=1,2,$ という制約のもとで利潤を最大化すべく，価格を決定する。生産能力に関する費用以外の平均費用は一定で両社間で等しいとして，これまでと同じく c と書く。生産能力費用はすでに支払い済みなので（次章で定義するサンク・コストとなる），生産量の決定には影響しないことに留意しよう。

① $k_1+k_2>S$ か② $k_1+k_2 \leq S$ かによって，ケースを分けよう。$S=(a-c)/b$ は価格を限界費用（＝平均可変費用）に等しくしたときの市場需要量であるから，ケース①は限界費用に等しい価格にしてもなお設備をフルに稼働させるだけの需要がないケースで，過剰能力のケースと呼ぶことができる。一方，ケース②では，価格を限界費用にまで下げれば能力一杯に生産して売り切ることができる。

まず，過剰能力のケースを考えよう。このとき $p_1=p_2=c$ は均衡価格だろうか。これを調べるため，$p_2=c$ が与えられているときの第1企業の行動を考えよう。図4③を見てほしい。$p_1>c$ である限り，すべての需要は第2企業に向かう。しかし k_2 の制約があるため，$q_2=k_2$ となり，$S-k_2$ に等しい分の需要は満たされない。何らかの形での割当てが必要になるが，需要価格の高いものから第2企業に割り当てられるとすれば，残余の需要は市場需要曲線（D）から k_2 だけ左へシフトした曲線（D_1）で表されることになる。これが第1企業にとっての需要曲線となるから，第1企業の最適行動はこれに対応する限界収入（MR_1）と限界費用（c）を等しくするよう $p_1=\bar{p}_1$ とすることである。明らかに（生産能力費用控除前の）利潤（π_1）は正であるから，$\pi_1=0$ となる $p_1=c$ より有利である。

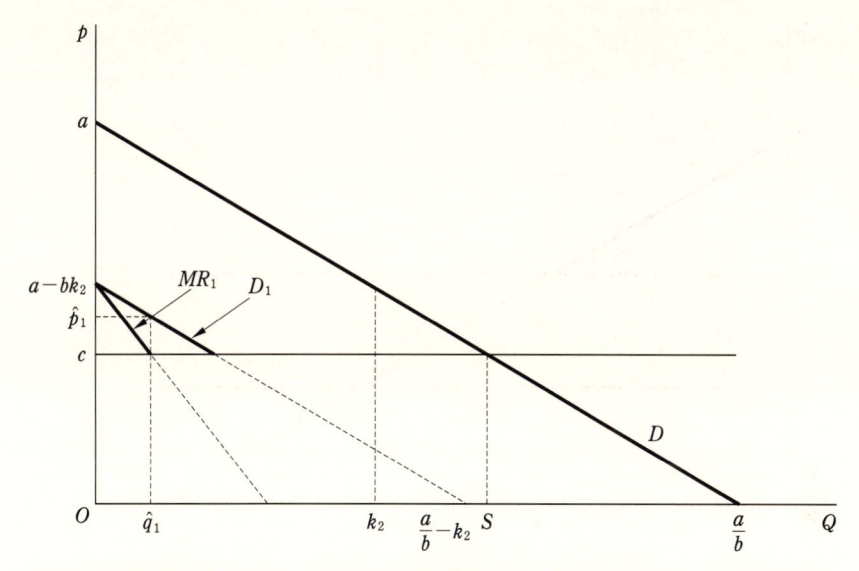

図4③　生産能力制約があるときの第1企業の最適行動（過剰能力のケース）

しかし，$(p_1, p_2) = (\hat{p}_1, c)$ という第1企業，第2企業の価格の組合せは均衡ではありえない。なぜなら，$p_2 = \hat{p}_1 - \varepsilon > c$ とすることで，第2企業は相変わらず $q_2 = k_2$ だけ販売することができ，しかも $\pi_2 > 0$ となって，$p_2 = c$ としたときの利潤であるゼロを上回るからである。しかし，$(\hat{p}_1, \hat{p}_1 - \varepsilon)$ の組合せもまた均衡ではありえない。$p_1 = \hat{p}_1 - \delta, \delta > \varepsilon$，とすれば，第1企業は能力一杯に販売することができ，そのときの利潤は $\pi_1 = (\hat{p}_1 - \delta)k_1$ となって，δ が十分に小さい限り，$p_1 = \hat{p}_1$ のときの利潤，$\pi_1 = \hat{p}_1 \hat{q}_1 (< \hat{p}_1 k_1)$ を上回るからである。かくして両社間での値下げ競争が避けられない。すなわち，第1節で述べたベルトラン型の競争である。

この値下げ競争は $p_1 = p_2 = c$ となるまで続くが，$k_1 + k_2 > S$ である限り，上で述べたように，これもまた均衡ではありえない。この結果，過剰能力のあるケースでは均衡が存在しないことがわかる。これはF.Y.エッジワースによって指摘された点である。

生産能力が制約となる場合　それでは過剰能力のない場合，すなわち $k_1 + k_2 \leq S$ の場合にはどうであろうか。まず $\bar{p} = a - b(k_1 + k_2)$ と書こう。$k_1 + k_2 \leq S$ より $\bar{p} \geq c$ である（図4④参照）。これが均衡価格であるためには，

第4章　価格決定のベルトラン・モデルと参入阻止　57

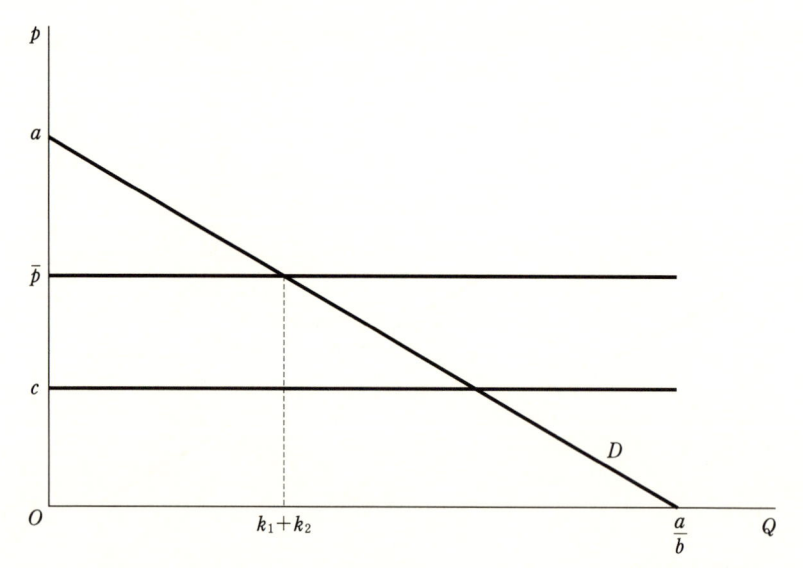

図4④　生産能力制約があるときの価格決定型モデルにおける均衡 ||||||||||||||||||||

第2企業が$\bar{p}$の価格で$q_2 = k_2$だけ販売しているときに，$p_1 \neq \bar{p}$の価格をつけることが不利であることが必要である。第1企業にとっての需要曲線は$p_1 = a - bq_1 - bk_2$で示されるから，（資本費用控除前の）利潤は，

$$\pi_1 = (a - bq_1 - bk_2 - c)q_1$$
$$= (p_1 - c)(a - bk_2 - p_1)/b \quad (4.4)$$

である。ただし，この式は$p_1 < \bar{p}$においては成立しない。$q_1 \leq k_1$の制約があるために需要量を満たしえないからである。よって，$p_1 < \bar{p}$へと値下げしても生産量を変えず価格だけを下げるので，必ず利潤を減らす。

それでは，$p_1 > \bar{p}$へと値上げすることは有利だろうか。(4.4)式をp_1で微分すると，

$$\frac{\partial \pi_1}{\partial p_1} = \frac{a - bk_2 - 2p_1 + c}{b} \quad (4.5)$$

となり，値上げが有利でないための条件は，この右辺が$p_1 = \bar{p} = a - b(k_1 + k_2)$において負であることである。この条件は，

$$k_1 < (a - bk_2 - c)/2b \quad (4.6)$$

と書くことができる。よってk_1が(4.6)式を満たすだけ十分に小さければ，

$p_2=\bar{p}$ を所与として $p_1=\bar{p}$ が利潤を最大化する．この結果，$\bar{p}$ が均衡価格となって，両社とも能力一杯に生産することがわかる．

なお，$p_1=p_2\neq\bar{p}$ も均衡ではありえない．$p_1=p_2>\bar{p}$ であれば，少なくとも1社（第1企業としよう）は能力以下でしか生産していないはずであり，$p_1=p_2-\varepsilon$ として能力一杯の需要を確保することが有利になる．また $p_1=p_2<\bar{p}$ であれば，能力以上の需要があり，$p_1=p_2+\varepsilon$ としても販売量は変わらないから，値上げすることが有利になる．よって均衡では $p_1=p_2=\bar{p}$ でなければならない．

一方，(4.6)式が成立しないほど k_1 が大きければ，$p_1>\bar{p}$ とするインセンティブが発生し，すると今度は第2企業に $p_1-\varepsilon(>\bar{p})$ と価格を切り下げるインセンティブが生まれるから，再びエッジワースの指摘した均衡の欠如が発生する．

よって以下の定理を得る．

定理4② 線型需要曲線を持つ同質的製品の複占市場で，企業が価格決定行動をとり，限界費用が一定で2社間で等しく，また生産能力が先決されて(4.6)式の条件を満たしているなら，均衡で $p_1=p_2=\bar{p}\equiv a-b(k_1+k_2)$ が成立し，各社は生産能力一杯に生産する．

4*. 生産能力の決定

今度は，生産能力の決定について説明しよう．これは**2段階ゲーム**である．第1段階で (k_1,k_2) が決定され，第2段階では (k_1,k_2) を制約として (p_1,p_2) が決定されるからである．こうした多段階ゲームでは，後の段階での均衡をまず確定し，それを予期して各プレーヤーが前の段階でとるであろう最適行動を分析する．これを**バックワード・インダクション**（backward induction），すなわち後方からの推論による分析という．定理4②で，(4.6)式が満たされているとして，第2段階では $p_1=p_2=\bar{p}$, $q_1=k_1$, $q_2=k_2$ となることを明らかにしたから，第1段階に戻り，このことを前提としたうえでの各社の最適能力決定を分析するのである．

均衡の成立　そこで，推測的変動はゼロとして，各社（i）はライバル企業（j）の生産能力が k_j であるときに自社にとって最適な生産能力（k_i）を決定するという**ナッシュ均衡**を考えよう。r を単位当たりの生産能力費用とすれば，第 i 企業の生産能力費用控除後の純利潤は，

$$(\bar{p}-c-r)k_i = [a-b(k_1+k_2)-c-r]k_i \tag{4.7}$$

である。よって，第1企業は k_2 を所与として $[a-b(k_1+k_2)-c-r]k_1$ を最大化すべく k_1 を決定し，第2企業は k_1 を所与として $[a-b(k_1+k_2)-c-r]k_2$ を最大化すべく k_2 を決定する。

しかし，この問題は，変数が (q_1, q_2) でなく (k_1, k_2) となっていることと，限界費用が c のみでなく $c+r$ となっていることを除けば，前章で説明した生産量決定型モデルにおけるクールノー均衡とまったく同じである。よって(3.5)式を変形して，

$$k_1^* = k_2^* = \frac{1}{3}\frac{a-c-r}{b} \tag{4.8}$$

を得る。ただし*印は均衡を表す。定理4②より $q_1^* = q_2^* = k_1^* = k_2^*$ となり，均衡価格も(3.6)式を用いて，

$$p_1^* = p_2^* = c + r + \frac{1}{3}(a-c-r) \tag{4.9}$$

となる。

興味深いのは，第2段階ではベルトラン型の価格競争をしていながら，生産能力が先決されるために，実現される均衡はクールノー均衡にほかならないことである。すなわち，

定理4③　数量（生産能力）の先決とベルトラン競争はクールノーの結果をもたらす。

この定理（かっこ内を除く）は，実は，以上の結果を明らかにしたD. M. クレップス＝J. A. シャインクマン（Kreps and Scheinkman [1983]）の論文タイトルそのものであって，クールノー均衡の一般性を示すものである。

なお，(4.8)式が成立するとき，(4.6)式の条件も満たされることは容易に確認できる。したがって，生産能力についてのクールノー均衡のもとでは定理4②が成立しており，$p_1 = p_2 = \bar{p}$ になるという予想は裏づけられる。この

ため(4.8),(4.9)式で示される (k_1^*, k_2^*), (q_1^*, q_2^*), (p_1^*, p_2^*) は真の均衡である。

ベルトラン・パラドックスの現実性　それでは，不可逆的な生産能力が問題になるような産業において，限界費用に価格が一致するようなベルトラン型の競争的均衡はまったくないのだろうか。すべての予想が完全であるような状況では，上に見たように答はイエスである。ただし，予想が完全でなければ答はノーとなりうる。

生産能力の計画から稼働までには時間がかかるから，たとえば，稼働に入ったときには需要曲線が予想よりも左にシフトしている（すなわち a が小さくなっている）かもしれない。すると，過剰能力が発生し，あるいは(4.6)式が成立せず，価格が c になるまで低下して，設備費用は回収できず，かろうじて可変費用のみが回収できるような価格競争が発生したり，エッジワースが予測したような価格の不安定性が発生するであろう。

このことは，装置産業においては，不況期においてベルトラン型の価格競争が起きる可能性が強いことを示唆する。**過当競争**という言葉が使われるように，これは現実にしばしば観察される事実である。

5.　参入阻止価格戦略

費用条件の差と参入　次に企業間で費用条件が異なる場合を考えよう。引き続き2社の場合に単純化し，製品は同質的とする。固定費用はなく，限界費用 $c_i (i=1, 2)$ は生産量に対して一定であるが，$c_1 < c_2$ である。すなわち，第1企業の方が何らかの意味でより効率的なために低い限界費用を達成している。これを第1企業に**費用優位性**（cost advantages）があるという。どのような理由により，こうした費用優位性が生まれるかについては次章で議論するとして，本節では費用優位性が存在する場合の最適企業行動と均衡について考えよう。

重要なポイントは，$c_1 < p_1 < c_2$ のレベルに p_1 が設定されていれば，第2企業は生産しても損失を生じ，生産をしない方が有利になることである。つまり，第2企業は退出する。よって第1企業の独占となり，しかも $p_1 - c_1 >$

0であるから，第1企業は正の利潤を上げることができる。この結果，定理4①は成立せず，価格と限界費用は一致しない。厚生の損失が発生する。

こうした状況での均衡を説明するためには，ベルトラン・モデルのように第1企業・第2企業ともに既存の企業として考えるのではなく，第1企業は**既存企業**（incumbent firm）だが，第2企業は，現在は生産していないが利潤獲得機会があれば参入することを考慮している企業だと考える方がよい。この第2企業のような企業を**潜在的参入企業**（potential entrant）と呼ぶ。潜在的参入企業は正の利潤を得られると予想すれば参入するが，ゼロまたは負の利潤では参入しないものとしよう。すなわち，$p=c_2$なら，参入は起きない。

第1企業が第2企業の最適生産量をゼロにするようにしながら，すなわち第2企業が生産に参入しないようにしながら，自社にとって最適な価格決定をおこなう戦略を**参入阻止価格戦略**（limit pricing）と呼び，この戦略によってつけられる価格を**参入阻止価格**（limit price）と呼ぶ。p^ℓと書く。$c_1 \leq p^\ell \leq c_2$でなければならないことは明らかであろう。

最適価格の3つのケース それではp^ℓをどのレベルに決めるのが最適だろうか。直感的に考えられるのは，$p^\ell=c_2$とすることである。市場需要量を価格pの関数として$Q(p)$と書こう。線型モデルでは$Q(p)=(a-p)/b$である。すると$p^\ell=c_2$とすれば参入を阻止して独占を維持できるから，利潤は$(c_2-c_1)Q(c_2)$であり，$p>c_2$として第2企業と市場を折半するときの利潤よりも大きく，有利である。

しかし，実は，c_2よりも低い価格を設定した方が有利な場合が存在する。第1企業にとっての独占価格（p^m）がc_2を下回るケースである。いうまでもなく，独占価格は，限界費用と限界収入が一致する生産量に対応する価格で，第2章で見たように線型モデルでは$p_1^m=(a+c_1)/2=c_1+bS_1/2$，ただし$S_1=(a-c_1)/b$，である。図4⑤を見よう。$c_2$が$p_1^m$を下回るか上回るかによって図の(a)と(b)の2つのケースがある。

(b)では，第1企業が独占価格p_1^mを設定すれば，第2企業の限界費用を下回り，第2企業にとって参入することは不利である。しかもp_1^mは独占利潤を最大化する価格であるから，第1企業にとり，利潤最大化の定義により，

(a) $c_2 < p_1^m$

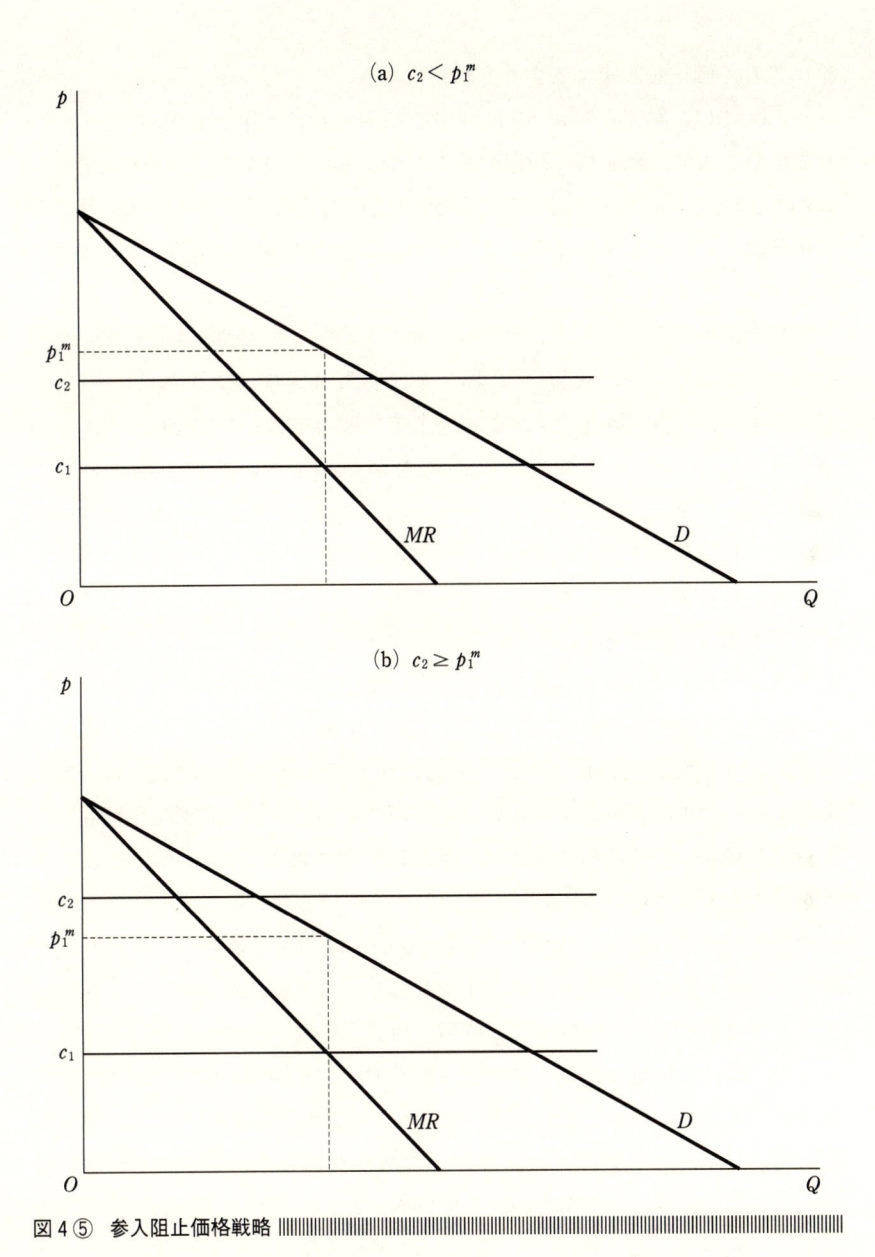

(b) $c_2 \geq p_1^m$

図4⑤ 参入阻止価格戦略

第4章 価格決定のベルトラン・モデルと参入阻止

c_2 に等しく価格を設定するよりも有利である。

一方(a)では，第1企業が p_1^m に価格を設定すれば，第2企業は $p_1^m-\varepsilon$（ε は微小数を表す）に価格を設定することによって市場を第1企業から奪い，しかも $p_1^m-\varepsilon > c_2$ とできるため，利潤を上げることができる。よって，第1企業は，$p^\ell=c_2$ とすることによってのみ第2企業の参入を防ぐことができる。

既存企業が潜在的参入企業の存在を考えることなく利潤最大化行動をとるにもかかわらず参入が起きない場合を，**参入がブロックされた**（blockaded）と呼ぶ。一方，既存企業が潜在的企業の参入を防ぐことを目的とした行動をとることによってのみ参入が起きない場合を，**参入が阻止された**（deterred）と呼ぶ。図4⑤の(a)は参入が阻止された例であり，(b)は参入がブロックされた例である。いずれにせよ参入は起きないから，参入が起きていないという事実だけで，参入がブロックされているのか阻止されているのかを判別することはできない。また(b)が $c_2 \geq p_1^m$ を要求していることでわかるように，参入がブロックされるためには，既存企業の潜在的参入企業に対しての費用優位性が十分に大きいことが必要である。

逆にこうした費用優位性がない場合，すなわち $c_1=c_2$ の場合には，参入を阻止しつつ正の利益を上げることが不可能である。ゼロ利潤でも潜在的参入企業が参入してくるのであれば，**参入は受容される**（accommodated）。参入を阻止するためには $p^\ell=c_2-\varepsilon$ としなければならないが，そうすると利潤は負になるから，$p=c_1=c_2$ として参入を許し，市場を折半してゼロ利潤を得た方がましだからである。いうまでもなく，この場合はベルトラン・パラドックス（定理4①）が成立し，価格と限界費用は一致する。

また，最初に仮定したように，ゼロ利潤では潜在的参入企業は参入しないのであれば，$p^\ell=c_1=c_2$ とすれば，参入は阻止される。このケースでは，現実に生産している企業は1社しかないにもかかわらず，この企業が限界費用・平均費用に等しい価格を設定していることに注目しよう。よって既存企業もゼロ利潤である。つまり，独占という市場構造（よって集中度が100％）であるにもかかわらず，完全競争均衡が実現されている。

この驚くべき結論は，潜在的参入の脅威が十分にあれば，市場集中度は市

場成果と無関係でありうることを示している。この理論をコンテスタブル・マーケットの理論と呼ぶ。章を改めて，この理論を説明しよう。

◎練習問題

❶ 線型モデルを考え，企業数が n で所与，製品は同質的で，費用関数に企業間で差がないような寡占市場について，クールノー均衡とベルトラン均衡のそれぞれについて，企業数と均衡価格，プライス・コスト・マージン，社会的厚生の関係がどのようなものであるかを述べなさい。また，製品が差別化されているときには，結論はどのように変わるかも述べなさい。

❷ 企業数が2社の場合の反応曲線は，生産量決定型では右下がりであるのに対し，製品差別化がある場合の価格決定型モデルでは右上がりである。これはなぜか，説明しなさい。

❸* クレップス=シャインクマンは「数量の先決とベルトラン競争はクールノーの結果をもたらす」という題名の論文を書いているが，この題名が何を意味しているのか述べなさい（数量の先決，ベルトラン競争，クールノーの結果，という3つの言葉がそれぞれ何を意味しているかが明確になるように答えること）。

❹ 「参入がブロックされた (blockaded)」および「参入が阻止された (deterred)」とは，それぞれどのようなことを指し，それらはどのように違うか，議論しなさい。

第5章

コンテスタブル・マーケットと参入障壁

1. コンテスタブル・マーケットの理論

本章では,コンテスタブル・マーケットの理論をまず説明し,その後に,市場がコンテスタブルでないとすればどのような要因によるのかを説明する。こうした要因を参入障壁と呼ぶ。また,参入障壁に関連する実証分析についても説明する。まず,コンテスタブル・マーケット理論を説明するが,以下での説明はこの理論を体系化した W. J. ボーモル= J. C. パンザー= R. D. ウィリグ (Baumol, Panzer, and Willig [1982]) によるところが大きい。

コンテスタブル・マーケットとは何か　**完全にコンテスタブルな市場**（perfectly contestable market)とは2つの条件を満たす市場をいう。

第1は,潜在的参入企業,すなわち参入することを検討している企業に対する費用優位性を既存企業が持たないことである。このためには,潜在的参入企業は,既存企業が販売しているのと同じ市場で同質的な製品を販売できるのでなければならず,また,この製品を生産するのに既存企業が用いているのと同じ技術を持っているか,あるいは無償で得ることができ,さらに,生産に要するすべての生産要素を同一条件で入手できるのでなければならない。つまり,次節で定義する言葉を先取りして用いるなら,参入障壁が皆無であること,これが第1の条件である。

第2は,潜在的参入企業は,既存企業が設定している価格に基づいて参入の利益を計算するという条件である。いうまでもなく,これはベルトランの仮定を既存企業・潜在的参入企業間に拡張したものである。

以上2つの条件を満たす市場を,完全にコンテスタブルな市場と呼ぶ。以下では単にコンテスタブルな市場あるいはコンテスタブル・マーケットと呼び,その均衡を考えていく。まず注意する必要があるのは,この均衡では各

社の価格（p_i），生産量（q_i）とともに，企業数（n）も決定される必要があることである。この点で，nを所与とした前章までの議論と異なる。なお，この企業数は正の生産量を生産する企業の数である。一方，現在は生産量がゼロだが場合によっては参入することを考える企業，すなわち潜在的潜入企業は，十分に多いと想定される。これは，生産物・生産要素市場が第1の条件を満たし，また技術情報も公開されているなら，多くの企業が参入可能なはずだからである。

まず明らかなのは，製品が同質的であることから，企業間で価格は等しくなければならないことである。つまり，$p_1=\cdots=p_n\equiv p$である。そして均衡では $(p, q_1, \cdots, q_n, n)$ が決められなければならない。この均衡はいくつかの条件を満たす必要がある。まず，与えられた条件のもとでは各企業が利潤を改善する代案をもはや持たないこと，また各企業の生産量の合計が市場需要量に一致しなければならないことは，通常の均衡条件と同じである。それに加えて，企業数がもはや変動しないことが要求される。このためには，潜在的参入企業が参入することによって正の利潤を上げられる機会がもはや存在しないことが必要である。また，既存の企業が退出することによって利潤を改善できることがもはやありえないことも必要である。この後者の条件は，既存企業にとり収入が費用を下回らないことを要求する。すなわち $p \geq AC$（平均費用）である。$p<AC$なら，退出してゼロ利潤・ゼロ損失とした方がましだからである。

以上の条件をすべて満たす解を，**サステイナブル**（sustainable），すなわち持続可能な解と呼ぶ。これは長期的均衡解といってもよいが，参入・退出がもはやありえないことを要求することを明示的に示すためにサステイナブルの言葉を用いる。

サステイナブルな解の3つのケース 　いくつかのケースについて，サステイナブルな解がどのようなものであるかを説明しよう。

前章でも用いた線型モデルのもとでは，完全にコンテスタブルであれば，潜在的参入企業を含むすべての企業の限界費用（＝平均費用）は等しくcで一定である。このとき，サステイナブルな解では$p=c$でなければならないことは前章第5節で見た通りである。$p>c$であれば，$p-\varepsilon$（ただし$p-$

$\varepsilon > c$) の価格をつけることによって，参入企業はすべての市場需要を奪い，正の利潤を上げることができるからである。逆に $p < c$ であれば，退出が起きる。よって $p = c$ でない限り参入あるいは退出が不可避となり，サステイナブルではない。市場需要はいうまでもなく $S(=(a-c)/b)$ に等しく，パレート最適が達成される。この解は図5①(b)の E 点で示されている。なお，企業数は不定である。規模に関する収穫一定のため，何社でつくっても総生産費用が変わらないからである。

　図5①の(a)は，各企業が U 字型の平均費用曲線を持ち，企業数が十分に大きくて完全競争均衡を達成している状況を示している。ほとんどのミクロ経済学の教科書で完全競争均衡の説明として用いられているものである。参入・退出が自由であるという仮定のもとで，利潤最大化条件である $p = MC$ に加え，ゼロ利潤条件である $p = AC$ が成立しているような，いわゆる長期的均衡が成立している状況が図の E 点で示されている。左側の図は各企業において $p^c = MC = AC$ が成立し，右側の図では企業の限界費用曲線を水平に足し合わせた曲線（ΣMC）が市場需要曲線と交わることによって，生産量合計が需要量に一致することを示している。均衡企業数は Q^c/q^c である。

　これはサステイナブルな解である。$p > p^c$ なら，$p - \varepsilon > p^c$ の価格をつけて参入すれば正の利潤を得ることができ，逆に $p < p^c$ なら，$p < AC$ となって既存企業は退出するはずだからである。いうまでもなく，E 点ではパレート最適が達成されている。

　第3に，平均費用曲線（AC）が右下がりのまま市場需要曲線と交わるケースを考えよう。これは図5①の(c)で示されている。このように広い範囲にわたって AC が右下がりなのは，規模の経済性が大きいためである。よって全市場に対して1社で供給した方が，複数企業で供給するよりも総費用が小さくて済む。このケースを**自然独占**（natural monopoly）と呼ぶ。より厳密には，自然独占とは，生産量が q のときの総費用を $C(q)$ として，任意の q，また $q' + q'' = q$ となる任意の q', q'' に対して，$C(q') + C(q'') > C(q)$ が成立する場合をいう。このとき AC 曲線が右下がりであることは自明であろう。なお，定義では「任意の q に対して」としたが，需要曲線との交点より右側において AC 曲線が右上がりとなっても結論には何らの影響もな

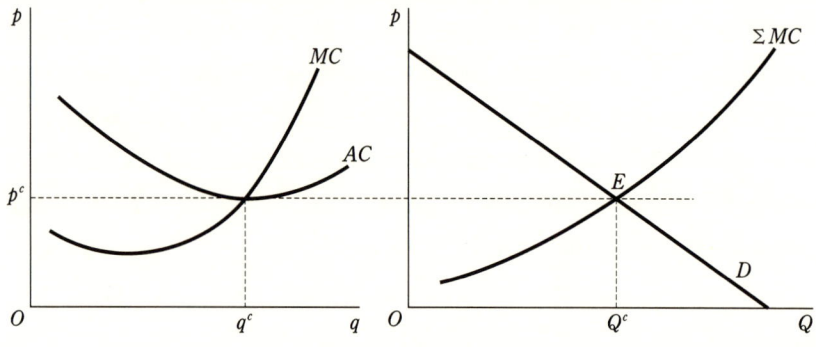

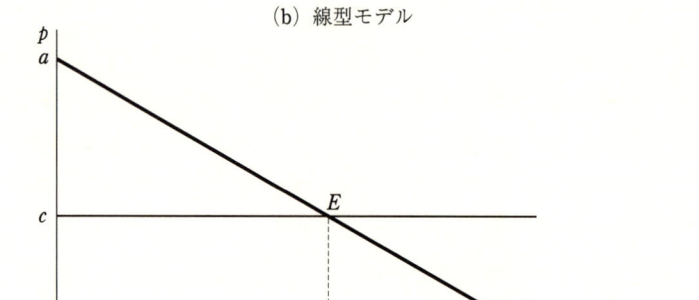

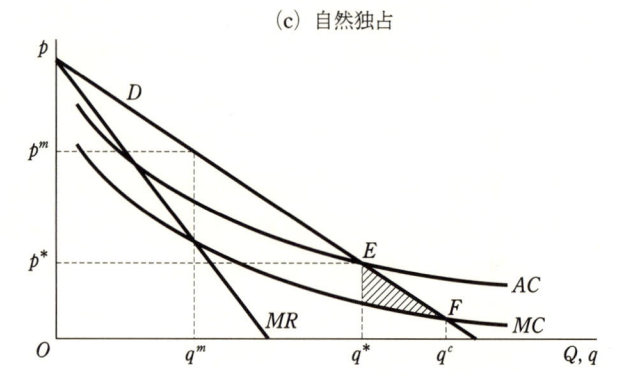

(a) U字型平均費用曲線を持つ企業による完全競争均衡

(b) 線型モデル

(c) 自然独占

図5① 完全にコンテスタブルな市場におけるサステイナブルな解

いので，$q<q^*$ を満たす q に限ってよい。ただし q^* は AC 曲線と需要曲線の交点（図の E 点）に対応する生産量である。

このとき，サステイナブルな解は存在するだろうか。独占利潤を最大にする解（p^m, q^m）はサステイナブルではない。$p^m-\varepsilon$ の価格をつけることによって，参入企業はすべての需要を既存企業から奪い，しかも $p^m-\varepsilon>AC$ であることから正の利潤を上げられるからである。逆に完全競争均衡と同じく価格と限界費用の一致が成立する点（図の F 点）ではどうだろうか。これもコンテスタブルではない。$p<AC$ となってしまい，既存企業は退出した方が有利だからである。

E 点，すなわち価格と平均費用が一致する点はどうだろうか。ここではもはや参入は起きえない。$p^*-\varepsilon$ に価格を設定すると，たしかに既存企業から需要を奪うことができるが，市場需要量を超えないどの生産量でも $p^*-\varepsilon<AC$ となってしまうからである。一方，既存企業は $p^*=AC$ であるから，生産を維持できる。しかも既存企業の生産量（q^*）は，p^* のもとでの市場需要量に一致している。よって（p^*, q^*）はサステイナブルな解である。ここでは図の(a)や(b)のケースとは異なって $p^*>MC$ ではあるが，$p^*=AC$ は成立している。

サステイナブルな解の性質 以上から，サステイナブルな解は常に $p=AC$ を満たすこと，また $n\geq 2$ の場合には $p=MC$ でもあることが予想される。この予想が正しいことを証明する前に，まず，サステイナブルな解（$p^*, q_1^*, \cdots, q_n^*, n^*$）においては，その産業総生産量（$Q^*=\sum_{i=1}^{n}q_i^*$）を生産するのに要する総費用が最小化されているのでなければならないことを理解しておこう。

これは，$\sum_{i=1}^{n^*}C(q_i^*)>\sum_{i=1}^{n'}C(q_i')$ を満たし，かつ $\sum_{i=1}^{n'}q_i'=Q^*$ となるような（$q_1', \cdots, q_{n'}', n'$）が存在するのであれば，このように生産する n' 社を合わせる形で生産をおこない，$p^*-\varepsilon>\sum_{i=1}^{n'}C(q_i')$ となるような価格，$p^*-\varepsilon$，を設定して参入することによって，正の利潤を上げることができるはずだからである。よって（$p^*, q_1^*, \cdots, q_n^*, n^*$）がサステイナブルであるならば，そのような（$q_1', \cdots, q_{n'}', n'$）が存在してはならない。すなわち，$\sum_{i=1}^{n^*}C(q_i^*)$ は Q^* を生産するための最小費用となっているのでなければならない。このことを

サステイナブルな解では**技術的効率性**（technical efficiency）が実現されているという。

一方，p^* が限界費用に等しいことは，第2章で述べた通り，資源配分がパレート最適であること，すなわち社会的厚生を最大化していることを意味する。**資源配分上の効率性**（allocation efficiency）と呼ぶことができる。

$n \geq 2$ のときにサステイナブルであるためには，$p^* = MC_i, i = 1, \cdots, n^*$，でなければならないことは，以下の手順で証明される。

まず，サステイナブルな解では $MC_1 = MC_2 = \cdots = MC_{n^*}$ であることを証明しよう。証明を簡単化するため $n^* = 2$ とする。$MC_1 > MC_2$ であれば，第1企業の生産量を1単位減少し，第2企業の生産量を1単位増加させれば，総費用増は $-MC_1 + MC_2 < 0$ となって，総生産量を維持しつつ総費用を減少させることができる。これは上述の技術的効率性に反する。$MC_1 < MC_2$ のときも同様である。よってサステイナブルな解では $MC_1 = MC_2$ でなければならない。

次に，この共通の限界費用を MC と書き，$p^* = MC$ でなければならないことを証明しよう。まず $p < MC$ だとしよう。すると同じ価格で既存企業の生産量 q_i より1単位少ない生産量 $q_i - 1$ で参入すれば，利潤は既存企業より $MC - p (> 0)$ だけ多いはずである。$p < MC$ でサステイナブルであったとすれば，既存企業の利潤は非負であったはずなので，$q_i - 1$ での参入は正の利潤をもたらすことがわかる。これはサステイナブルであることの定義に反している。よって $p < MC$ ではサステイナブルでありえない。

逆に $p > MC$ だとしよう。容易に想像がつくように，このときは既存企業より1単位多い生産量 $q_i + 1$ で参入すればよい。ただし，$q_i - 1$ で参入するのと $q_i + 1$ で参入するのとでは重要な違いがある。同じ価格でより少ない量を販売することは可能だが，より多く販売するためには価格を下げなければいけないという点である。そこで $p - \varepsilon$ の価格をつけ，$q_i + 1$ の生産量で参入すれば，既存企業に比べ $p - MC - (q_i + 1)\varepsilon$ だけ利潤を増やすことができる。$p - MC > 0$ であるから，ε を十分小さくとることにより，既存企業が非負の利潤であれば参入企業は正の利潤を上げることが可能である。よって $p > MC$ はサステイナブルでない。

これらから，解がサステイナブルであるためには $p^*=MC$ でなければならないことがわかる。$n \geq 2$ はこのための十分条件である。なぜなら，$n \geq 2$ であれば，ε がいかに小さくても，既存企業の価格より低い価格を設定することによって顧客を奪い，q_i+1 単位の需要を確保できるからである。これに対し，$n=1$，すなわち独占では，微小に価格を下げたときに1単位以上需要が増えるか否かは需要曲線の傾きに依存しており，ε が微小であるだけに，成立しない可能性がある。これが，$p^*=MC$ であるための十分条件として $n \geq 2$ を要求する理由である。

以上の結果をまとめると，次の定理が得られる。

定理5① 完全にコンテスタブルな市場においてサステイナブルな解 $(p^*, q_1^*, \cdots, q_n^*, n^*)$ が存在するとすれば，その解は次の3つの性質を満たす。①産業総生産量を生産するのに要する総費用は最小化されている（技術的効率性），② $n \geq 2$ であれば，すべての企業において価格と限界費用は等しい（資源配分上の効率性，パレート最適性），③すべての企業において価格と平均費用は一致する（ゼロ利潤）。

なお，以上では，各企業は単一製品を生産しているものと想定している。企業が複数製品を生産している場合には，ある製品の生産にかかわる平均費用をどう定義するか，自然独占をどう定義すべきかなどの問題が生じる。また，そのときのサステイナブルな解はどういう性質を満たすかも問題となる。本章末の補論はこうした問題を議論している。

2. パレート最適性とラムゼイ最適性

価格と限界費用の均等がパレート最適のための条件であることは，第2章で述べた。このことは $n=1$ の場合も同じである。よって図5①(c)では F 点がパレート最適である。しかし，自然独占の場合には，F 点，すなわち $p=MC$ となる生産量（q^c）では，$AC>MC$ となっていることに注意しよう。よって $q=q^c$，$p=MC$ では $p<AC$ となり，利潤は負である。このことは，パレート最適な生産量を企業に強いても，企業が存続しえないことを

意味する。そこで**次善**の解として，企業の利潤は非負であるとの制約下で社会的厚生を最大化する解を考えよう。これを**ラムゼイ最適**（Ramsey optimal）な解と呼ぶ。

サステイナブルな解のラムゼイ最適性 いうまでもなく，完全競争均衡（図5①(a)の E 点）も，平均費用一定のときのベルトラン均衡（図5①(b)の E 点）も，パレート最適でもラムゼイ最適でもある。パレート最適解において利潤が非負だからである。これに対し，自然独占である図5①(c)の場合，パレート最適な F 点では利潤の非負条件を満たさない。利潤が非負であるためには AC 曲線の線上あるいは上方でなければならず，その中で消費者余剰と生産者余剰の和，すなわち需要曲線と MC 曲線の間の面積を最大化する生産量は，明らかに q^* である。よって E 点はラムゼイ最適点である。このとき，線分 EF の下の斜線部で示した三角形の面積だけの社会的厚生の損失が発生する。しかし，これは非負利潤を確保するためにやむをえない損失といえる。

定理5①に示した通り，E 点は完全にコンテスタブルな市場におけるサステイナブルな解である。よって，自然独占のときにもそうでないときにも，次の定理が成立する。

定理5② （各企業が単一製品を生産しているとき）市場が完全にコンテスタブルであって，サステイナブルな解が存在すれば，その解はラムゼイ最適である。

各企業が単一製品を生産しているときとしたのは，複数製品を結合生産した方が有利な場合には，この定理は弱い形でしか成立しないからである（補論参照）。

繰り返すが，定理5②は企業数にかかわらず，つまり独占であっても成立する。一般的に，自然独占の市場では独占の弊害を防ぐために生産量と価格を規制する必要があると考えられており，ラムゼイ最適解が規制で達成すべき解とされる。ところが以上の結果は，自然独占であっても，市場が完全にコンテスタブルでありさえすれば，こうした規制は不要なことを意味している。このために，コンテスタブル・マーケット理論は**規制撤廃論**の理論的支柱となった。アメリカにおける航空産業の規制撤廃に関して，コンテスタブ

ル・マーケットの理論が果たした役割はよく知られている（次節末のコラム③参照）。

いいかえれば，規制から，市場がコンテスタブルであるための環境づくりへ，という政策のシフトが，多くの国で起きてきているのである。どのような条件がコンテスタブルであるために必要か，このことは節を改めて述べよう。

サステイナブルな解の存在 　定理5①，5②では，市場がコンテスタブルであることとともに，「サステイナブルな解が存在するとすれば」という条件が加えられている。それでは，サステイナブルな解が存在しないことはあるのだろうか。

図5②を見よう。たとえば A 点はサステイナブルだろうか。答は否である。$p^A-\varepsilon$ の価格をつけて q^B だけ生産する形で参入すれば，参入企業は正の利潤を上げられるからである。もちろん，$p^A-\varepsilon$ の価格では需要は q^B を上回るが，参入企業は必ずしもすべての顧客に販売しなければならないわけではないから，q^B 以上の販売を断ってしまってよい。

しかし，そうした参入企業があれば，それよりさらに ε だけ値下げして参入する企業が現れるから，価格は p^B まで低下するはずである。それでは B 点はサステイナブルだろうか。答は再び否である。B 点では需要が供給を上回るために，サステイナブルであるための条件を満たさないからである。

それでは C 点はどうであろうか。これもまたサステイナブルではありえない。生産量 q^C では $AC>p^B$ であるし，1社が q^B しか生産しないなら，もう1社は q^C-q^B だけ生産しなければ需給がバランスしないが，$q^C-q^B<q^B$ である限り，この企業にとって $AC>p^B$ となってしまうからである。よって C 点もサステイナブルではない。

つまり，A 点も B 点も C 点も，あるいはそれ以外のどの点もサステイナブルなための条件を満たしえない。よってサステイナブルな解は存在しない。

これは整数の問題と呼ばれるものに基づく。仮に $q^C-q^B=q^B$，すなわち $q^C=2q^B$ であれば，2社がそれぞれ q^B だけ生産するという $(p,q_1,\cdots,q_n,n)=(p^B,q^B,q^B,2)$ という解がサステイナブルである。しかし，図5②では，たとえば $q^C=1.3q^B$ であって，q^B だけ生産する会社が1.3社存在するとい

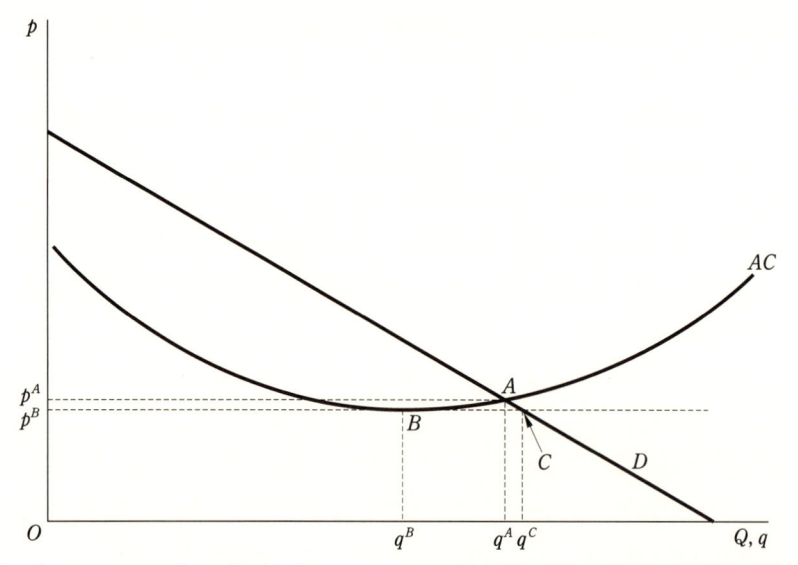

図5② サステイナブルな解が存在しないケース

うことは不可能なために，C 点はサステイナブルではないのである。

このことは図5①(a)でも成立し，Q^c は q^c の整数倍でなければならない。ただし，完全競争モデルでは，平均費用が最小になる生産量（q^c）が市場規模に比べて十分に小さいため，企業数は多く，Q^c/q^c が整数であるという条件が近似的に満たされるものと前提されているのである。

こうした問題は平均費用曲線がU字型であることから発生したものであるから，図5①(b)での水平な平均費用曲線や，図5①(c)のように単調に右下がりの平均費用曲線のもとでは発生せず，サステイナブルな解が存在する。前者のケースではサステイナブルな解における企業数は不定である。すなわち，1社であっても多数であってもよい。一方，後者の自然独占のケースでは，サステイナブルな解では企業数は1社である。いずれにせよ，整数の問題は発生しない。

以上の説明で，サステイナブルな解が常に存在するわけではないこと，よって，上記の定理で「サステイナブルな解が存在するとすれば」という条件が必要であることが理解されよう。

3. 参入障壁の要因：費用優位性とサンク・コスト

参入障壁（entry barriers）とは，新規に参入する企業に対して働く障壁であり，G. J. スティグラー（Stigler [1968] 訳書85頁）により「特定の産業へ参入しようとする企業は（いくつかの，あるいはすべての産出水準において）負うが，その産業の既存企業は負わない費用」と定義された。すなわち，既存企業の潜在的参入企業に対する費用優位性，これが参入障壁を構成するのである。

こうした費用優位性をもたらすものとして，**絶対的費用優位性**（absolute cost advantages）または絶対的費用障壁と呼ばれるものと，**サンク・コスト**（sunk cost，埋没費用と訳されることがある）の2種類がある。以下で，これらを順次説明していこう。

絶対的費用優位性 絶対的費用優位性とは，言葉の通り，何らかの理由により既存企業が絶対的に低い費用で生産可能なこと，すなわち既存企業の費用曲線が潜在的な参入企業の費用曲線の下側にあることをいう。これは，既存企業が何らかの資源や権利を排他的に所有している場合に起きる。

たとえば原材料を考えよう。石油産業で，かつてセブン・シスターズと呼ばれた7社が世界の主要油田を押さえ，新規参入企業の原油調達を困難にしたのがその例である。輸送手段を排他的に所有することもある。1880年代から1890年代にかけてアメリカの石油市場の90％以上を握ったスタンダード・オイル社は，鉄道やパイプラインを支配下におくことにより，ライバル企業の事業継続を困難にした（ちなみに，スタンダード・オイル社は1911年にアメリカの独占禁止法であるシャーマン法の違反とされ，33社に分割された。その中で最大のものが現在のエクソン社である）。

無形の資産も，排他的に所有されれば既存企業の絶対的費用優位性を生む。その代表は技術である。特許や秘密保持によって既存企業が技術を専有していれば，潜在的参入企業は同じ製品を同じ費用で生産することができず，参入困難である（第9章参照）。ブランドや販売組織などのマーケティングに

関する無形資産も既存企業の優位性を生み，参入障壁となる。もちろん，技術力にせよブランド力にせよ，研究開発費や広告費を投入すれば，潜在的参入企業にも入手可能かもしれない。ただし，既存企業にとってこれらの費用はすでに支払い済みであるのに対し，参入企業は参入時にこれらの費用を新たに負担しなければならないという違いがある。これが「参入企業は負うが既存企業は負わない費用」となり，参入障壁となる。これは，研究開発や広告が，このあと説明するサンク・コストとなるからである。

広い意味での技術に含まれるものとして，労働者に体化された技能がある。G. S. ベッカー（Becker [1964]）によって**人的資本**と呼ばれたものである。労働市場が完全に流動的であれば，参入企業は高賃金を提示して既存企業の熟練労働者を獲得することができ，こうした競争によって熟練労働者にはその価値限界生産力に等しい賃金が支払われるはずである。よって，既存企業が有利になることはない。しかし，終身雇用制が通念とされる日本はもちろん，ほとんどどの国においても労働市場が完全に流動的なわけではない。また，技能には企業特殊的なものもあるため，他社で高生産性を上げている労働者を採用しても同じだけの生産性を上げられないことが多い。

これらの理由により，既存企業が熟練労働を排他的に所有していれば費用優位性が生まれ，参入障壁となる。もちろんこうした熟練についても，教育費用をかければ参入企業にも入手可能であるかもしれないが，研究開発費などと同じく既存企業はすでに支払い済みであるため，参入障壁となるのである。

以上に述べたような有形・無形の資産とは性格を異にするが，既存企業が排他的に所有することによって参入障壁となるものとして，法的あるいは行政上の許認可がある。タクシー業に参入するためには国土交通省の，通信業に参入するためには総務省の，電力業に参入するためには経済産業省の，それぞれ許認可が必要であり，乗用車があるから，通信施設があるから，発電機があるからといって参入できるわけではない。また立地に関する規制や建築に関する規制も参入障壁となりうる。

このように，さまざまな資源・資産や権利・ライセンスを既存企業が排他的に所有することによって潜在的参入企業よりも低費用で生産可能なとき，

あるいは潜在的参入企業では生産不能のとき，既存企業は絶対的費用優位性を持つといい，参入に対しての障壁となるのである。このとき，既存企業の費用曲線は潜在的参入企業の費用曲線の下側にあるから，市場は完全にコンテスタブルではなく，既存企業は参入をブロックあるいは阻止しつつ正の利潤を上げることができる。

サンク・コストと固定費用　参入障壁をもたらすもう1つの要因として**サンク・コスト**がある。サンク・コストとは2つの条件を満たす費用である。第1は，生産量に依存しないことである。この点は**固定費用**（fixed cost）と共通する。固定費用と異なるのは第2の条件で，これは，生産を中止しても短期間のうちには回収できないという条件である。

たとえば，タクシー業を営むには生産量（乗客数，走行距離など）にかかわらず最低1台の乗用車を必要とするから，これは第1の条件を満たす。しかしタクシー業を廃業するときには，中古車として売却すれば，その投資額を回収できる。よって，この費用は固定費用であるがサンク・コストではない。ただし，この乗用車をタクシー営業に用いるにはタクシー名をペンキで書いてもらう必要があり，この塗装費も生産量に依存しない費用であるが，廃業時に回収することは不可能である。よってサンク・コストとなる。さらに，厳密にいえば，100万円で購入した乗用車を直ちに中古車市場で売却しても80万円程度にしかならないであろうから，差額の20万円は回収できず，この分はサンク・コストとなる。

この例は，資産の特殊性が高いとき，費用はサンクになりやすいことを教える。資産の特殊性とは，その資産がある特定の環境のもとでのみ十分な価値を上げられることをいう。たとえばある企業の中でのみ十分な価値がある場合，資産は**企業特殊的**（firm-specific）であるという。また，特定の相手と取引するときにのみ十分な価値がある場合，**関係特殊的**（relation-specific）であるという。上述の社名入り塗装の場合は明らかに企業特殊的である。それに対し，オーダーメードによって顧客のサイズに合わせてメーカーが縫製したスーツは関係特殊的である。

逆に乗用車には特殊性がほとんどない。つまり汎用であるから，他の利用

者により他の目的に利用しても，同じだけの価値を生む。通常のパソコンや旋盤も同様である。こうした汎用性の高いものについては，中古車のように中古市場が発達していることが多く，不要になれば売却することによってその取得費用の大きな部分を回収することができる。あるいは，他の用途に転換可能であるから，タクシー業をやめても自家用に使えたり，統計計算のパソコンを給与計算に使ったりすることができる。よってこれらの資産のための費用は，生産量がゼロになれば費用もゼロになる。つまり，固定費用ではあってもサンクではない。

サンク・コストはなぜ参入障壁を生むか　サンク・コストは，既存企業はすでに支払い済みである。しかし，潜在的参入企業が参入する場合には新規に負担する必要がある。よって「参入企業は負うが既存企業は負わない」費用として参入障壁となる。ここで固定費用との差に注意しよう。固定費用，たとえばタクシー会社の保有する車の費用も支払い済みであることに違いはない。しかし固定費用であり回収可能だということは，回収せずに利用しつづけることにより機会費用が発生していることを意味する。保有車を100万円で売却せずタクシー車として利用しつづけるなら，100万円を投資したときに得られたであろう収益，たとえば10％の利子で債券投資したときに毎年得られたであろう10万円を失っていることを意味し，これは機会費用である。よって，固定費用については既存企業も参入企業も同様に負担する。これに対しサンク・コストの場合には，回収不能であるために機会費用が発生しない。このことがサンク・コストを参入障壁とするのである。

また，サンク・コストは退出時に回収できないために，参入企業は，退出までにそれを償却できるだけの利益が上げられると予想できない限り参入しない。これに対し既存企業は，サンク・コスト分をすでに支払い済みであるために，操業を続けるか否かにサンク・コストの存在がまったく影響を与えない。再びサンク・コストは「参入企業は負うが既存企業は負わない費用」であることが理解されよう。

ここで，身近な例として，大学への入学金を考えてみるとよい。中途退学しても入学金は返還されないから，これはサンク・コストである。よって，その大学での学業を継続するかどうかに入学金は影響を与えない。これに対

し，新規に入学を考えている学生にとっては，入学金は影響を与える。すなわち，入学金は参入障壁（入学障壁と呼ぶべきか？）となっている。一方，授業料は入学済みの学生も新規の学生も支払う必要があるから，参入障壁とならない。

　参入し，短期間のうちに（1日でも，あるいは1時間でも）稼げるだけ稼いで直ちに退出する。こうした参入を**電撃的参入**（hit-and-run entry）と呼ぶ。市場が完全にコンテスタブルであるためには，電撃的参入が可能でなければならない。既存企業が設定している価格を所与のものとして参入の利益を計算するというコンテスタブル・マーケット理論における仮定が不自然でないのは，参入後，既存企業が値下げで対抗してくれば，参入企業は直ちに退出しても，1日分だけでも利益を上げられるからである。

　サンク・コストがあればこうした電撃的参入が不利になることは明らかであろう。また，サンク・コストの不在という条件が，コンテスタブル・マーケットの理論においていかに重要かも理解されよう。

　前にも記したように，絶対的費用優位性を生み出すものにも，サンク・コストの存在から説明できるものが多い。研究開発投資，広告支出，従業員教育費，資源探索費などはいずれも回収不能でありサンク・コストとなる。よって，それらの結果生じている技術，ブランド，技能，資源などの排他的所有による優位性も，サンク・コストの結果により生じていると解釈できるのである。

　このように，サンク・コストの大きさは，市場がコンテスタブルかどうかを決める最も重要な要因である。したがって，自然独占の市場において規制緩和によってラムゼイ最適を実現させるためには，サンク・コストをできるだけ小さくすることが望ましい。以下のコラム③では，このための政策手段について説明してある。

コラム③　自然独占市場における規制緩和

　自然独占の代表的な例と考えられているのは，電力，ガス，電気通信，交通などの公益事業で，独占的価格設定を防ぐために価格の規制が必要であると考えられてきた。しかし自然独占の市場であっても，完全にコンテスタブルであ

れば，価格規制することなくラムゼイ最適が達成される。このことを，コンテスタブル・マーケットの理論は教えている。規制に伴い発生する事務・行政費用，政治的活動に伴う費用と偏り，企業と規制当局間の情報非対称性による偏りや両者間の密着による歪みなどを考えると，規制を撤廃し，市場を極力コンテスタブルな状況に維持することが，効果的でしかも安価な政策手法であることは十分に考えられる。

　市場をコンテスタブルにするために必要なのは，サンク・コストを少なくすることである。上にあげたような産業では，発電・送電設備や輸送設備など，サンクとなるコストが大きいと考えられてきた。しかし，技術的にはサンクとなりやすい費用でも，制度的仕組みを改めることによってサンクの程度を低めることができる場合がある。このことは，鉄道会社にとっての駅と航空会社にとっての空港を比べてみればわかりやすい。前者は鉄道会社が自社資産として建設しており，土地など一部回収できる部分もあるが，多くの部分がサンクである。これに対し，空港はほとんどの国で政府の支出で建設されており，航空会社は政府あるいは空港管理会社に利用料を払っている。よって契約期間内に解約する場合の違約金を別とすれば，航空会社にとって空港利用はサンクされた費用を意味しない。

　この理由と，航空機には中古市場やレンタル市場があることから，航空サービスの生産にはサンク・コストの部分が少ないと考えられ，コンテスタブルな市場に近いとみなされている。アメリカで，航空事業がもっとも最初に規制緩和されたのはこのためである。この結果，アメリカでは多数の参入が起きた。のちに，これら参入企業の多くは競争に敗れて退出したり，大手企業に買収されたため，市場集中度は規制緩和以前よりむしろ高まった。しかし，潜在的な参入の脅威があるから，集中度が高まったことは独占力の強化を意味しない。

　航空事業の場合に，参入障壁としてもっとも問題になっているのは，空港の発着枠である。羽田空港に典型的に見られるように，多くの空港において離着陸への過剰需要が存在し，このため，発着枠，すなわち空港への発着に要する権利を得ることが，参入企業にとって最大の障壁となっている。いいかえれば，発着枠を迅速に入手できないことが電撃的な参入を不可能にしている。また，発着枠の配分において，既存企業が有利になったり，政策当局の恣意性が入ることによっても，参入障壁が生まれている。この参入障壁を低減するためには，入札による発着枠の配分が必要である。入札であれば，その発着枠の利用から

もっとも収益をあげると予想しているものが高価格で入札して権利を得るはずで，参入企業が特に不利になるわけではないからである。また，電撃的な参入を容易にするためには，この入札は相当の頻度でおこなわれることが必要である。入札の結果，人気空港を利用する便については限界費用が高まり，価格上昇につながる可能性は十分に存在するが，これは，資源配分を損なう価格上昇ではない。

　以上の事実は，駅や線路についても，空港と同様の仕組みによって建設・運営すれば，鉄道会社の費用のうちサンクされている比率は低下し，市場がよりコンテスタブルとなるであろうことを示している。したがって，駅や線路を有償で貸与する仕組みを作るとともに，鉄道事業を規制緩和すれば，参入が起きるか，少なくとも潜在的な参入の脅威が生まれ，より効率的な資源配分が達成されよう。イギリスでは，実際に，英国鉄道（BR）の路線上を民間会社の車両が運行されているところがある。

　電力事業の規制緩和にあたっても，イギリスやオーストラリアでは，電力会社を民営化するだけではなく，発電・送電・配電の3事業に分割している。これは，送電網というサンクされた資源を送電会社のものとし，発電会社と配電会社が送電会社に支払う費用を，送電網使用料というサンクされない形の費用にとどめることにより，発電市場・配電市場をよりコンテスタブルな市場として，ラムゼイ最適を達成しようという狙いにもとづくものである。

　また，電気通信産業などでは，モバイル化などの技術革新によりサンク・コストの比重は低下し，市場はコンテスタブルな状況に近づきつつある。

　このように，コンテスタブル・マーケット理論は，単に規制緩和を支持するだけではなく，規制緩和とともにどのような制度的仕組みを用意するべきかについても指針を与えているのである。

4. 参入障壁と参入の実証分析

　完全にコンテスタブルな市場は現実には稀である。参入が比較的容易と思われるタクシー事業の例でも，中古車の値下がりや会社名の塗装などサンク・コストとなっている部分があることは前節で説明した通りである。した

がって，規制緩和してもラムゼイ最適になることが保証されているわけではない。しかし多くの市場において，参入障壁が低ければ，ラムゼイ最適に近い解が達成され，規制に伴うさまざまな費用や弊害を上回る利益が生まれると予想されて，規制緩和が進められているのである。したがって，それぞれの市場において，参入障壁がどの程度の高さなのかを推計することは，規制緩和や競争政策の観点から重要である。以下では，こうした推計について議論しよう。

参入障壁の計測 ある産業で参入障壁がどの程度高いかを，いかに推計すればよいだろうか。絶対的費用優位性をもたらすものとして，研究開発投資によって蓄積される技術や，広告投資によって蓄積されるブランド力があることを前節で述べた。よって，これらは産業あるいは企業レベルでの研究開発費や広告費によって近似することができよう。これらが長期的な効果を持ち，しかも効果が蓄積することを考えるなら，その年だけの支出額（フロー値と呼ぶ）で測るより，ストック値で測ることが望ましい。ストック値とは，過去の毎年の支出額を陳腐化率と呼ばれる率で減価しつつ足し合わせたものである。また，特に研究開発については，支出から製品化まで数年かかることを考慮に入れて，ラグ付きで測定することも多い。

産業や企業の規模の違いによる影響を除くため，フロー値にせよストック値にせよ，研究開発費あるいは広告費の額そのものではなく，その売上高や付加価値に対する比率を用いることも多い。これらは**研究開発集約度，広告集約度**と呼ばれる。いうまでもなく，額にせよ集約度にせよ，これらが大きいほど，絶対的費用優位性に基づく参入障壁は高いと仮定される。

J. S. ベイン（Bain [1956]）は，「参入を誘引することなしに既存企業がその価格を最小平均費用を超えて維持できる程度」が参入障壁の高さと関連していると述べ，絶対的費用優位性や（研究開発や広告の結果生まれる）製品差別化による既存企業の優位性に加え，**規模の経済性**（economies of scale）と**必要資本量**（capital requirements）を参入障壁としてあげた。

規模の経済性障壁とは，規模の経済性が強ければ参入がより困難になるとするものである。参入企業が**最小最適規模**（minimum efficiency scale：

MES），すなわち平均費用が最小になる生産量のうちで最小の生産量，に達しない小生産規模で参入すれば，MES あるいはそれ以上で生産する既存企業に比べ費用高となるし，既存企業と同じく MES レベルで参入しようとすれば，産業供給量が大きく増え，価格が低下して利潤を上げられないからである。必要資本量とは，参入に必要な生産設備等への投資額のことをいい，これが大きいことは参入企業にとって不利に働く。これがベインの考え方である。

規模の経済性は参入障壁となるか ただし，規模の経済性や必要資本量は，サンク・コストも絶対的費用優位性もなければ，参入障壁とはならない。前節でみたように，まったく費用条件が同一でサンク・コストがなければ，規模の経済性が大きくて自然独占であっても，既存企業の顧客をすべて奪う形での参入が可能であり，しかも既存企業の価格が平均費用を上回っていれば，参入によって利益を上げることができるからである。また，生産設備への巨額な投資が必要であっても，既存企業の方が安い資本コストで資金調達できるという費用優位性があるか，投資がサンクになるのでなければ，投資費用は既存企業にとっても参入企業にとっても同じだからである。

しかし，多くの産業において特殊な設備への投資が必要で，これらはサンク・コストとなる。またこうした設備に関するノウハウを既存企業だけが蓄積していたり，参入企業についてはリスクが高いとみなされて投資家がリスク・プレミアムを含んだ高金利を要求したりすることによって，既存企業に絶対的費用優位性が発生することも多い。このような場合にはたしかに規模の経済性が大きいほど，また必要資本量が大きいほど，参入障壁は高くなるであろう。設備がサンクであれば，既存企業は新規企業の参入後も撤退せず，MES レベルの供給を続ける可能性が大きいし，必要資本量が大きいほどリスクも高く，参入企業が資金調達で不利になるであろうからである。

規模の経済性障壁の高さは，MES 生産量の産業生産量に対する比率で測られることが多い。これを SE と書く。MES については技術専門家への質問票調査によって求めたり，産業内の中位規模の工場出荷額で近似したり，規模別出荷額分布において出荷額シェアを伸ばしている規模のうち最小のもので近似したりする。この最後のものは，シェアを伸ばしている規模は相対

的に効率的な規模だからこそシェアを伸ばしているのであろうという考え方に基づくもので，スティグラー（Stigler [1968]）により，**適者生存法**（survivor test），あるいは**適者生存原理**（survivor principle）と呼ばれた。

SE はその産業に MES 規模の企業が何社（または何工場）まで共存できるかの逆数を示しており，これが小さいほど参入企業が参入できる余地が大きいと考えられる。

一方，必要資本量障壁は，この MES 規模の生産をするために要する資本設備の額で測られる。これを KR と書こう。

以上の議論から，参入障壁は，研究開発集約度（RD），広告集約度（AD），規模の経済性障壁（SE），必要資本量障壁（KR）が大きいほど高いと想定することができる。

参入行動の実証分析 参入障壁が高ければ，既存企業と潜在的参入企業の費用差が大きく，参入阻止価格の理論でみたように，既存企業が高い利益率を維持しても参入が起きないであろう。そこで，参入・退出がもはや起きない長期的な利益率を $\pi_{p,t}$ と書くと，これは参入障壁が高いほど高いと予想される。よって，

$$\pi_{p,t} = \alpha_0 + \alpha_1 RD_t + \alpha_2 AD_t + \alpha_3 SE_t + \alpha_4 KR_t + v_t \qquad (5.1)$$

と書こう。v_t は攪乱項である。α_1 から α_4 は正と予想される。また α_0 は参入障壁ゼロのときの長期利益率と解釈されるので，これも正と予想される。会計データから得られる利益率には，経済学上の利潤に加え，正常利潤，すなわち投資家の機会費用が含まれるからである。

ある時点（t）で実際に観察される利益率（π_t）が $\pi_{p,t}$ を上回っていれば，参入はより多く起こるはずである。よって参入が起きるまでの1年のラグを考えて，

$$ER_t = \phi(\pi_{t-1} - \pi_{p,t}) + u_t \qquad (5.2)$$

と書く。ϕ は長期利益率を超える利益率が観察されたときにどれだけ速く参入が起きるかを示すパラメーターなので，**参入の反応速度**と呼ばれる。u_t は攪乱項である。ER_t は参入企業の数または率である。

参入企業数については**粗参入数**と**純参入数**が区別される。産業には，参入する企業と退出する企業，すなわち既存企業で撤退するものがある。この前

者の参入数を粗参入数と呼び，これから退出数を引いたものを純参入数と呼ぶ。純参入数は期末企業数マイナス期首企業数に一致するから，データとして入手しやすい。これに対し，粗参入については日本ではよいデータがなく，以下で紹介する実証分析でも純参入を用いる。規模の大きい産業ほど参入数が多いことは容易に想像できるので，この影響を除くため，参入企業数を期首企業数で割った比率（参入率と呼ぶ）を従属変数に用いるのが一般的である。

(5.1)式を(5.2)式に代入し，さらに市場成長率（GR）を説明変数に加えて，次式を得る。

$$ER_t = \beta_0 + \phi \pi_{t-1} + \beta_1 RD_t + \beta_2 AD_t + \beta_3 SE_t + \beta_4 KR_t + \beta_5 GR_t + \varepsilon_t$$
$$\beta_k = -\alpha_k \phi \quad k=0,\cdots,4 \tag{5.3}$$
$$\varepsilon_t = u_t - \phi v_t$$

GR_tを加えたのは，市場が成長すれば需要曲線が右上にシフトするため，参入による産業供給量の増加が価格を低下させる恐れが少なく，参入が起きやすいだろうからである。よって$\beta_5>0$と予測される。(5.1)式でのα係数がすべて正と予測されたことから，β_5以外のβ係数はすべて負と予測される。

日本の製造業98産業（3桁産業分類レベル），1988～90年のパネルデータを用い(5.3)式を推定した結果は，次の通りである（小田切・本庄[1995]）。ただし，データ入手の制約からRDとADを除き，また年による影響を除くため1989年ダミー（$D89$），1990年ダミー（$D90$）を加えている。また，ERは純参入率，πはプライス・コスト・マージン，GRは出荷額対前年上昇率である（添字tを略す）。

$$ER = \underset{(0.023)}{0.00025} + \underset{(2.749)***}{0.108\,\pi_{t-1}} - \underset{(-4.812)***}{1.244 SE} - \underset{(-4.491)***}{0.130 KR} + \underset{(8.686)***}{0.223 GR}$$
$$+ \underset{(0.773)}{0.004 D89} + \underset{(1.086)}{0.006 D90} \quad \bar{R}^2 = 0.311 \tag{5.4}$$

かっこ内はt値で，***は1％水準で有意であることを示す。係数の符号はすべて予想通りであり，しかも定数項とダミー変数以外の係数はすべて有意である。すなわち，参入障壁が高い産業には参入が起こりにくいことが確認されている。いいかえれば，規模の経済性変数（SE）および必要資本量

変数（KR）がともに参入障壁の高さを測る変数として適切であることがわかる。また，高利益，高成長が参入を誘引することも確認されている。

　参入・退出は産業間の利益率格差に対応して起きるダイナミックな企業活動であり，価格を限界費用に近づけることによって，より社会的に望ましい資源配分を実現するための基本的なメカニズムである。上に紹介したような実証分析は，参入障壁の存在がこのメカニズムが十分に働くことを妨げていることを明らかにしており，参入障壁を低めるための政策的な工夫が望ましいことがわかる。この点で，実証分析結果とコンテスタブル・マーケット理論からのインプリケーションとは整合的である。

5. 利益率格差の持続性

　本節では，利益率の動きから（潜在的・顕在的）参入の効果を推定する実証分析について説明する。

　前節末での議論にかかわらず，参入行動に関する実証分析は，コンテスタブル・マーケット理論の重要なポイントをとらえていない。それは，潜在的な参入圧力だけでも市場をコンテスタブルとするのに十分なことである。たとえば自然独占の市場についての議論を思い出そう。参入障壁がゼロで完全にコンテスタブルであれば，サステイナブルな解では，1社の独占が続き，参入・退出とも起きない。しかもなお，この独占企業は，平均費用に等しく価格を設定せざるをえないのであった。

　すなわち，コンテスタブル・マーケットの理論は潜在的な参入の脅威があることを要求しているだけであって，実際に参入が起きるかどうかは問題ではない。この考え方に立つと，実現した参入企業の数や比率（ER）は潜在的・顕在的参入の総数からみると一部にすぎず，ER を用いた実証分析は参入圧力による競争のメカニズムをとらえるには不十分であることになる。よって，本来は潜在的なものも含めた参入（単に E と書こう）についての実証分析をすることが望ましい。ところが，潜在的であるからこそ E は観測不能であり，E 変数を用いて実証分析をすることはできない。このために，利益率の変動を観察することによって，間接的に E のもたらす競争への圧

力を推定する方法が工夫された。

推定モデル　再び(5.2)式を用い，コンテスタブル・マーケットの理論にしたがって，これが潜在的なものをも含めた参入圧力について成立するとしよう。すなわち，u_t を期待値 0 の攪乱項として，

$$E_t = \phi(\pi_{t-1} - \pi_p) + u_t \tag{5.5}$$

である（以下では π_p を時間に対し一定と仮定するので，添字 t を付けない）。一方，この参入圧力が起きれば利益率は低下するはずである。この関係を次式で表そう（ν は攪乱項）。

$$\pi_t - \pi_{t-1} = \gamma E_t + \nu_t \tag{5.6}$$

(5.5)式を(5.6)式に代入し整理することによって，

$$\pi_t - \pi_{t-1} = (1-\lambda)(\pi_p - \pi_{t-1}) + e_t \tag{5.7}$$

または，

$$\pi_t = \alpha + \lambda \pi_{t-1} + e_t \tag{5.8}$$

ただし，$\alpha = -\gamma\phi\pi_p$，$\lambda = 1 + \gamma\phi$，$e_t = \gamma u_t + \nu_t$

を得る。そこで利益率（π_t）の時系列データを用い，産業ごと，あるいは企業ごとに(5.8)式を推定して，α および λ の推定値（$\hat{\alpha}, \hat{\lambda}$）を得れば，

$$\hat{\pi}_p = \hat{\alpha}/(1-\hat{\lambda}) \tag{5.9}$$

を計算することによって，その産業あるいは企業の**長期利益率**を推定することができる。

以上の関係は図5③に示されている。ここでは $\pi_0 > \pi_p$ の場合を示し，時間が経つにつれ π_t が低下し π_p に近づいていく様子が示されている。このように単調に π_p に収束していくための条件は $0 < \lambda < 1$ である。$\pi_0 < \pi_p$ の場合には，下から π_p へ収束していくことになる。

(5.7)式を書き直せば，攪乱項を無視して，

$$\pi_t - \pi_p = \lambda(\pi_{t-1} - \pi_p) \tag{5.10}$$

である。すなわち，$\pi_{t-1} - \pi_p$ を 1 とすれば，$\pi_t - \pi_p$ は λ に等しい。このことが $\hat{t}-1$ と $\hat{t}$ という 2 時点を例にとって図示されている。よって，λ が小さいほど π_p への収束は速いことがわかる。このことから $(1-\lambda)$ を**調整速度**と呼ぶ。逆にいえば，λ は，前年度に得た超過利益率がどれだけ翌年度にも持続するかを示すもので，超過利益率の短期的持続性の指標とも解釈さ

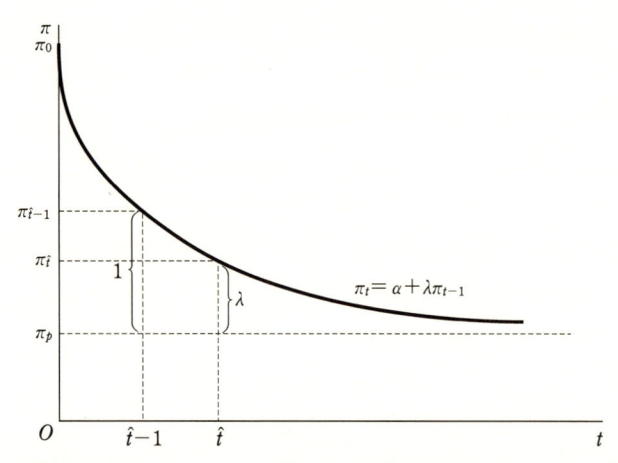

図5③　長期利益率への収束プロセス

れる。π_p が長期的な超過利益の持続性を表すのと区別するために，短期的持続性というのである。

　市場がコンテスタブルなときに長期的に消滅するはずなのは超過利潤である。そこで推定にあたって，π を利益率そのものではなく，各年での平均利益率を引いたものとする。よって，すべての市場が完全にコンテスタブルであれば，$\pi_p = 0$ となるはずである。

　このように各年の平均利益率を引いたあとの超過利益率を変数として用いることにより，景気変動の影響を除去できるというメリットも存在する。好景気には大多数の企業・産業の利益率が上昇するであろうから，利益率のレベルそのものを用いて(5.8)式を推定すれば，景気変動の影響が混在して正しい推定ができないからである。そこでこうした研究を**利益率格差の持続性**（persistence of profits）についての研究と呼ぶ。

推定結果と国際比較　　実際に推定をおこなうにあたり，まず問題となるのは利益率として何をとるかである。最初の候補として考えられるのは，第3章で定義したプライス・コスト・マージン（PCM）である。しかしPCMは売上高に対する利益率なので，産業特性によって異なりうる。たとえば，卸小売業における薄利多売はPCMが低いこ

とを意味するが，薄利多売だからといって超過利潤がマイナスで退出すべきだということにはならない。

参入・退出を決定するのは投資に対する収益率である。これが高く，資本コストを上回ると予想される産業には，投資して参入することが有利だからである。この観点に基づいて，総資産利益率を変数として用い，その各年の平均からの差を π_t とする。

利益率格差の持続性の実証研究は各国でおこなわれた。そのうち，日本，アメリカ，イギリスについて企業データを用いて推定した結果を表5①にまとめてある。それぞれの国・期間につき，各企業ごとに(5.8)式を推定し，その結果から(5.9)式により計算した $\tilde{\pi}_p$ の，6つの企業グループのそれぞれについて平均をとったものが示されている。π_0 はそれぞれの分析期間の最初の2年間の平均値として計算された初期超過利益率である。サンプル企業は π_0 の高い順に並べられ，6等分して，もっとも π_0 の高い企業群（日本では60社）が第1グループ，次に π_0 の高い企業群（日本では61社）が第2グループなどとなっている。したがって，表には π_0 のグループごとの平均値も示されているが，これがグループ1でもっとも高く，グループ6でもっとも低いのはグループの定義上の理由による。

重要なのは，$\tilde{\pi}_p$ もまたグループ1でもっとも高く，一部の例外を除くと，下にいくほど低くなることである。これは初期利益率が高い企業ほど長期利益率も高い傾向があることを示している。このことは，$\tilde{\pi}_p$ と π_0 の相関係数がいずれも 0.3 前後で統計的に有意であることにも示されている。すなわち，利益率格差が持続する傾向は明確である。

ただし，かなりの収束が起きていることも推定結果は示している。日本の1977～95 年の場合，第1グループは初期利益率では平均を 3.31％ポイント上回っていたが，長期的にはこの差は 0.48％ポイントに縮まると予想されている。逆に第6グループでは，初期には 4.03％ポイント平均を下回っていたのに対し，長期的には 0.76％ポイント低いにとどまる。よって第1グループと第6グループの差は 7.34％ポイントから 1.24％ポイントと6分の1近くに縮小すると予想されている。つまり，参入圧力による利益率の均等化が起きている。ただし，長期的にも，利益率格差を解消するほど完全なも

国	日本		日本		イギリス		アメリカ	
期間	1964〜82年		1977〜95年		1951〜77年		1964〜80年	
企業数	364		364		243		413	
変数	$\hat{\pi}_p$	π_0	$\hat{\pi}_p$	π_0	$\hat{\pi}_p$	π_0	$\hat{\pi}_p$	π_0
グループ								
1	0.64	3.57	0.48	3.31	1.91	9.08	1.49	5.62
2	0.37	1.22	0.22	1.28	0.89	3.83	0.79	1.41
3	−0.00	0.42	0.19	0.52	0.14	1.56	−0.69	0.05
4	−0.17	−0.25	−0.02	−0.15	−0.58	−0.42	−0.23	−1.15
5	−0.55	−1.26	0.00	−0.95	−1.05	−2.06	−1.27	−2.17
6	−0.78	−3.70	−0.76	−4.03	−0.67	−4.21	−2.23	−3.77
$\hat{\pi}_p$とπ_0の相関係数	0.304		0.308		0.339		0.275	

出所:Mueller ed. [1990],小田切・丸山 [1999]。
表5① 利益率格差の持続性

のではないのである。

　しかもこの均等化の傾向は，イギリスやアメリカに比べて日本で強い。たとえばアメリカでは，初期利益率の第1グループと第6グループの差は9.39％ポイントと日本より大きく，しかも長期的にもその差は3.72％ポイントあって日本の倍以上である。つまり，企業間の利益率格差はアメリカやイギリスで日本よりも大きく，しかも長期的にも，その縮小を促す参入圧力は日本よりも小さいと推測される。

　一方，日本では1964〜82年，1977〜95年という2つの期間で顕著な差はみられない。また2つの期間の間での長期利益率の相関係数は0.414と有意で，1964〜82年に高い参入障壁で守られて高利益率を維持すると予想された企業については，1977〜95年データによっても同じ傾向が確認されたのである。とはいえ，もちろん相関は完全ではないから，期間によって長期利益率が大きく上昇したり低下したりした企業もあることはいうまでもない。

　なお，調整の遅さを示し，また短期的な超過利益の持続性とも解釈されるパラメーターλについては，表には示していないが，おおむね0.4〜0.6の範囲にあり，日米英間でも，また日本の2つの期間の間でも大きな差はみられない。このことは，ある年に発生した超過利益の約半分は翌年には消滅すること，また4年のうちにおよそ1割以下になること（$0.5^4 \approx 0.06$）を示唆

している。この値をもって参入による競争圧力が強いか弱いかを判定する基準はもちろんないが、コンテスタブル・マーケット理論が示唆する通り、潜在的・顕在的な参入が競争メカニズムとして重要な役割を果たしていることを実証していることには疑いがない。

補論＊：範囲の経済性とラムゼイ定理

1. 複数財生産における自然独占

複数財を独占企業が結合生産することが有利になるような状況は、どのようなものだろうか。いいかえれば、自然独占の概念が複数財生産へ拡張されるのはどのような場合だろうか。この補論では、こうした問題を考えてみよう。

以下では2種類の財の生産の場合に限定する。m 財に一般化するのは容易である。$q_j, j=1,2,$ を第 j 製品の生産量とし、費用関数を $C(q_1, q_2)$ で表す。

すると、**規模の経済性**（economies of scale）は、生産量を減少させたときに総費用が比例的以下にしか減少しないことであるから、

$$C(\gamma q_1^*, \gamma q_2^*) > \gamma C(q_1^*, q_2^*) \quad \forall \gamma < 1 \quad (5.\text{A}1)$$

のとき、(q_1^*, q_2^*) において規模の経済性があると定義できる。

次に、

$$C(q_1^*, q_2^*) < C(q_1^*, 0) + C(0, q_2^*) \quad (5.\text{A}2)$$

が成立するとき、(q_1^*, q_2^*) において**範囲の経済性**（economies of scope）があるという。これは、2つの製品を別々に生産するよりも、単一企業がまとめて生産する（結合生産するという）方が費用が低くなることを意味する。一般に多角化の利益と呼ばれるものにあたり、2財の生産に共同利用できる有形資産（機械設備など）や無形資産（技術・ノウハウなど）があるときに発生しやすいと考えられる。

以上の概念を図示したのが図5Ⓐ1である。点 e で示されている生産量 (q_1^*, q_2^*) を考えよう。このときの総費用は $C(q_1^*, q_2^*)$ となり、これは線分 eE の長さで示されている。原点と e 点を結んだ線分 Oe 上に点 f がある。線分 Of と Oe の比率が γ である。線分 fF の長さが $(\gamma q_1^*, \gamma q_2^*)$ だけ生産するときの総費用を示しており、(5.A1)式の条件はこれが線分 eE の長さの γ 倍以上であることを要求している。これは F 点が、原点と E 点を結んだ直線より上にあることを意味する。このとき、規模の経済性がある。

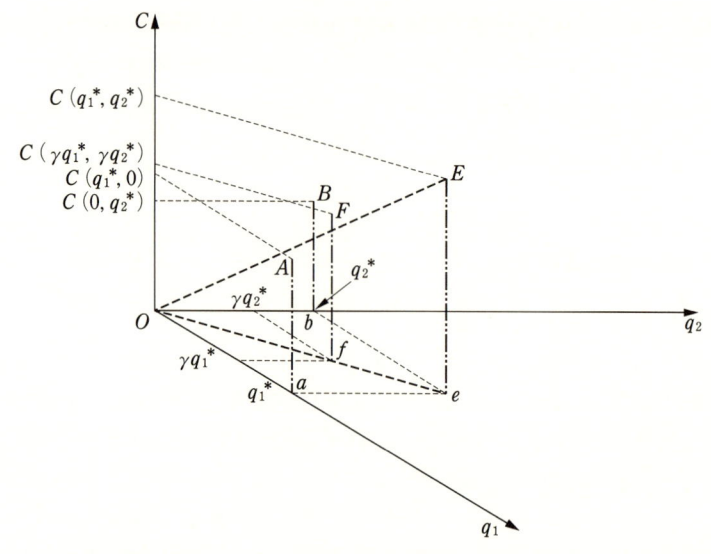

図5Ⓐ1　2製品を生産する企業の費用曲線

　一方，(5.A 2)式の条件は線分 aA と bB の長さの和より線分 eE の長さが短いことを要求している。このとき範囲の経済性があるというのである。

　図でわかるように，規模の経済性は原点からの直線上での動き，また範囲の経済性は q^1 軸・q^2 軸上への (q_1^*, q_2^*) の分解に関わる概念である。これらをより一般化し，(q_1, q_2) 平面上のすべての点をカバーできるようにした概念がある。これを**劣加法性**（subadditivity）と呼び，以下で定義される。

$$C(q_1^*, q_2^*) < C(q_1', q_2') + C(q_1^* - q_1', q_2^* - q_2') \quad (5.\mathrm{A}3)$$

が任意の $q_1' \in [0, q_1^*]$ および $q_2' \in [0, q_2^*]$，ただし $q_1' = q_2' = 0$，$q_1' - q_1^* = q_2' - q_2^* = 0$ を除く，について成立するとき，(q_1^*, q_2^*) において費用関数は劣加法性を満たしているという。

　つまり (q_1^*, q_2^*) をどのように2分して生産しても，生産費用が高くなることをいう。ここでは2分する場合に限定したが，一般に k 分割した場合に容易に拡張できる。たとえば (q_1', q_2') をさらに2分割すれば (q_1^*, q_2^*) を3分割したことになるからである。これは図5Ⓐ1でいえば，$Oaeb$ で囲まれた領域内（境界線を含む）のどの点をとり，合計が (q_1^*, q_2^*) になるように細分化して生産しても，合計の総費用が線分 eE の長さを上回ることを意味する。a 点，b 点や f 点もこの領域に含まれるから，劣加法性が成立すれば範囲の経済性も規模の経済

性も成立することがわかる。しかし逆は成立しない。範囲の経済性と規模の経済性が成立していても，領域 $Oaeb$ 内の境界線と Oe 上を除いた点のどこかにおいて（5.A3）式が満たされていないことはありうるからである。

劣加法性が任意の (q_1, q_2) について成立するとき，**自然独占**であるという。単一企業が両製品を独占的に結合生産することが社会にとっても望ましいからである。これは本文で示した単一製品の場合における自然独占の概念を拡張したものである。なお，任意の (q_1, q_2) と書いたが，当該市場の需要量を超えた生産規模でも劣加法性が成立するかどうかは，実際には，独占で生産すべきか否かに関係しないので，その市場にとって意味のある範囲内での任意の生産量に対して劣加法性があれば十分である。これも，本文における単一財生産の場合に，平均費用曲線と需要曲線の交点より左側で平均費用曲線が右下がりであれば十分であるとしたのと同じである。

2. 独　占　解

範囲の経済性は，実際に多角化している企業の場合には成立していると推定できよう。たとえば乗用車とトラックの結合生産，テレビとステレオの結合生産，鋼板と鋼管の結合生産などである。しかし規模の経済性も同時に大きく，よって複数財において自然独占が成立しているような産業は，民間事業ではほとんどないと思われる。単一財の場合に自然独占が成立しやすいと考えられているのは，電力・ガス・運輸などの公益事業で，複数財生産における範囲の経済性をも含んで自然独占が成立しやすいと考えられるのも，やはり公益事業である。

たとえば電力供給（特に発電より配電）とガス供給（同じくガス生産よりもガス供給サービス）には，検針や集金が共通化できることから範囲の経済性が生まれる余地があると考えられており，規制緩和と民営化の進んだ諸国では民間企業による兼営が増えてきた。また，より狭い製品の定義を用いるなら，電力会社の家庭向けと産業向けの結合生産や，鉄道会社の旅客用と貨物用の結合生産も範囲の経済性がある可能性が大きい。

こうした複数財生産における自然独占がある場合には，両市場をともに支配する独占企業があることになる。このとき，最適な価格戦略はどのようなものかを考えよう。

第 j 財市場における逆需要関数を $p_j(q_1, q_2)$, $j=1,2$, とすれば（独占のため $Q_j = q_j$, $j=1,2$），独占企業の利潤は，

$$\pi = p_1(q_1, q_2)q_1 + p_2(q_1, q_2)q_2 - C(q_1, q_2) \qquad (5.\text{A}4)$$

である。これを q_1, q_2 について最適化すると，

$$MR_j \equiv \frac{\partial p_j}{\partial q_j}q_j + p_j + \frac{\partial p_i}{\partial q_j}q_i = \frac{\partial C}{\partial q_j} \equiv MC_j, \quad j=1,2 \qquad (5.\text{A}5)$$

を得る。左辺は j 財についての限界収入（MR_j）であるが，j 財の供給量の変化が i 財（$i \neq j$）の需要曲線をシフトさせることによる収入への影響も含むことに注意しよう。利潤最大化条件は，これが限界費用（MC_j）に等しいことである。

両財の需要が独立であって，$\partial p_i / \partial q_j = 0$, $i \neq j$, $i = 1, 2$, が成立する場合を考えてみよう。これは，上の例でいえば，鉄道の旅客運送と貨物運送の場合に成立しよう。これらの間での代替関係はないと想定できるからである。すると，

$$MR_j = p_j\left(1 + \frac{\partial p_j}{\partial q_j}\frac{q_j}{p_j}\right) \equiv p_j\left(1 - \frac{1}{\eta_j}\right) \qquad (5.\text{A}6)$$

であるから，単一財の場合の(2.14)式と同様に，

$$PCM_j \equiv \frac{p_j - MC_j}{p_j} = \frac{1}{\eta_j} \qquad (5.\text{A}7)$$

を得る。ただし η_j は需要の自財価格に対する弾力性である。よって弾力性の低い財に対してプライス・コスト・マージン（PCM_j）を高くすること，つまり限界費用が等しいならより高い価格を設定することが，独占企業にとって最適な戦略であることがわかる。

3. ラムゼイ定理

それでは社会的最適解はどうであろうか。いうまでもなく，最善解すなわちパレート最適解は価格と限界費用が等しくなる生産量によって達成される。しかし，自然独占の均衡条件のもとでは，パレート最適解では企業の利潤が負となり存続できなくなることは，複数財生産のときにも同じである。そこで次善解であるラムゼイ最適解を考える方が現実的である。

効用関数を，いま問題にしている 2 財以外については無視して，$U(q_1, q_2)$ と書こう。するとラムゼイ最適解は，次の最大化問題を解くことによって求められる。

$$\begin{array}{c} \text{Maximize}\limits_{q_1, q_2} \quad U(q_1, q_2) - C(q_1, q_2) \\ s.t. \quad p_1 q_1 + p_2 q_2 \geq C(q_1, q_2) \end{array} \qquad (5.\text{A}8)$$

そこで λ をラグランジュ乗数としてラグランジュ関数をつくり，q_1, q_2 で偏微分

して0に等しくすると，次式を得る。

$$\frac{\partial U}{\partial q_j}-\frac{\partial C}{\partial q_j}+\lambda\left[\frac{\partial \sum_{i=1}^{2} p_i q_i}{\partial q_j}-\frac{\partial C}{\partial q_j}\right]=0, \quad j=1,2 \tag{5.A9}$$

第1項は限界効用であり，第2章補論で説明した理由により，消費者は効用最大化行動の結果，この限界効用を価格（p_j）に等しくすると想定できる。第2項は限界費用（MC_j）である。第3項のかっこ内の第1項は限界収入（MR_j），第2項は限界費用であるから，(5.A9)式が $j=1,2$ について成立することを使って，

$$\frac{p_1-MC_1}{MR_1-MC_1}=-\lambda=\frac{p_2-MC_2}{MR_2-MC_2} \tag{5.A10}$$

と書くことができる。すなわち，

定理5Ⓐ1　複数財生産における自然独占が成立しているとき，ラムゼイ最適であるためには，価格マイナス限界費用と限界収入マイナス限界費用の比率が，結合生産されているすべての財について等しいことが必要である。

これを**ラムゼイ定理**と呼ぶ（Baumol and Bradford [1970]）。

(5.A10)式は，$p_1=MC_1$，$p_2=MC_2$ というパレート最適が成立するのは $\lambda=0$ のときだけであることを示している。不等式を制約とする最大化問題におけるキューン＝タッカーの条件によれば，ラグランジュ乗数がゼロになるのは制約が不等号で成立する場合であるから，これはパレート最適解での利潤が非負であることを要求する。すなわち，自然独占でなく，パレート最適解でも利潤が非負になるのであれば，ラムゼイ最適解とパレート最適解は一致する。

ラムゼイ定理は，両財の需要が独立であるとき，すなわち，$\partial p_i/\partial q_j=0$，$i\neq j$，$j=1,2$，が成立するときには，(5.A6)式を(5.A10)式に代入して，以下のように簡略化できる。

$$\frac{p_j-MC_j}{p_j}=\frac{\lambda}{1+\lambda}\frac{1}{\eta_j}, \quad j=1,2 \tag{5.A11}$$

これを(5.A7)式と比較すると，(5.A7)式を満たす独占解はラムゼイ最適条件の(5.A11)式を満たさないことが明白である。

しかし(5.A11)式も，需要の価格弾力性が低い財ほどプライス・コスト・マージンが高くなるように価格が設定されることを要求しており，この意味では独占解と共通する。

上で，鉄道輸送における旅客と貨物の例をあげた。貨物についてはトラックや

船舶輸送への代替が比較的容易であり，荷主は輸送費用の削減に熱心であろう。一方，旅客については，競合する私鉄が平行して走っている新宿〜八王子間や大阪〜神戸間，あるいは航空との競争が激しい東京〜福岡間などを除けば，代替手段は限られよう。よって，貨物の方が需要の価格弾力性は高いであろう。このとき，ラムゼイ定理は，貨物についてより低いプライス・コスト・マージンがつけられるべきことを教えている。つまり限界費用が同じであれば，貨物運賃は旅客運賃よりも低く設定されるべきである。これは，価格を限界的に上げるときの消費者余剰の減少が，需要の価格弾力性の大きい貨物の方が，より大きな需要量減少のために大きいからである。

需要が非弾力的な財は生活必需品という要素が大きいから，こうした財ほどより高い価格に規制すべきだというラムゼイ定理からの帰結は，一般的な論調とは逆かも知れない。このことは，所得分配の公平さという観点を取り入れたいのであれば，資源配分効率性だけからは議論できないことを示唆している。

4. 弱い見えざる手の定理

定理5①は複数財生産の場合にも拡張できるのだろうか。特に，複数財における自然独占が成立していても，両市場が完全にコンテスタブルであれば，サステイナブルな解においてラムゼイ最適（ラムゼイ定理を含む）は達成されるのだろうか。

この疑問に限定的な肯定を与えたのがボーモル＝パンザー＝ウィリグ（Baumol, Panzar, and Willing [1982] p. 209）の「**弱い見えざる手の定理**」（Weak Invisible Hand Theorem）である。これによれば，ラムゼイ最適な価格・生産量の組合せはサステイナブルな解を達成するのに十分である。

自然独占のもとではラムゼイ最適解では利潤ゼロであり，もはや参入が起きないであろうことを考えると，この定理は直感的に理解できる。ただし，参入企業は既存企業と同じ財の組合せで参入しなければならないわけではないことに注意しよう。既存企業が $(1, 2, \cdots, m)$ という m 種類の財で生産しているときに，参入企業はたとえば $(2, 4, m-1)$ という3種類の財だけで参入してもよいからである。

ただし，範囲の経済性をも含む自然独占が成立している場合には，このように部分的な参入は有利でなくなることを，上の定理は含意している。いいかえれば，上の例でいえば，$(1, 2, \cdots, m)$ 全部門では利潤ゼロであるが，$(2, 4, m-1)$ だけ

独立させても利潤を上げられるような (p_2, p_4, p_{m-1}) の設定がなされているような状況は，ラムゼイ最適でありえないことを含意している。この場合，$(2, 4, m-1)$ は黒字部門で $(1, 3, 5, \cdots, m-2, m)$ 部門の赤字を相殺しているとみなせるが，そうした部門間の**内部補助金**（cross subsidy）が存在する状況はラムゼイ最適ではありえないのである。

この定理は，その逆である「サステイナブルな解は必ずラムゼイ最適である」ことを明らかにしているわけではない。つまり，ラムゼイ最適はサステイナブルなために十分であるが，必要ではない。よって，完全にコンテスタブルな市場であってもラムゼイ最適が達成されない可能性が残るために「弱い」見えざる手の定理と呼ばれているのである。

しかし，逆にいえば，既存企業が参入を阻止してその独占的地位を持続するためにとりうる戦略の1つが，ラムゼイ最適な価格設定であることを意味しているので，コンテスタブル・マーケットではラムゼイ最適が達成される確率は十分に高いといえよう。この意味で，範囲の経済性が存在する市場群においても，サンク・コストがないなどのコンテスタブル市場の条件が満たされているなら，規制する必要性は少ないといえる。すなわち，コンテスタブル・マーケットの理論は，複数財生産が有利な場合にも規制緩和を（限定的ながら）支持しているのである。

◎練習問題

❶ 完全にコンテスタブルな市場とはどのような市場かを定義し，コンテスタブル・マーケットの理論にもとづいて，なぜ規制緩和は進められるべきか，どのような市場が規制緩和されるべきかを論じなさい。

❷ 自然独占とはどのような状況かを述べ，そのときの①パレート最適，②ラムゼイ最適，③参入障壁が高いときの独占解，④完全にコンテスタブルな市場でのサステイナブルな解が，それぞれどのようなものか述べなさい。そして，市場が完全にコンテスタブルであれば，サステイナブルな解はラムゼイ最適を達成することを示しなさい。

❸ サンク・コストと固定費用とはそれぞれ何か，違いがわかるように定義し，それぞれの例をあげなさい。これらの費用が存在するとき，市場はコンテスタブルになるかどうか，答えなさい。

❹ 産業を1つ選び，ベインのあげた4つの参入障壁（規模の経済性，必要資本量，製品差別化，絶対的費用優位性）がどの程度の高さか，議論しなさい（植草［1982］の第4章第1節が参考になると思います。ただしデータが古

いので，最新データを調べてください）。
❺* 規模の経済性と範囲の経済性を定義し，それぞれが存在するもとでのラムゼイ最適はどのような条件を満足しなければならないか論じなさい。

第6章

戦略的参入阻止とコミットメント

1. 参入阻止にコミットメントが果たす役割

　本章では，参入を阻止するために企業がとる戦略について説明する。参入阻止戦略のための鍵となるのがコミットメントの概念である。このことを明らかにするために，まず，生産量決定型モデルで参入阻止戦略を考えるとどうなるかという問題から説明しよう。

生産量決定型の参入阻止戦略　コンテスタブル・マーケット理論では，既存企業の価格を所与として潜在的参入企業が参入すべきかどうかを決定すると仮定されていた。その意味で，寡占市場についてのベルトラン・モデルを潜在的参入企業を含めて拡張したものとみなしうることは，前章で述べた通りである。それでは，クールノー・モデルを潜在的参入企業を含める形で拡張したらどうなるだろうか。つまり，潜在的参入企業が既存企業の生産量が参入後も不変であると予想して参入すべきかどうかを決定するという仮定のもとでは，どうなるだろうか。この仮定を**シロスの仮定**と呼ぶ (Sylos-Labini [1962])。シロスの仮定に基づいた参入阻止戦略のモデルは，規模の経済性が大きいときに参入阻止価格が高くなることを説明するために用いられてきた (Scherer [1980])。

　しかし，シロスの仮定は合理的でない可能性がある。このことを線型モデルを用いて説明しよう。固定費用もサンク・コストもないが，絶対的費用優位性のために潜在的参入企業の限界費用（c_2）が既存企業の限界費用（c_1）を上回るものとする。c_1 も c_2 も生産量にかかわらず一定である。関心があるのは参入が阻止できるかどうかなので，参入がブロックされるケースを除くため，

$$p_1^m=(a+c_1)/2>c_2>c_1 \tag{6.1}$$

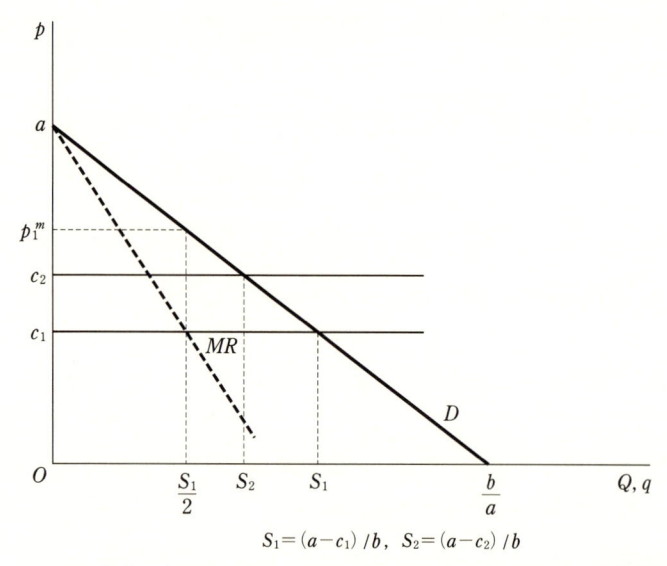

図6①　シロスの仮定と参入阻止戦略

$S_1 = (a-c_1)/b$, $S_2 = (a-c_2)/b$

とする（第4章第5節参照）。また，話を簡単にするために既存企業は1社のみとする。

　図6①を見よう。シロスの仮定のもとで，参入を阻止できる最小の生産量は S_2 であることが明らかである。新規企業の参入後も既存企業が S_2 だけ（あるいは S_2 以上に）生産しつづけるなら，参入企業の正の生産量が加われば，需要曲線にしたがって価格は必ず c_2 以下になり，参入企業は正の利潤を上げることができないからである。

　ただし問題は，参入後に S_2 だけ生産しつづけることが既存企業にとって本当に有利かどうかである。シロスの仮定を今度は参入後の既存企業に当てはめて考えれば，参入企業が q_2 の生産量で参入したときには，既存企業はこれを所与として自社にとって最適の生産量を決定すると考えるのが自然であろう。このことは，参入後には第1企業（既存企業）と第2企業（新規に参入した企業）の間でクールノー均衡が成立するはずであることを意味する。第3章第3節でみた通り，このクールノー均衡では第1企業の生産量は，以下の通りに決まる。

$$q_1^* = \frac{1}{3}S_1 + \frac{1}{3b}(c_2 - c_1) \tag{6.2}$$

この式を書き直すと,

$$q_1^* = S_2 + \frac{4}{3b}\left(c_2 - \frac{a+c_1}{2}\right) \tag{6.3}$$

を得る。(6.1)式の条件を代入すれば, $q_1^* < S_2$ であることがわかる。

よって，賢明な参入企業は，参入後も S_2 の生産を続けると既存企業が宣言していたとしても，もし実際に参入してしまえば，既存企業にとって S_2 を生産しつづけるのは有利でなく, q_1^* に生産量を減少させるはずであると予測できる。このことは，参入後も S_2 の生産量を維持するという既存企業の脅しは「**信頼するに足りない**」(non-credible) ことを意味する。そのような脅しを「**カラの脅し**」(empty threat) と呼び，シロスの仮定が非現実的であることを示唆する。

参入後のクールノー均衡では，(3.14)式にみられるように $p > c_2$ となるから，参入企業は正の利益を上げることができる。よって参入は必ず起こる。このことは，線型モデルを仮定する限り，生産量決定行動をとる企業は参入を阻止しえないことを意味する。$c_1 = c_2$ であって，すべての潜在的参入企業が既存企業と同一費用で生産できるときには，利潤が正である限り参入が起き，既存企業はそれを阻止できないから，シロスとクールノーの仮定のもとでは企業数 $n \to \infty$ となり，第3章第1節で示したように, $Q^n \to S$, $p^n \to c$ となってパレート最適となる。この点では，価格決定行動を前提としたコンテスタブル・マーケット理論と共通する。ただし $c_2 > c_1$ であれば，価格決定行動をとる場合には，第4章第5節で見た通り $p^\ell = c_2$ という参入阻止価格をつけることによって参入を阻止できる。この点は，上で示したように，生産量決定行動を前提とすると参入を阻止できないという結論と大きく異なる。

コミットメント　　以上の議論をいいかえると，参入を阻止するためには，参入後も既存企業が S_2 だけの生産を続けることを潜在的参入企業に信じ込ませる必要がある。つまり S_2 を生産するという脅しを「**信頼するに足る脅し**」(credible threat) にする必要がある。このために

は，参入後に S_2 以下の生産をすることが不可能であるか不利であるようにする必要がある。このための手段が**コミットメント**（commitment）である。

コミットメントは，コミットという動詞の名詞形で，コミットするとは「拘束する，義務づける」という意味を持ち，通常は再帰形の形で，わが身を拘束する，すなわち確約することをいう。しかも単に口約束だけではなく，他の可能性を否定して，確約することが実現せざるをえないようにみずからを追い込むこと，これがコミットメントの意味である。つまり，選択範囲をみずから狭めてしまうことにより，他の選択を不可あるいは不利にすることをいう。「みずから退路を断つ」という言葉はその典型例で，退却という選択肢をみずから除いてしまうことにより，戦わざるをえない状況をつくっている。すなわち戦うことにコミットしているのである。「背水の陣」という故事も同じで，後ろに水を控えて退路を断つことにより，戦うことにコミットしている。

このようにコミットしていれば，敵も（もちろん味方兵士も）この軍が本気で戦うことを信じざるをえなくなり，戦うという姿勢は信頼できる脅しとなる。企業間の戦いでも同じで，既存企業が参入後も S_2 だけの生産を続けることにコミットできれば，潜在的参入企業はこの脅しを信じざるをえず，参入を断念することになる。コミットメントが参入阻止のために必要であるというのは，このことによる。

このためには，S_2 に満たない生産をすれば不利であるような費用構造をつくり，しかもそれが他社からも観察可能であるようにすればよい。S_2 の生産に必要な費用をサンクの形で前払いできれば，このことは可能である。こうすれば $q_1^*(<S_2)$ から S_2 まで生産量を増加させることによる費用増は収入増を下回り，参入後も S_2 を生産することが必ず有利になるからである。ここで重要なのは前払いする費用はサンク，すなわち回収不能なことである。サンクでなければ，参入後 q_1^* だけの生産しかなくても $S_2-q_1^*$ に見合う部分の費用は回収でき，このことを知る潜在的参入企業は，自分が参入してしまえば既存企業の最適生産量は q_1^* になるはずであることを予想できるからである。

サンクな形での費用の前払いの典型は S_2 に見合う生産設備の建設である。

多くの産業において生産設備は特殊であるためサンクの部分が大きく，しかも生産設備は外部からの観察が容易で，潜在的参入企業に対するアナウンスメント（宣伝）効果が期待できるからである。そこで，参入阻止の目的でのコミットメントの代表例として，生産設備を建設するモデルを考えよう。ここでは，参入以前に既存企業の最適な生産設備が決定されて建設され，（参入が起きれば）参入後に価格や生産量が決定されるので，2段階のモデルとなる。

2. 参入阻止のための投資理論

　参入阻止のために生産設備への投資がおこなわれるモデルを，A. ディキシット（Dixit [1980]）にしたがって説明しよう。

　再び，既存企業は独占と単純化して，これを第1企業と呼ぼう。潜在的参入企業を第2企業とする。第4章第3節での議論と同様に，k_i を i 社の生産能力とするので，$q_i \leq k_i$ $(i=1,2)$ の制約が満たされる必要がある。また生産能力の単位費用（r）と生産能力以外の単位当たり費用（c）が一定で，すべての企業にとり同一と仮定するのも，第4章第3節と同じである。このほか，固定費用として f がかかり，これもすべての企業にとり同一である。また，これまでと同じく線型の逆需要関数を仮定する。

　次のような2段階ゲームを考える。第1段階で，既存企業は k_1 を決定し，生産設備を建設する。第2段階の期首に第2企業は参入するかどうかを決定し，参入する場合には生産量（q_2）を決定する。また既存企業も自社の生産量（q_1）を決定する。したがって，参入が起きれば，第2段階ではクールノー型の均衡が成立する。

生産量の決定　　まず，第2段階を分析しよう。第2企業が参入する場合，生産設備を建設する必要があるが，同時に生産量も決定するので，生産量にちょうど見合った生産能力しか持たないことは自明である。よって $k_2 = q_2$ であり，第2企業の費用関数は，

$$C_2(q_2) = f + rk_2 + cq_2 = f + (r+c)q_2 \tag{6.4}$$

である。これに対し，第1企業はすでに第1段階で k_1 を決定済みであり，

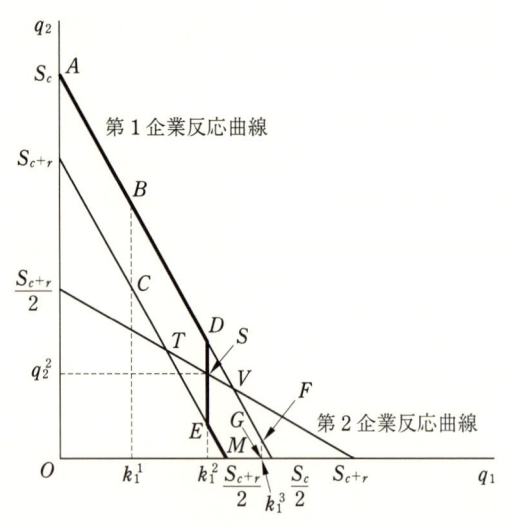

図6②　ディキシット・モデルによる参入阻止投資戦略

$S_c=(a-c)/b$, $S_{c+r}=(a-c-r)/b$

$q_1<k_1$ となる生産しかおこなわなくても rk_1 だけの能力費用を負担する必要がある。つまり rk_1 はサンク・コストとなっている。一方，k_1 以上に生産をおこないたいのであれば，追加的に能力を建設する必要がある。このことから，第1企業の費用関数は次の形となる。

$$q_1 < k_1 \Rightarrow C_1(q_1) = f + rk_1 + cq_1$$
$$q_1 \geq k_1 \Rightarrow C_1(q_1) = f + (r+c)q_1 \quad (6.5)$$

このため，$q_1 \geq k_1$ の生産量を選択するのであれば限界費用は第2企業と同じく $r+c$ であるが，$q_1 < k_1$ であれば限界費用は c だけであるという非対称性が生まれる。これが，k_1 だけの生産能力にコミットしたことから生まれる費用構造の特徴であり，以下で見ていくように既存企業の優位性を生む。

このときの各社の反応曲線は第3章の(3.3)式で示された式で表される。ただし，限界費用は，第1企業の $q_1 < k_1$ のときには c で(3.3)式と同じであるが，$q_1 \geq k_1$ のときおよび第2企業については $r+c$ である。またクールノーの仮定にしたがい推測的変動（λ_i）はゼロとする。

図6②が両社の反応曲線を示す。第2企業については，限界費用が $r+c$ になったことを除けば，図3①にあるのと同じ反応曲線である。一方，第1

企業については，限界費用が c のみのときの反応曲線（図で右上に位置）と $r+c$ のときの反応曲線（図で左下に位置）の2本が描かれている。$q_1 < k_1$ では前者，$q_1 > k_1$ では後者が該当する反応曲線である。第2段階の時点では k_1 は先決されているが，たとえばそれが k_1^2 であるとしよう。すると k_1^2 の左側では上方の，右側では下方の反応曲線が該当するので，反応曲線は $ADEM$ と屈折したものであることがわかる。よって，均衡は第2企業反応曲線との交点である S 点に決まる。第1企業の均衡生産量は k_1^2，第2企業の均衡生産量は q_2^2 である。

同様にして，$k_1 = k_1^1$ であれば，第1企業の反応曲線は $ABCM$ となり均衡は T 点で決まること，$k_1 = k_1^3$ であれば，第1企業の反応曲線は AFG となって均衡は V 点で決まることがわかる。

生産能力の決定　以上の第2段階での均衡を予見しつつ，第1企業（既存企業）は第1段階で k_1 を決める。よって，k_1 の決め方により，均衡点を T 点とするか，V 点とするか，あるいはその中間点，たとえば S 点とするかを第1企業は選択できる。ここに先行者としての第1企業の有利性がある。前節で述べたことを繰り返すが，第1段階で決められた k_1 を第2企業（潜在的参入企業）が不可逆なものとして所与と考えざるをえないのは，k_1 への投資が回収不能な，すなわちサンクなものだからである。よって，第1企業によるコミットメントとなっている。

第1段階での第1企業の最適な k_1 の決定を分析するにあたり，まず，第2企業の利潤（π_2）は第2企業の反応曲線上で左上から右下に移るにつれ低下することに注目しよう。右下に行けば自社生産量は減りライバル企業生産量は増えるからである。そこで3つのケースに分ける。ケース①は T 点で $\pi_2 \leq 0$，ケース②は T 点で $\pi_2 > 0$ かつ V 点で $\pi_2 \leq 0$，ケース③は V 点で $\pi_2 > 0$ の場合である。両社の反応関数を連立させて T 点，V 点での第2企業生産量（q_2）と価格（p）を求め，(6.4)式で定義した費用関数を用いて計算すれば，第2企業の利潤は T 点では，

$$\pi_2^T \equiv b(S_{c+r}/3)^2 - f \tag{6.6}$$

V 点では，

$$\pi_2^V \equiv b[(S_{c+r} - r/b)/3]^2 - f \tag{6.7}$$

であることがわかる。ただし $S_{c+r}=(a-c-r)/b$ である（読者は練習問題として上の2式を証明してみるとよい）。

したがって，ケース①は(6.6)式の右辺が負（またはゼロ）になるほど参入に伴う固定費用（f）が大きいケース，逆にケース③は，(6.7)式の右辺が正になるほど f が小さいケースと考えることができる。

参入が起きて複占になるとすれば，均衡は T 点と V 点の間（T 点と V 点を含む）でしかありえないことは図6②より自明であろう。この間で T 点は π_2 が最大になるところである。しかもなお，ケース①では $\pi_2^T \leq 0$ である。よって，このときには，どのような複占均衡でも第2企業は正の利潤を上げられない。そのことを予見するから，第2企業は参入を断念する。したがって第1企業は独占を維持でき，$c+r$ を限界費用として最適生産量を決定すればよい。$q_2=0$ のときの最適生産量であるから，図の M 点がこれを示し，$q_1=k_1=S_{c+r}/2(\equiv q_1^M)$ となる。つまり，参入の可能性を考慮しないで独占企業としての行動をするにもかかわらず参入は起きないから，第4章第5節での用語法によれば，参入は**ブロック**されることになる。

逆にケース③では，$\pi_2^V>0$ より，$[T, V]$ 間のどこでも参入企業が正の利潤を上げられるから，既存企業は参入を受容せざるをえない。ただし，k_1 を先決できるから，既存企業は $[T, V]$ 間で自社に有利なところを選ぶことができる。$[T, V]$ 間という制約付きではあるが，ライバル企業の反応曲線上で自社の利潤を最大化する点を決定するので，これは**シュタッケルベルグ・モデル**に一致し，既存企業はその**リーダー**（先導者）となる。この均衡点を図における S 点としよう。すると，既存企業は k_1^S のレベルに生産能力を先決しておけばよい。いうまでもなく，こうした先導者としての行動をとることにより，第1企業はクールノー均衡（T 点）におけるよりも高い利潤を上げることができる。

残るのは，$\pi_2^V \leq 0 < \pi_2^T$ となるケースである。すると $[T, V]$ 間のどこかに $\pi_2=0$ となる点が存在する。これを X 点としよう。すると X 点に対応する q_1（q_1^X と書く）に等しく（あるいは q_1^X 以上に）k_1 を先決すれば，第1企業は参入を**阻止**することができる。ただし q_1^X が独占解 $q_1^m(=S_{c+r}/2)$ より小さいなら，$k_1=q_1^m$ としても参入企業は正の利益を上げられないから，ケ

ース①と同じく参入は**ブロック**されることになる。

そこで $q_1^X > q_1^m$ としよう。このとき，第1企業には2つの選択肢がある。第1は $k_1 = q_1^X$ として参入を阻止することである。第2は参入を**受容**し，ケース③と同じくシュタッケルベルグ・リーダーとなって S 点を実現することである。よって，$(q_1, q_2) = (q_1^X, 0)$ のときの自社の利潤 (π_1^X) と $(q_1, q_2) = (k_1^3, q_2^3)$ のときの利潤 (π_1^S) とを比較して，$\pi_1^X > \pi_1^S$ であれば既存企業は参入を**阻止**することになる。

以上をまとめると，次の定理が得られる。

定理6 ①　新規企業の参入以前に既存企業が生産能力へのサンクな投資をおこなえるとき，既存企業の最適戦略には，通常の独占行動をとれば参入をブロックできる場合（ケース①，およびケース②の一部），参入阻止のために戦略的行動をとる場合（ケース②の一部），参入を容認してシュタッケルベルグ・リーダーとなる場合（ケース②の一部およびケース③）の3つがある。

いずれにせよ，通常のクールノー均衡（T 点）におけるよりも既存企業の利潤は大きい。既存企業はサンクとなる生産能力を先決できることを除けば，潜在的参入企業とまったく同じ費用構造と市場条件にあると仮定されてきたことを考えると，先にコミットできることの優位性が決定的であることが理解されよう。

遊休能力の不在　以上のいずれのケースにおいても，第2段階で $q_1 = k_1$ であること，すなわち生産能力がフルに稼働されていることに注目しよう。つまり，参入阻止のために遊休能力が保有されるわけではない。参入阻止のために生産能力を先決することを初めてモデル化したのはA. M. スペンス（Spence [1977]）であるが，彼は，第1段階で既存企業が生産能力を $\bar{k}_1$ に決定すると，第2段階で必ず $q_1 = \bar{k}_1$ であると潜在的参入企業が予想すると仮定した。これは，第2段階での均衡を陽表的に分析した上述のディキシット・モデルと異なる。

たとえば k_1 が図6②での k_1^3 であるとしても，ディキシット・モデルでは均衡は V 点になると参入企業が予想するが，スペンス・モデルでは $q_1 = k_1^3$ になると予想するのである。すると，スペンス・モデルでは第2段階での均

衡が $q_1 < \bar{k}_1$ となるケースがあることが導かれる。これをスペンスは，遊休能力を保持して，参入が起きたときには直ちに生産量を拡大するという脅しをかけることによって参入を阻止する戦略と考えた。しかしディキシット・モデルが示すのは，k_1^a のような生産能力を持っていたとしても，参入後に $q_1 = k_1^a$ となる生産量に拡大するのは既存企業にとっても不利であることを潜在的参入企業は十分予測できるという事実である。よって，遊休生産能力の保有は信頼するに足る脅しとはなりえないのである。合理的行動を想定して2段階ゲームを分析することの意義を，ディキシット・モデルはよく例示している。

3*. 不完全情報と参入阻止戦略

本節では，参入企業が持つ既存企業についての情報が不完全であることを利用して，参入阻止の戦略をとることができることを説明しよう。

ディキシット・モデルでは，遊休能力を持つインセンティブはないものの，既存企業が参入阻止行動をとる場合（ケース②）には，最適生産量 q_1^x が参入阻止行動をとらないときの独占生産量 q_1^m を上回るケースがある。この意味で，第1節で述べたシロスの仮定に基づいた生産量決定と共通する。ただし，後者の場合には脅しの信頼性に欠けるため，参入阻止戦略として有効でないことはすでに説明した通りである。

参入阻止のために既存企業がより大きな生産量を生産するケースは，このほかにも存在する。その1つは，消費者がいったん既存企業の製品を購入すると，品質の情報不完全性やスイッチング・コスト（他の企業の製品へ切り替えることに要する費用）などのために，同一価格では新規参入企業からは購入しなくなるケースである。このことについては，消費者にとっての不完全情報を扱う第8章で説明しよう。もう1つは，既存企業の生産費用についての情報が不完全なケースである。本節では，このケースをP. ミルグロムとJ. ロバーツ（Milgrom and Roberts [1982]）のモデルに基づいて説明しよう。こうした情報の不完全性がある場合には，過大生産量はコミットメントではないにしても，費用構造についての間接的な情報を与えることによって，

信頼できる参入阻止手段となりうる場合が存在するのである。

**ミルグロム＝ロ　　**前節までと同じく既存企業は独占とする。2期モデル
バーツ・モデル　を考え，第1期では既存企業（第1企業）が生産量
q_1^1 を決定する。潜在的参入企業（第2企業）は q_1^1 を観察し，この情報に基づいて，第2期に参入すべきか否かを決定する。参入するのであれば，第1企業との間でクールノー均衡が成立し，q_1^2（第1企業第2期生産量），q_2^2（第2企業第2期生産量）が決定される。第1企業は利潤の現在価値，$\pi_1^1 + \beta\pi_1^2$，を最大化する。ただし π_1^t は t 期（$t=1,2$）の第1企業利潤である。また β は割引因子で利子率が低いほど大きい。また β は両期間の相対的な長さにも依存し，第2期の期間の方が第1期と比較して長いほど大きい。

再び限界費用は一定とする。既存企業にはこれ以外の固定費用・資本費用はないが，参入企業は参入にあたり f だけの固定費用を払う必要がある。限界費用は第 i 企業につき c_i と表され，2期間を通じて一定であるが，本節での中心的仮定は，潜在的参入企業が c_1 についての十分な情報を持っていないことにある。参入企業が知っているのは c_1 のとりうる値とその確率分布だけである。

簡単化のため c_1 のとりうる値を $\underline{c}_1, \bar{c}_1$（$\underline{c}_1 < \bar{c}_1$）の2つとし，潜在的参入企業は，これらの値がそれぞれ $1-u, u$ の確率で起こりうると考えているものとする。参入が起きたときの第2期のクールノー均衡における第 i 企業の（固定費用控除前の）利潤を，第1企業の限界費用（$c_1 = \underline{c}_1$ または $\bar{c}_1$）と第2企業の限界費用（c_2）の関数として $\pi_i^2(c_1, c_2)$ と書こう。線型モデルでは，第3章第3節の結果を用いると，$\pi_i^2(c_1, c_2) = (a - 2c_i + c_j)^2/9b$，$j \neq i$，と計算できる。

ここで，

$$\pi_2^2(\underline{c}_1, c_2) \leq f < \pi_2^2(\bar{c}_1, c_2) \tag{6.8}$$

と仮定しよう。これは，参入企業の固定費用控除後の純利潤が，既存企業が低費用であればマイナスで，既存企業が高費用であればプラスであるという仮定である。(6.8)式の左側の不等式が成立しなければ，既存企業の費用条件にかかわらず参入は有利で，右側の不等式が成立しなければ不利であるから，これらのときには情報不完全性は参入行動に影響しなくなる。情報不完

全性が重要な意味を持つのは(6.8)が成立しているときなのである。

次に，$\hat{u}$ を参入企業の純利益の期待値がゼロになるような確率 u と定義しよう。すなわち，

$$\hat{u}\,\pi_2^2(\bar{c}_1, c_2) + (1-\hat{u})\pi_2^2(\underline{c}_1, c_2) - f = 0 \qquad (6.9)$$

である。もちろん $\hat{u}$ は $\underline{c}_1, \bar{c}_1, c_2, f$ に依存する。u は $c_1 = \bar{c}_1$ である確率なので，(6.8)式を考慮すると，$u \leq \hat{u}$ であれば期待純利益がマイナスとなり，情報不完全のもとで参入が起きないことがわかる。

ケース①：参入か らの期待利益が負 　参入企業が $u \leq \hat{u}$ と考えている場合の分析から始めよう。

既存企業は自社の真の限界費用を知っているものとする。まず，これが $\underline{c}_1$ の場合を考えよう。この企業は（低費用企業と呼ぶ）$c_1 = \underline{c}_1$ であることが潜在的参入企業に知られているのであれば(6.8)式により，知られていなければ $u \leq \hat{u}$ により，いずれにせよ参入が起きないことを知っている。よって，$c_1 = \underline{c}_1$ が知られるか否かを考慮することなく独占利潤を最大化すればよい。すなわち参入はブロックされる。そこで，$q_1^m(\underline{c}_1)$ を $c_1 = \underline{c}_1$ のときの独占利潤最大化の生産量として，これを生産すればよい。

一方，既存企業が，自社は高費用企業である，すなわち $c_1 = \bar{c}_1$ であることを知っているとすればどうであろうか。この企業には2つの戦略がある。1つの戦略は $c_1 = \bar{c}_1$ であることが潜在的参入企業に知られることを覚悟して，第1期に利潤を最大化するというものである。このときの第1期の利潤を $\pi_1^m(q_1^m(\bar{c}_1), \bar{c}_1)$ と書く。生産量が $q_1^m(\bar{c}_1)$，すなわち $c_1 = \bar{c}_1$ のときの独占利潤最大化の生産量で，限界費用が $\bar{c}_1$ のときの独占企業（上付き添字 m）の利潤という意味である。第2期には $c_1 = \bar{c}_1$ であることが知られ，参入が起きるので，クールノー均衡となり利潤は $\pi_2^2(\bar{c}_1, c_2)$ となる。

もう1つの戦略は，真の c_1 は $\bar{c}_1$ であるものの，$q_1^m(\underline{c}_1)$ を生産することによって $c_1 = \underline{c}_1$ であるように潜在的参入企業に信じさせ，参入を阻止することである。このときは，第1期の利潤は $\pi_1^m(q_1^m(\underline{c}_1), \bar{c}_1)$，第2期の利潤は $\pi_1^m(q_1^m(\bar{c}_1), \bar{c}_1)$ である。第2期には，もはや $c_1 = \bar{c}_1$ であることが知られてもかまわないからである。

これら2つの戦略を比較すると，後者の参入阻止戦略が有利であるための

条件は，

$$\pi_1^m(q_1^m(\underline{c}_1), \bar{c}_1) + \beta \pi_1^m(q_1^m(\bar{c}_1), \bar{c}_1) > \pi_1^m(q_1^m(\bar{c}_1), \bar{c}_1) + \beta \pi_1^2(\bar{c}_1, c_2)$$
(6.10)

すなわち，

$$\beta [\pi_1^m(q_1^m(\bar{c}_1), \bar{c}_1) - \pi_1^2(\bar{c}_1, c_2)] > \pi_1^m(q_1^m(\bar{c}_1), \bar{c}_1) - \pi_1^m(q_1^m(\underline{c}_1), \bar{c}_1)$$
(6.11)

であることがわかる。

　左辺は参入を阻止したことによる第2期の利潤の増加分の現在価値で，これが右辺の，高費用企業にもかかわらず低費用企業の模倣をすることからの第1期の利潤減を上回るなら，低費用企業の模倣をすることによって参入を阻止することは有利である。これが(6.11)式の意味である。

　このとき，高費用企業も低費用企業も第1期には $q_1^m(\underline{c}_1)$ を生産し，潜在的参入企業は両社の区別をつけることができない。よって，$u \leq \tilde{u}$ の仮定のもとでは参入からの期待利潤は非正となり，参入しない。高費用企業も低費用企業も同一生産量を生産するため，生産量は，潜在的参入企業に対して既存企業の真の費用についての情報を与えない。このような均衡を**一括均衡**(pooling equilibrium) と呼ぶ。ここで，高費用企業は参入阻止のために独占利潤最大化レベルよりも大きい生産量を第1期には生産していることに注目しよう。よって価格は独占価格よりも低い。この意味で，第4章第5節で述べた参入阻止価格戦略がとられていることになる。

　一方(6.11)式が成立していないなら，高費用企業は第1期に $q_1^m(\bar{c}_1)$ を生産し，第2期において参入を受容した方が有利である。よって，潜在的参入企業は，既存企業の生産量が $q_1^m(\underline{c}_1)$ か $q_1^m(\bar{c}_1)$ かを観察することによって，$c_1 = \underline{c}_1$ か $c_1 = \bar{c}_1$ かを正確に知ることができる。このような均衡を**分離均衡**(separating equilibrium) と呼ぶ。

ケース②：参入からの期待利益が正　次に $u > \tilde{u}$ のケースを考えよう。このときも(6.11)式が成立していないなら，高費用企業は $q_1^m(\bar{c}_1)$ を選択して参入を受容する方が有利である。したがって，$q_1^m(\underline{c}_1)$ が生産されているのであれば，既存企業は低費用企業であると参入企業が考えるので，低費用既存企業は $q_1^m(\underline{c}_1)$ を生産すれば参入をブロックできる。前のパラグラフ

で述べたケースと一致する。

次に(6.11)式が成立するとしよう。このとき，高費用企業も $q_1^m(\underline{c_1})$ を生産して低費用企業を模倣しようとする。しかし，そうすると参入が起きてしまう。高費用・低費用いずれの場合も $q_1^m(\underline{c_1})$ を生産するので，潜在的参入企業は両者の区別をつけられず，$u > \bar{u}$ の仮定から参入の期待利潤を正と計算するからである。これは，低費用企業にとっては望ましくない。そこで低費用企業には，自社が低費用企業であるというシグナルを送って，高費用企業から差別化し，参入が不利であることを知らせようとするインセンティブが働く。

(6.11)式を見よう。$q_1^m(\underline{c_1})$ が大きいほど，$\pi_1^m(q_1^m(\underline{c_1}), \bar{c_1})$ は小さいため，(6.11)の不等式は成立しにくい。そこで，(6.11)の不等式が成立しているなら，次式を成立させる q_1^ℓ が存在し，$q_1^\ell > q_1^m(\underline{c_1})$ のはずである。

$$\beta[\pi_1^m(q_1^m(\bar{c_1}), \bar{c_1}) - \pi_1^2(\bar{c_1}, c_2)] = \pi_1^m(q_1^m(\bar{c_1}), \bar{c_1}) - \pi_1^m(q_1^\ell, \bar{c_1})$$
(6.12)

低費用企業が q_1^ℓ 以上の量を生産すれば，高費用企業がこれを模倣しても利潤現在価値を減らすだけであり，むしろ $q_1^m(\bar{c_1})$ を生産して参入を受容する方が有利である。

低費用企業は独占利潤最大化生産量より過大に生産することになるが，

$$\pi_1^m(q_1^\ell, \underline{c_1}) + \beta\pi_1^m(q_1^m(\underline{c_1}), \underline{c_1}) > \pi_1^m(q_1^m(\underline{c_1}), \underline{c_1}) + \beta\pi_1^2(\underline{c_1}, c_2)$$
(6.13)

が成立する限り，高費用企業との一括均衡になって参入を受容するよりは有利であるから，q_1^ℓ を生産する。かくして低費用企業は q_1^ℓ，高費用企業は $q_1^m(\bar{c_1})$ を生産し，潜在的参入企業は後者を観察した場合にのみ参入するという分離均衡が成立する。ただし前出の分離均衡と異なるのは，低費用企業が $q_1^m(\underline{c_1})$ を上回る生産量，q_1^ℓ，を生産していることである。このように過大に生産することによって，高費用企業が低費用企業を模倣することを不利にし，自分が低費用企業であることを顕示している。これは**シグナリング**(signaling)，すなわちシグナルを送る戦略の1つである。シグナリングの理論はスペンス（Spence [1974]）によって始められたもので，その後の発展を含めたわかりやすい解説にR.ギボンズ（Gibbons [1992]）がある。

$c_1=\bar{c}_1$ の確率	(6.11)式	既存企業第1期生産量		参 入	均 衡
		低費用企業	高費用企業		
低($u \leq \hat{u}$)	成立	$q_1^m(\underline{c}_1)$	$q_1^m(\underline{c}_1)$	なし	一括
低($u \leq \hat{u}$)	不成立	$q_1^m(\underline{c}_1)$	$q_1^m(\bar{c}_1)$	△	分離
高($u > \hat{u}$)	不成立	$q_1^m(\underline{c}_1)$	$q_1^m(\bar{c}_1)$	△	分離
高($u > \hat{u}$)	成立*	q_1^ℓ	$q_1^m(\bar{c}_1)$	△	分離

注1：参入の△は，既存企業が低費用企業（$c_1=\underline{c}_1$）であれば参入なし，高費用企業（$c_1=\bar{c}_1$）であれば参入ありを示す。

　2：＊印のケースでは(6.13)式の不等号も成立することを仮定。

　3：網かけ部分は，独占利潤最大化レベルを超える生産量を表す。

表6① 情報が不完全なときの最適生産量 ‖‖‖

$q_1^\ell > q_1^m(\underline{c}_1)$より，低費用企業は参入阻止のために独占価格以下の価格をつけている。この意味で第4章第5節で述べた参入阻止価格戦略と一致する。本章第1節では，参入阻止価格戦略は信頼できる脅しにならない限り効果がないことを説明した。ところが，既存企業の費用条件について潜在的参入企業に情報不完全性があれば，参入阻止価格は信頼できるシグナルとして有効な場合がある。このことを本節で紹介したモデルは示しているのである。

情報が不完全なときの最適生産量　以上の分析結果をまとめると，次の定理を得ることができる。

定理6②　潜在的参入企業の持つ既存企業の費用レベルについての情報が不完全なとき，既存企業は参入阻止の目的で，①高費用企業であるにもかかわらず低費用企業であるように見せるため，あるいは②低費用企業が高費用企業ではないことを示すため，利潤最大化レベル以上の生産量を生産することがある。

また，表6①は，それぞれのケースを整理している。

なお，(6.13)式が成立しないのであれば，既存企業は第1期に$q_1^m(\underline{c}_1)$を生産した方が有利である。このときは高費用企業も$q_1^m(\underline{c}_1)$を生産するなら一括均衡となり，参入が起きる。ただし，一括均衡になれば参入が起きることを知っている高費用企業は$q_1^m(\bar{c}_1)$を生産した方が有利となる。以上のことを潜在的参入企業がすべて理解していれば（そして，潜在的参入企業がすべて理解していることを既存企業が確信できれば），低費用企業が$q_1^m(\underline{c}_1)$，高費用企業が$q_1^m(\bar{c}_1)$を生産する分離均衡となる。

4. 参入阻止戦略の実証分析

　本章で説明したような参入阻止戦略，特に生産能力を戦略変数とする参入阻止戦略が，実際にとられているのかどうかを実証分析することは容易でない。価格が独占価格を下回っているか，生産能力が利潤最大化レベルを上回っているかを知るためには，参入の脅威がなければ価格や生産能力がどうであったかを知る必要があるが，それを計算するに十分な情報を研究者が持っていないからである。

　そこで，たとえばM. B. リーバーマン（Lieberman [1987]）がおこなったアメリカの化学産業38部門の分析では，約20年間の期間における新工場建設を，既存企業によるものと新規参入企業によるものに分けて，違いがあるかを調べることによって，投資が参入阻止の目的でなされているかどうかを間接的に検証しようとしている。i産業でt年に既存企業が新工場を建設していれば1の値をとるダミー変数（$DINC_{it}$），同じく新規企業が工場を建設して参入していれば1の値をとるダミー変数（$DNEW_{it}$）をつくり，これらを従属変数とする回帰分析をおこなう（従属変数がダミー変数であるため，ロジット推定と呼ばれる推定法を用いる）。すると，$DINC_{it}$を説明する推定式と$DNEW_{it}$を説明する推定式の間に差異がないことから，既存企業と参入企業は同じ動機に基づいて投資行動をしており，前者のみが特に参入阻止を考慮して投資行動をしているとはいえないと結論づけている。

　リーバーマンによれば，$DINC_{it}$にせよ$DNEW_{it}$にせよ，その基本的な決定因は産業生産額の伸び率と設備稼働率で，ともに有意で正の係数を得ている。

　より直接的に過剰能力を推計して分析に用いたのはR. T. マッソン＝J. シャーナン（Masson and Shaanan [1986]）である。彼らは，集中度の高い産業ほど参入阻止の目的で協調しやすいであろうと想定して，過剰能力を集中度その他の変数に回帰した。26産業のクロスセクション分析によって推定された集中度の係数は仮説通りプラスであったが，有意ではなかった。

　ただし，彼らの過剰能力の指標は，好況期ピークには能力がフルに稼働す

るとの仮定のもとで，ピーク点をつないだ線で計算される生産量と現実生産量との差が過剰能力にあたるものとして計算されたものである。よって，景気変動に伴って発生する過剰能力が中心であり，景気にかかわらず参入阻止のために持たれるであろう過剰能力は含まれていない。しかも，第2節で見たように，ディキシット・モデルによれば，参入を阻止しようとする既存企業は，過大な生産をするとしても，未利用という意味での過剰能力を持つわけではない。このため，マッソン＝シャーナンの推定もディキシット・モデルの正確な実証になっていない。

　このように現実データから過大あるいは過剰が存在するかどうかを推定することは困難である。このために，企業経営者に直接アンケートすることによって，参入阻止戦略がとられているかどうかを検証しようという分析もアメリカではおこなわれている。これについては以下のコラム④で紹介しておく。

―――― コラム④　参入阻止戦略についてのアンケート調査 ――――

　R. スマイリー（Smiley [1988]）は，既存の製品に対する参入を阻止するためのいくつかの戦略が，それぞれどの程度の頻度で用いられているかをアメリカの代表的企業の経営者にアンケート調査した。回答したのは293社で回答率34％である。表①はこの回答結果の分布を示している。

表①　参入阻止戦略の利用頻度

頻　度	過剰能力	広告	研究開発・特許	評判	静学的参入阻止価格	動学的参入阻止価格	ニッチを埋める	利益を隠す
頻　繁	7	24	11	8	7	6	26	31
頻繁〜時々	14	28	20	19	15	14	31	28
時　々	17	26	16	22	21	21	22	20
時々〜なし	32	14	31	31	32	32	14	10
全くなし	30	7	23	21	25	27	6	12

　ここでは，「過剰能力」とは「十分に大きい生産能力を建設し，製品に対して予想しうるすべての需要に対応できるようにすることによって，参入の魅力を減じる戦略」とされている。また参入阻止価格は「利潤を最大化したであろうよりも低い価格をつける戦略」である。「静学的参入阻止価格戦略」は低価格により参入を阻止することをめざすが，「動学的参入阻止価格戦略」は，参

入を完全に阻止するというよりも参入のスピードを遅らせることを目的とする点に違いがある。「広告」や「研究開発・特許」については自明であろう。「評判」は，参入者に対して断固たる対抗手段をとるという評判をマスコミなどを通じて作り上げることをいう。「ニッチを埋める」とは，製品のニッチ（隙間）を埋めるに十分な種類の製品群を発売して参入企業が需要を獲得できるニッチをなくすことを指し，「利益を隠す」は，多角化している企業が部門の利益を隠すことによって，その部門への参入が魅力的であることが知られないようにすることをいう。

　アンケート結果によれば，過剰能力を持つと答えた企業は，頻繁から時々までを合わせても38％と4割を切る。同じく参入阻止価格も41〜43％と半数以下である。経営者が正直に答えているとするなら，これら戦略は必ずしも一般的でないことになる。むしろ，広告やニッチを埋めるなどの製品戦略・販売戦略が重要視されているようである。次の第7章，第8章でこれら戦略について説明するのはこのためである。研究開発・特許は，表①ではそれほどの比率ではないが，同じ調査で新製品に対する参入阻止戦略を聞いたものでは，頻繁から時々までを合わせて71％に達しており，研究開発戦略の重要性が明らかである。これについては第9章で説明することになる。

　なお，部門の利益を隠すという戦略が高パーセントを獲得していることは注目に値する。これは，既存企業の費用構造や市場条件についての情報の不完全性が参入を妨げることを示しており，第3節でのモデルの現実性を示唆する。部門ごとの売上高や利益を明らかにするセグメント会計を促進することが，投資家に対する情報公開の立場からだけでなく，参入促進のためにも重要である。

5. 過剰参入の可能性

　前章から本章前節まで，参入は競争を促進して社会的厚生を高めるものとの考え方に立って，さまざまな理論を紹介してきた。それでは，参入がむしろ過剰になり社会的厚生を損なうことはありえないのだろうか。実は，この可能性を否定できない。これを**過剰参入の定理**と呼ぶ。この定理はいくつか

の形で紹介されてきたが (Suzumura [1995])，以下では N.G. マンキュー＝M.D. ウィンストン (Mankiw and Whinston [1986]) にしたがって説明する。また，簡便化のため，再び線型モデルを仮定する。

自由参入解　すべての（潜在的参入企業を含む）企業の費用条件は同一で，一定の限界費用 c と固定費用 f からなっている。よって規模の経済性があるから，独占が社会的に効率的であり，この企業が $p=c$ となるように生産することがパレート最適である。ただし図5①(c)で見たように，固定費用のためにパレート最適点では利潤はマイナスとなるから，平均費用と価格が一致する点がラムゼイ最適となる。コンテスタブル市場の理論は，f がサンクでなく，各企業がベルトラン的に行動すれば，このラムゼイ最適が均衡で実現することを明らかにしていた。

それでは，各企業がクールノー的に，すなわち生産量を戦略変数として行動すればどうなるだろうか。

第3章の(3.9)式において，企業数 n が有限な限り，産業均衡生産量 Q^n はパレート最適である S を下回ることを示した。各社の固定費用控除後の利潤は，$\lambda=0$ として，(3.9)式より，

$$\pi^n=(p^n-c)q^n-f=\frac{bS^2}{(n+1)^2}-f=\frac{(a-c)^2}{b(n+1)^2}-f \quad (6.14)$$

である。

参入が自由であれば，利潤が正である限り参入が起きるから，均衡企業数 n^* は $\pi^{n^*}\geq 0$，$\pi^{n+1^*}<0$ を満たす n^* となる。簡単化のため n が整数でない可能性を許して，$\pi^{n^*}=0$ で n^* が決まるものとしよう。すると(6.14)式より，

$$n^*=b^{\frac{1}{2}}f^{-\frac{1}{2}}S-1=b^{-\frac{1}{2}}f^{-\frac{1}{2}}(a-c)-1 \quad (6.15)$$

を得る。よって f が十分に小さければ $n^*>1$ となる。このことは，パレート最適である $Q=S$，$n=1$ に比べ，過少生産，過大参入になっていることを示す。

最善解と次善解　パレート最適は社会的厚生を最大化する解であるから，$n=1$ として独占企業に $Q=S$，$p=c$ を達成するよう規制することが**最善** (first-best) である。しかし自由主義経済においては，公益事業を除けば，生産量・価格を政府が規制することは一般的ではない。

これに対し、参入を促進したり規制したりすることは税制（負の税金である補助金を含む），事業免許制，行政指導などを通じておこなわれるケースがある。そこで，生産量の決定は各社が自由におこなうが，このことを前提として，政府が企業数を社会的に望ましいレベルに決めるような解を**次善**(second-best) の解と呼ぶ。

固定費用控除後の純社会的厚生を企業数 n の関数として，次式で示そう（第2章では純社会的厚生であることを明示するため W^N と書いたが，以下では上付き添字 N を省略する）。

$$W(n) = \int_0^{nq^n}(a-bQ)dQ - n(cq^n+f) \qquad (6.16)$$

いうまでもなく、右辺は総効用から総費用を引いたものである。$Q=nq^n$ となることに留意しつつ，この式を n について微分すると，

$$\frac{\partial W}{\partial n} \equiv W'(n) = (a-bnq^n)\left(q^n+n\frac{\partial q^n}{\partial n}\right) - cq^n - nc\frac{\partial q^n}{\partial n} - f \qquad (6.17)$$

この式を整理し、$\pi^n = p^n q^n - cq^n - f$, $p^n = a - bnq^n$ を代入すると，

$$W'(n) = \pi^n + n\frac{\partial q^n}{\partial n}(p^n - c) \qquad (6.18)$$

を得る。(3.9)式より $\partial q^n/\partial n < 0$, $p^n > c$ であるから，

$$W'(n) < \pi^n \qquad (6.19)$$

であることがわかる。

このことは、自由参入により $\pi^{n^*}=0$ となるような n^* に企業数が決まるとき，$W'(n^*)<0$ となることを示している。よって、企業数を減少させれば社会的厚生は改善する。いいかえれば、$W'(n^o)=0$ となるような次善の解 (n^o) は n^* より小さいのでなければならない。これが過剰参入定理である。すなわち，

定理6③　〈過剰参入定理〉固定費用が存在し，クールノーの仮定のもとで各企業が利潤最大化すべく生産量を決定するとき，自由参入均衡企業数 n^* は（次善の）社会的最適企業数 n^o を上回る。

この定理を上では線型モデルによって証明したが，より一般的に成立することは前出のマンキュー＝ウィンストン論文に示されている。

参入のもたらす外部効果　それでは，なぜこうした過剰参入が起こるのだろうか．(6.18)式をもう一度見よう．過剰参入定理は右辺第2項がマイナスであることによって成立している．$\partial q^n/\partial n$ は，追加的に1社が参入してきたことによって既存各社がどれだけ生産量を減らすかを示している．また (p^n-c) は，価格が限界効用に等しい（第1章補論参照）ことを考慮に入れると，生産量1単位減によってどれだけ効用と費用の差，すなわち社会的厚生が減少するかを示す．これらに企業数 n が乗じられているから，第2項は，追加的参入がひきおこす n 社計の生産減が，どれだけ社会的厚生を減少させるかを示している．

　この厚生減は，参入企業にとっては自社の利益には関わりないことなので，参入すべきか否かの判断基準には含まれない．この意味で，この第2項は参入による負の外部効果といえる．これは**顧客奪取効果**（business-stealing effect）と呼ばれる．新規参入企業が既存企業より顧客を奪うことによって発生する外部効果だからである．

　繰り返すが，顧客奪取効果により過剰参入が発生するためには，クールノー型の生産量決定型モデルで固定費用が存在することが前提である．ベルトラン型の価格決定モデルでは自然独占（$n=1$）となり，かつ f がサンクでない限り，平均費用と価格が一致する点，すなわちラムゼイ最適点で生産量が決定することは第5章第2節で示した通りである．また $f=0$ であれば，クールノー型モデルでもベルトラン型モデルでも，$\pi^n=0$ のためには $p^n=c$ でなければならず，参入自由のもとではパレート最適が実現される．いいかえれば，$p^n=c$ のために顧客奪取効果が発生しない．これに対し $f>0$ のとき，追加的参入が社会的に望ましいためには，追加的な社会負担となる固定費用を上回る社会的利益がなければならないが，顧客奪取効果の分だけ社会的利益は小さいために，参入の社会的貢献はその私的利益への貢献を下回るのである．

　したがって，以上の前提が成立する限り，参入を抑制する政策は社会的厚生を改善するといえる．

◎練習問題

❶ 「参入を阻止するためには,潜在的参入者に与える脅威が信頼するに足るものでなければならず,このためにはコミットメントが必要である」という命題について,コミットメントとは何を意味するかを明らかにしつつ,説明しなさい。

❷ シュタッケルベルグ・リーダーとはどのようなことか述べなさい。既存企業がサンクとなる設備投資を参入に先立っておこなうとき,参入を受容したとしても,シュタッケルベルグ・リーダーとなって,クールノー均衡におけるよりも高い利益を上げられるのはなぜか,述べなさい。

❸* 一括均衡と分離均衡とはどのように違うか,述べなさい。低費用企業が,一括均衡を嫌って,利潤最大化レベル以上の生産量を生産することがあるのはなぜか,述べなさい。

❹ 顧客奪取効果とは何か,述べなさい。また,このために参入が過剰になるのはなぜか,述べなさい。

第7章

製品差別化による競争

1. 差別化とは何か

　本章では製品差別化について説明する。企業は他社と差別化して自社に忠実な顧客を確保する方がよいのだろうか，それとも一般受けする製品をつくって多数の買い手に販売することをめざした方がよいのだろうか。市場均衡では，差別化は過剰になるのだろうか，過少になるのだろうか。こうした問題を以下で考えていく。しかしその前に，「差別化」とは一体何を意味するのか，それをはっきりさせておく必要がある。

　差別化という言葉　A社の製品とB社の製品，あるいはA社の製品Xと製品Yが異なったものとして買い手によって認識されているとき，両製品は**差別化**されているという。この定義は一見単純であるが，いくつかの重要な論点を含んでいる。まず大切なのは，差別化されているかどうかは買い手の認識によるという点である。2つの製品が実はまったく同じものであっても，買い手が異なったものと認識していれば差別化されていることになる。ある企業がまったく同じ製品を一方では有名ブランドを付けて高価格で販売し，もう一方ではノー・ブランド品あるいは小売りチェーンのプライベート・ブランド（PB）品として安く販売するときも，これらは差別化されていることになる。

　いいかえれば，2つの製品が差別化されていない，すなわち同質的であれば，消費者にとって両製品は完全に代替可能であって，限界効用は常に等しい。すなわち両製品間の無差別曲線はマイナス45度の傾きを持つ直線である。よって2つの製品の価格 (p_1, p_2) が少しでも異なれば，すべての消費者は安い方の製品を購入し，**需要の交叉弾力性** $(\partial q_j/q_j)/(\partial p_i/p_i)$, $i \neq j$, $i, j = 1, 2$, は，$p_i = p_j$ の点で無限大となる。

これに対し，両製品が差別化されていれば，需要の交叉弾力性は有限となる。特に2つの製品の間で需要の交叉弾力性がゼロのときは，両製品間には需要面での影響がなく，それぞれ異なった市場で取引される異なった財とみなされるべきである。それでは，需要の交叉弾力性が有限でプラスのときには，これらは異なった財とみなされるべきなのだろうか，それとも同じ市場にある差別化された製品とみなされるべきなのだろうか。

　これは，競争政策において「市場の画定」と呼ばれる問題と密接に関連しており，第11章で再び論じられることになる。

　自動車でいえば，トヨタのクラウンと日産のセドリックを同一市場の差別化された製品とみなすことに多くの読者は同意するであろう。逆に，クラウンとダンプカーは，ともにエンジンとタイヤを持つ自動車とはいえ，別個の財として異なった市場に属すると考えるのが普通であろう。それではトヨタのワゴン車ハイエースとクラウンはどうであろうか。ハイエースとトラックはどうであろうか。ユーザーによってはハイエースは荷物運搬用として用いられるし，また他のユーザーによっては乗用として用いられているから，ハイエースとクラウン間も，ハイエースとトラック間も需要の交叉弾力性はゼロではない。あるいは，クラウンとベンツは同一市場にあるといってよいだろうか。

　明らかに1つの答えは，需要の交叉弾力性が大きければ同一市場，小さければ異なった市場に属すると考えることである。しかし，需要の交叉弾力性が一体いくつより大きければ同一市場とみなすべきなのだろうか。このように，市場の画定の問題はきわめて難しいものである。本章では，この問題にこれ以上立ち入ることを避け，同一市場内の差別化された製品に焦点を絞って分析していく。同一市場内の差別化された製品であることを明確にするため，以下では**ブランド**という言葉を多く用いる。A社の製品をブランドA，B社の製品をブランドBなどと呼ぶ。このブランドは必ずしも有名ブランドあるいは登録された商標である必要はない。100円ショップで売られている無名の商品であっても，ここでは1つのブランドとみなされる。

垂直的差別化と水平的差別化　　ブランドAとブランドBが差別化されているとして，AとBの間での限界効用の順位がすべての買い手に

共通している場合を**垂直的差別化**（vertical product differentiation）と呼ぶ。一般に**品質**と呼ばれるものがこれにあたる。価格が同じである限り，そして品質が知られている限り，すべての消費者は品質の高いブランド（たとえばブランドA）を買い続ける。よって，品質の低いブランド（ブランドB）はより安い価格を設定せざるをえず，均衡では両ブランドの価格比は限界効用の比率に等しいはずである。しかし多くの場合，品質についての情報は不完全である。すなわち，買い手はそれぞれのブランドの真の品質を完全には知っていないことが多い。こうした情報の不完全性と品質の問題については，次の第8章で説明する。

一方，ブランドAとブランドBの間での選好順位が買い手によって異なったり，限界効用逓減のために買い手が両方のブランドを購入するインセンティブを持つ場合を**水平的差別化**（horizontal product differentiation）と呼ぶ。前者の例は，消費者による嗜好の違いによるものである。ある消費者は赤い車を好み，他の消費者は白い車を好む。あるいは，ある消費者はスポーツ・タイプの車を好み，他の消費者はファミリー・セダンを好む。この問題は，どこに立地する商店から購入するかという問題と共通するため，**立地理論**を応用して分析することができる。第3節以降においてこの問題を扱う。

消費者に嗜好の違いがあるとき，差別化は社会的に効用を生む。多くのブランドがあるほど，自分の好みに近いブランドを消費者が選択できるからである。

ブランド・バラエティと効用　差別化が社会的に効用を生むもう1つの理由は，多種多様なブランドがあることが消費者に好まれることによる。これが水平的差別化の第2のケースで，それぞれのブランドからの限界効用が逓減するために，同一ブランドだけを多く購入するよりも，多種のブランドを少しずつ購入する方が総効用レベルが高いときに起きる。たとえば，人々は毎日白い服を着るのでは飽きるため，白・青・赤などさまざまな色の服を購入する。

こうしたブランド間のバラエティが消費者に好まれることを考慮するには，次のような効用関数を考えるとよい。

$$U = \psi\left(\sum_{i=1}^{n} \phi_i(q_i)\right) \tag{7.1}$$
$$\phi_i(0)=0, \quad \phi_i'(q_i)>0, \quad \phi_i''(q_i)<0, \quad i=1,\cdots,n$$
$$\psi'>0, \quad \psi''<0 \quad (\text{関数内変数を略す})$$

ただし q_i はブランド i の消費量で，n 種類のブランドがあるとする。ϕ_i と ψ は関数を表し，ϕ_i の1次導関数が正，2次導関数が負という仮定は，個々のブランドからの限界効用が正で逓減することを示す。また ψ 関数についての1次導関数が正，2次導関数が負という仮定は，ブランドのバラエティが増えると効用が増加するが，その限界効用は逓減的であることを表す。

(7.1)式の条件を満たす例として，次の効用関数がある。

$$U = \left(\sum_{i=1}^{n} \alpha_i q_i^{-\beta}\right)^{-\frac{1}{\beta}} \quad \alpha_i>0, \beta>0 \tag{7.2}$$

これは代替の弾力性が一定（constant elasticity of substitution）という特徴を持つので **CES 関数** と呼ばれ，生産関数について広く用いられる関数型である。代替の弾力性とは，q_i と q_j の限界代替率が1％変わるときに q_i/q_j が何％変わるかを示すもので，均衡では限界代替率が価格比率に等しいため，均衡需要量比率が価格比率の変化にどれだけ敏感に反応するかを弾力性の形で表したものと解釈できる。

このため，(7.1)式で定義された関数を，一般化された CES 関数と呼ぶ。第2節でこの関数を用いた分析をおこなうが，ブランド間で対称的なケースを扱うので，ϕ_i 関数はすべてのブランド（i）について等しいと仮定し，添字 i を省略する。

(7.1)式を用いた分析は，均衡でブランド数（n）や各ブランドの価格がどう決まるかを明らかにするために有用である。一方，消費者間の嗜好の違いを明示的に取り入れて分析する立地理論では，ブランド数や価格も分析できるものの，その中心は各ブランドがどこに立地するか（たとえばA社は何色の服を発表すべきか）の分析にある。このため，こうしたモデルをアドレス・モデル（address model），すなわち **住所付きモデル** と呼び，第3〜4節で分析する。一方，(7.1)式のような関数を用いた分析をノンアドレス・モデル（non-address model），すなわち **住所なしモデル** と呼び，第2節で分析する。

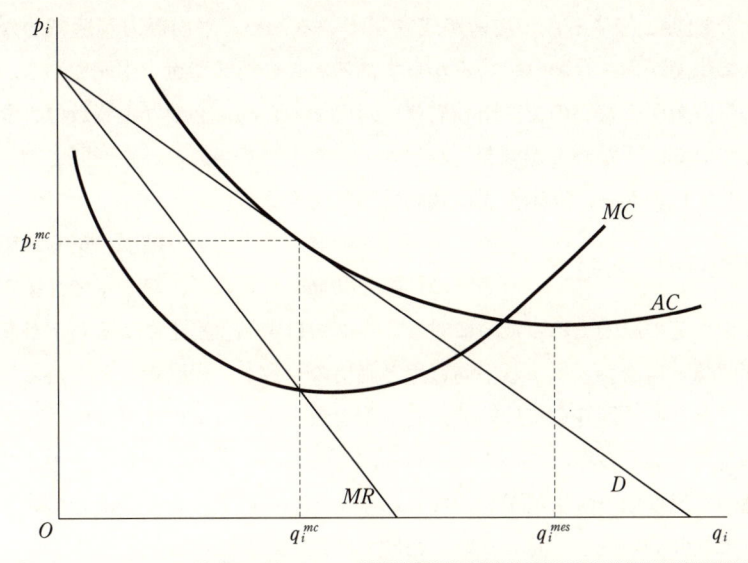

図7① チェンバリンの独占的競争モデル

2. 過剰な差別化，過小な差別化

独占的競争モデル　製品差別化の分析は E. H. チェンバリン（Chamberlin [1933]）に始まる。彼は，水平的差別化があり参入が自由な市場を，**独占的競争**の市場と呼んだ。製品差別化のため，他企業より高い価格を設定しても需要量は減少するもののゼロにはならないから，各企業への需要曲線は水平ではなく，右下がりである。この需要曲線を所与として利潤最大化するため，均衡生産量では限界収入と限界費用が一致する。一方，参入自由のため，企業数が整数でなければならないことを無視すると，均衡では利潤はゼロでなければならない。つまり，価格と平均費用が等しくなければならない。U字型平均費用曲線のときに，この2つの条件を満たす均衡が図7①に示されている。独占的競争を表す mc を上付き添字とした (q_i^{mc}, p_i^{mc}) が均衡の生産量および価格である。

q_i^{mc} は最小効率規模の生産量 q_i^{mes} を下回る。つまり，生産に要する平均費用は最小化されていない。これは，右下がりの需要曲線が平均費用

(AC) 曲線と接する点で均衡が成立しているため，平均費用が逓減的な生産量で生産がおこなわれているからである。この意味で過少生産である。各社の生産量が少ないので，市場需要に対応するために必要な企業数は大きくなっている，すなわち過剰参入が起きていると予想される。企業間で製品差別化しているから，過剰参入は過剰差別化でもある。

最適な製品バラエティ　チェンバリンの過剰参入という結論は第6章第5節での結論と共通しているが，第6章では顧客略奪効果がその原因であったのに対し，ここでは製品差別化による右下がりの需要曲線と自由参入による平均費用と価格の一致が，過剰参入をもたらしている。ただし，第6章では純社会的余剰を最大化する解に比べての過剰として過剰参入が定義されているのに対し，ここでは1社の均衡のみを考えて，最小効率規模以下の生産がおこなわれることから過剰参入を類推しており，厳密に社会的余剰を計算しているわけではない。

これに対し，第2章第5節では，固定費用があれば過少参入が起こりうることを指摘した。消費者余剰と生産者余剰の和である（粗）社会的余剰は固定費用 f を上回るが，生産者余剰は f を下回るとき，独占企業の参入が社会的に望ましいにもかかわらず，純利潤がマイナスとなるため起きない。製品差別化がある市場では，各企業はそのブランドに関し独占であるから，同じ条件のもとでは，参入すべきブランドが参入しないことがありうる。すなわち，むしろ過少参入が起こりうる。

以上の問題をより厳密に分析するために，(7.1)式で定義した効用関数を用いよう。

貨幣の限界効用が一定であれば，消費者の効用最大化により限界効用が価格に一致する（第2章補論参照）。よって，ϕ 関数，ψ 関数（およびその導関数）の変数を省略して書けば，

$$p_i = \frac{\partial U}{\partial q_i} = \psi' \phi' \tag{7.3}$$

を得る。

次に純社会的余剰は効用と総費用の差であるから，$q_i = q^n, p_i = p^n, \forall i$，となる対称的均衡では，

$$W(n) = \psi(n\phi(q^n)) - ncq^n - nf \qquad (7.4)$$

となる。この式を n について偏微分して次式を得る（関数内変数を略す）。

$$W'(n) = \psi' \times \left[\phi + n\phi' \times \left(\frac{\partial q^n}{\partial n}\right)\right] - cq^n - nc\frac{\partial q^n}{\partial n} - f$$

$$= \psi'\phi'q^n - cq^n - f + n\frac{\partial q^n}{\partial n}(\psi'\phi' - c) + [\phi - \phi'q^n]\psi' \qquad (7.5)$$

(7.3)式を考慮すると，右辺の最初の3項は各社の利潤（π^n）に等しいことがわかる。よって，

$$W'(n) = \pi^n + n\frac{\partial q^n}{\partial n}(p^n - c) + [\phi - \phi'q^n]\psi' \qquad (7.6)$$

である。定理3②により $\partial q^n/\partial n < 0$ であり，右辺第2項は負となる。これは(6.18)式右辺第2項と同じく顧客奪取効果である。一方，右辺第3項は $\phi' > 0, \phi'' < 0, \psi' > 0$ より正である。よって，右辺第2項のマイナス効果が第3項のプラス効果を上回れば $W'(n) < \pi^n$ であるが，逆に第3項のプラス効果が上回れば $W'(n) > \pi^n$ となる。このため，$\pi^n = 0$ となる自由参入均衡では，前者の場合には過剰参入，後者の場合には過少参入である。

　第3項がプラスなのは，$\phi'' < 0$ という通常の限界効用逓減の仮定に加え，$\psi' > 0$ だからである。前節で示した通り，これはブランドのバラエティが増加することによる効用増を表す。よって次の定理を得る。

　定理7①　ブランド・バラエティ増加による効用増が顧客奪取効果を上回るとき，参入は社会的に過少である。逆にバラエティ増加による効用増よりも顧客奪取効果の方が大きければ，定理6③と同じく，参入は過剰である。

　よって同質的市場について成立した過剰参入定理は，製品が差別化されていれば必ずしも成立しない。

　この結論はまた，独占的競争モデルからのチェンバリンの結論とも異なる。(7.4)式では一定の限界費用と正の固定費用が仮定されているから，平均費用曲線は常に右下がりで最小効率規模は無限大である。よって $q^n < q^{mes}$ で，この意味では独占的競争モデルと同じく過剰参入である。それにもかかわらず，社会的厚生を最大化するためには均衡企業数が小さすぎる可能性があることを(7.6)式は示している。

これは，企業数が増えること自体がブランド間バラエティの増加により消費者の効用を高めることを，独占的競争モデルは無視していたからである。効用関数を正しく定義することの意義を，以上の分析は明らかにしているといえよう。

3. 製品空間における立地—線分モデル

前節では，企業数が多いと製品バラエティが大きくなるとして，差別化が多いとみなした。しかし，どれだけ製品間で異なるのかという意味での差別化の程度は問題としなかった。第1節で述べたように，こうしたモデルを住所なしモデルと呼ぶ。

本節では，製品間での差異の程度を考えるために住所付きモデルを説明しよう。自動車メーカー2社の間で差別化されているとしても，同じ小型乗用車の中におけるスタイルの違いといった程度の差別化なのか，高級乗用車と軽乗用車といった大きな違いのある差別化なのか，こうした問題を考えるためのモデルである。住所付きという言葉が示唆するように，これは，どの住所に商店や工場を建てるのがよいかを分析する立地理論の応用である。

最小差別化定理　1本の，両端が行き止まりとなる直線道路が東西に伸びているとしよう。簡単化のため，その長さを1とする。ここに2つの企業，AとB，が立地する。西側（左側）にある企業を企業Aとして，西端からaの距離に位置するものとする。企業Bは東端（右端）からbの距離にある。よって$0 \leq a+b \leq 1$が成立する。$a+b=0$はAが西端（$a=0$），Bが東端（$b=0$）にあることを示し，**最大差別化**のケースと呼ぶ。自動車の例では，Aが最大・最高級の乗用車，Bが軽乗用車を発売しているようなケースである。逆に$a+b=1$のとき，$a=b=1/2$であるから，両社とも中央にいることを意味する。これを**最小差別化**のケースと呼ぶ。両社がほとんど同じ製品を発売しており，同質的な財のケースといってよい。

買い手はこの道路に沿って一様に分布して住んでおり，その総数を1と正規化する。各買い手は，2社のうち安い方から1単位を購入する。ただし，

買い手がたまたまAかBと同じ住所（東端からaまたは$1-b$）に住んでいるのでない限り，企業まで買いにいくための交通費がかかるから，買い手が問題とするのは総費用すなわち交通費と製品価格の和である。ここでは立地理論の応用で交通費と呼んでいるが，差別化製品の場合には，自分の好みと異なるものを購入することからの不効用と解釈される。

東端からxの住所に住んでいる買い手にとり，Aへの距離は$|x-a|$，Bへの距離は$|x-(1-b)|$である。そこで，それぞれへの交通費Tを距離の関数として$T(x-a), T(x-1+b)$と書こう。距離当たり一定額tがかかる場合には$T(x-a)=t|x-a|$となり，これを線型交通費のケースと呼ぶ。一方，距離当たりコストが距離に伴い逓増するケースを2次関数で表し，$T(x-a)=t(x-a)^2$などと書いて，2次関数型交通費のケースと呼ぶ。特に不効用の場合には，自分の好みと異なるほど不効用は逓増的であろう（1000ccの車がほしいときに1500ccの車しかないのはまずまず我慢できても，2000ccの車を買わなければいけないのは倍以上に不満であろう）から，2次関数の仮定は妥当であろう。

とりあえず線型の交通費を仮定し，また2社の製品価格は等しくpであるとしよう。するとpに交通費を合わせた総費用は図7②に示される通りである。Aから購入してもBから購入しても同じになる住所を$\hat{x}$で表している。これは，

$$p+t(\hat{x}-a)=p+t(1-b-\hat{x}) \qquad (7.7)$$

を満たすから，

$$\hat{x}=(1+a-b)/2 \qquad (7.8)$$

すなわちaと$1-b$の中間点である。$\hat{x}>x$の買い手はAから，$\hat{x}<x$の買い手はBから買う方が総費用が小さい。よってAとBへの需要をp, a, bの関数として$D_i(p,a,b), i=A, B,$と書けば，

$$D_A(p,a,b)=\hat{x}=(1+a-b)/2 \qquad (7.9)$$
$$D_B(p,a,b)=1-\hat{x}=(1-a+b)/2 \qquad (7.10)$$

となる。D_Aはaの増加関数，D_Bはbの増加関数であるから，Aはできるだけ東（図の右方）へ，Bは西（左）へ移るのが有利で，結局両社とも中央に位置することによってのみ均衡となる。すなわち，$a=b=1/2$となり，以

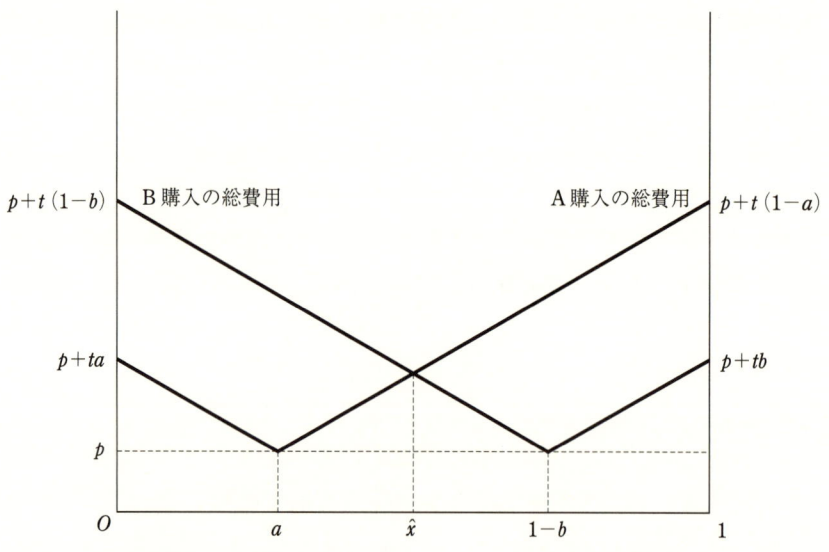

図7② 各社製品購入の総費用（線型交通費のケース）

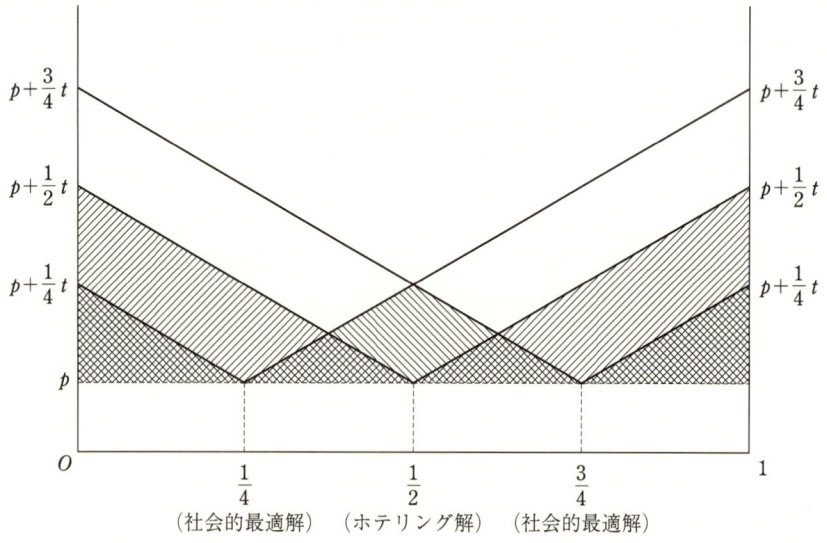

図7③ ホテリング解と社会的最適

下の定理が成立する。

定理7② 〈最小差別化定理〉複占市場で，価格が所与で両社間で等しいとき，交通費が線型であれば，均衡では，2社ともに中央に位置する。

この定理は H. H. ホテリング (Hotelling [1929]) の古典的論文によって明らかにされたもので，複占企業において2社が類似した最大公約数的な製品を発売すること（トヨタのカローラと日産のサニー），商店が市街の中心部に集まること，二大政党がいわゆる中道的な類似の政策を公約すること，などを説明するものとされてきた。

最小差別化解の問題点　ホテリングの解は，企業Cが参入すると不安定となる。定理により，東西の中央にAが西側，Bが東側に隣り合って位置しているとすれば，Cにとって有利なのはAの西隣（またはBの東隣）に位置することである。全買い手の半分を自社に勧誘できるからである。しかし，これではA（B）はすべての顧客をCにとられることになるから，Cの西隣（東隣）あるいはBの東隣（Aの西隣）に動こうとする。すると今度はCあるいはB（A）が不利になる。このため，3社間では安定的な立地解が存在しない。

また，定理7②に示されるホテリングの解は社会的に最適でもない。社会的最適解は総効用と総費用の差であるが，総効用も製品費用も一定なので，これは総交通費を最小にする解にほかならない。図7③を見よう。ホテリング解での総交通費は左下がりの斜線部の面積で示され $t/4$ に等しい。一方，総交通費を最小化する社会的最適解は $a=b=1/4$ であることが直ちに計算でき，このときの総交通費は右下がりの斜線部の面積で示されている。計算すると，これは $t/8$ に等しく，ホテリング解に比べて半分である。このように，ホテリング解では社会的最適解に比べ，両企業とも中央寄りに位置しすぎており，定理7②は最小差別化と同時に社会的過小差別化をも意味している。

4*. 線分モデルにおける価格決定

前節では価格を所与とした。これは上記した政党のような例においては妥

当であるとしても，寡占市場での差別化の分析としては不十分である。そこで次に価格が政策変数であるとしよう。各社は他社の価格を所与として自社の利潤を最大化すべく価格を決定するという価格決定型モデルで，引き続き複占市場を考える。

最小差別化のもとでの均衡価格 　生産に要する限界費用は再び一定で c としよう。まず，AもBも中央に位置するとき，均衡価格はどう決まるだろうか。答えは，$p_A = p_B = c$ である。なぜなら，両社同位置にあるため，どの x に位置する買い手からも両社への交通費は同じであり，このため $p_A < p_B$ であればすべての買い手はAから購入するからである。かくして，ベルトラン型の価格競争となり，$p_A = p_B = c$ でしか均衡はありえない。すなわち，

定理7③　複占市場の線型立地モデルにおいて，両社が同位置に立地して価格決定行動をおこなうなら，均衡では $p_A = p_B = c$ である。

両社が同位置にあるということは，両社の製品が差別化されていないことを意味するから，定理7③はベルトラン均衡について述べた定理4①と同じものである。

しかし，このことは利潤がゼロになることを意味し，各企業は他社から離れて立地するインセンティブを持つ。これは，$b = 1/2$ を所与とすれば，Aは，$a < 1/2$ に立地すると $p_A > p_B$ でも買い手を得ることができ，正の利潤を上げることができるからである。(7.7)式の左辺の p を p_A に置き換え，右辺の p を p_B に置き換えると，

$$\hat{x} = \frac{1}{2}\left[1 + a - b - \frac{p_A - p_B}{t}\right] \tag{7.11}$$

を得て，$\pi_A = (p_A - c)\hat{x}$ を最大化する p_A を求めると，

$$p_A = \frac{1}{2}\left[p_B + c + t(1 + a - b)\right] \tag{7.12}$$

となり，利潤は，

$$\pi_A = \frac{1}{8t}\left[p_B - c + t(1 + a - b)\right]^2 \tag{7.13}$$

となって，$p_B \geq c$ より $\pi_A > 0$ となる。よってAは，価格競争を緩和するた

めにBから離れ，差別化して$p_A>c$の価格設定をしようとするインセンティブを持つ．

p_Bを所与とすれば，π_Aはaの増加関数である．よって$a \leq 1-b$の制約のもとでは$a=1-b$が最適である．これがホテリング解であった．しかし問題は，価格競争もおこなわれるときにはp_Bは所与ではないことである．このため，逆に$a=0$として，最大差別化が有利になる可能性がある．

2段階モデルによる価格と立地の決定　以上の議論を厳密に証明するためには，2段階ゲームを考える必要がある．第1段階で各社は立地を選択する．すなわちA社はaを，B社はbを決定する．これを所与として，第2段階で各社は価格を決定する．この2段階ゲームは，第4章第4節や第6章第2節でもそうであったように，バックワード・インダクションによって分析できる．まずaとbを所与として第2段階での均衡価格を求め，次に第1段階で，第2段階での均衡価格がaとbに依存することを予期しながら，aとbについての均衡を求めることによって分析するのである．

しかし実は，交通費が線型の場合にはこうした均衡は存在しないことがC.ダスプレモンら (d'Aspremont, Gabszewicz, and Thisse [1979]) によって明らかにされている．これは各社の需要関数に不連続性があるためである．図7④を見よう．B社は$1-b$に位置し，p_Bの価格をつけている．このとき，A社はp_A^1のような価格をつければ需要量は$\hat{x}$，利潤は$(p_A^1-c)\hat{x}$であるが，p_A^2のような価格をつければすべての顧客を獲得でき，需要量は1で利潤は(p_A^2-c)となる．このため，価格がp_A^1からp_A^2に低下するにつれ，需要量はどこかで1にジャンプする．こうした不連続な需要曲線に直面しつつ両社は価格決定しようとするため，均衡が存在しない．ダスプレモンらはこのことを証明したのである．

交通費が2次関数のときにはこうした不連続性は起きない．図7⑤に示されるように，$1-b$の地点でB購入の総費用がA購入の総費用を上回っても，すべての$x>1-b$の買い手にとってそうなるわけではなく，$x>\hat{x}(>1-b)$の買い手はBから購入するので，需要量がゼロにならないからである．$\hat{x}$は，

$$p_A+t(\hat{x}-a)^2 = p_B+t(1-b-\hat{x})^2 \qquad (7.14)$$

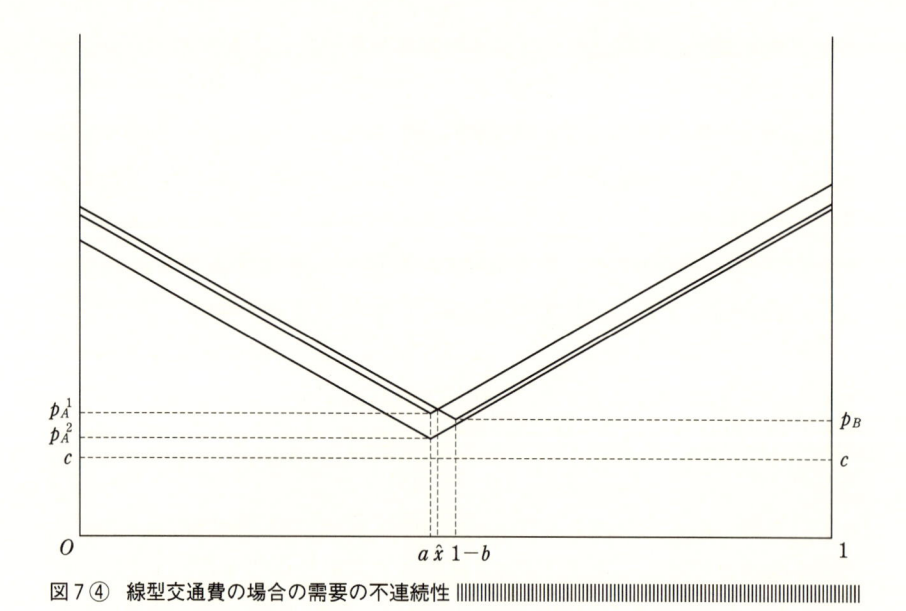

図7④　線型交通費の場合の需要の不連続性

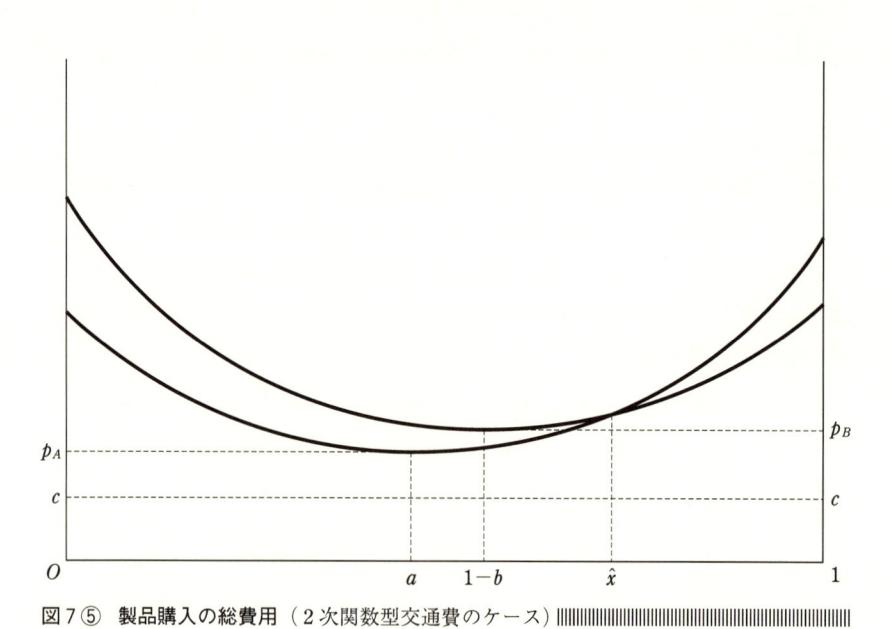

図7⑤　製品購入の総費用（2次関数型交通費のケース）

を解くと，

$$\hat{x} = a + \frac{1-a-b}{2} + \frac{p_B - p_A}{2t(1-a-b)} \quad (7.15)$$

として求められる．これはAへの需要関数である．Bへの需要関数は$1-\hat{x}$として求められる．

Aは(7.15)式を制約として$\pi_A = (p_A - c)\hat{x}$を最大化するようにp_Aを決定する．同様にBは$\pi_B = (p_B - c)(1-\hat{x})$を最大化するように$p_B$を決定する．これらの最大化条件を連立して解き，価格についてのナッシュ均衡を求めると，次式の通りになる．

$$\begin{aligned} p_A &= c + t(1-a-b)[1+(a-b)/3] \\ p_B &= c + t(1-a-b)[1+(b-a)/3] \end{aligned} \quad (7.16)$$

この式を(7.15)式に代入して均衡の$\hat{x}$を求め，$\pi_A = (p_A - c)\hat{x}$に代入することにより，均衡利潤として，

$$\pi_A = t(1-a-b)(3+a-b)^2/18 \quad (7.17)$$

を得る．以上の第2段階の均衡を予期して，第1段階でA社はaを決定するが，

$$\frac{\partial \pi_A}{\partial a} = -t(3+a-b)(1+3a+b)/18 < 0 \quad (7.18)$$

であるから，$0 \leq a < 1-b$の範囲内でπ_Aを最大にするのは$a=0$である．つまり，西端（図での左端）に立地するのが最適である．Bについても同様に$b=0$，すなわち東端（図での右端）に立地するのが最適であることが容易に示される．よって次の定理を得る．

定理7④ 〈**最大差別化定理**〉第1段階で立地を決定し第2段階で価格についてのナッシュ均衡が成立するような複占市場において，生産の限界費用は一定で両社で等しく，交通費が2次関数型であれば，両社は西端と東端に分かれて立地するのが最適である．

明らかにこの定理はホテリングの最小差別化定理（定理7②）とは正反対であり，価格が変数になる市場では，ホテリングの議論とは逆に最大差別化が実現しやすいことを示している．

$a=b=0$を(7.16)式に代入すれば，$p_A = p_B = c+t$であり，(7.15)式より

$\tilde{x}=1/2$ である。よって価格は（生産の）限界費用を超えている。また，総交通費を最小にするのは $a=b=1/4$ であることはすでに見た通りで，したがって社会的に過剰な差別化でもある。

いいかえれば，各社はできるだけ差別化することによって価格競争を最小化しようとしており，これが社会的非効率性を生んでいるのである。

線分モデルと円環モデル　以上の議論では企業数を 2 社に限定し，その 2 社がどれだけ離れた製品を生産するかという観点から差別化の大小を論じた。これは前節での，差別化された製品を生産する企業がどれだけ多く参入するかという観点から論じた差別化の大小とは異なる。この後者の問題を考えるためには，立地モデルに企業の参入行動を取り入れ，ゼロ利潤となるはずの自由参入均衡では企業数がいくつになるかを分析する必要がある。

しかし，本節で分析してきた線分型の立地モデルでは，3 社以上の分析をすることが容易でない。これは，もっとも東またはもっとも西にある企業はその商圏をこの端点によって制約されているのに対し，その他の企業は，これら両端企業の間にあって東西どちら側も隣接する企業と競争関係にあるという違いがあり，これら 2 種類の企業間の非対称性が分析を困難にするからである。

そこで次節では，端点を持たない円環型の立地モデルを用いて企業数の分析をしよう。

5*.　製品空間における立地―円環モデル

すべての道路が端点を持つわけではない。鉄道の山手線や大阪環状線のように円環型で端点を持たないものもある。製品の差別化をもたらす属性についても同じである。前節で例としてあげた自動車の大きさは確かに大型から小型・軽と一直線であり，またこれ以上は大きくできない，あるいはこれ以上小さくはできないという端点があるから，線分の道路で近似できる。ところが，典型的には色のように，赤・青・黄はどの順序というわけではなく，黄からまた赤へ戻ってくるという，円環状というべき属性も存在する。自動

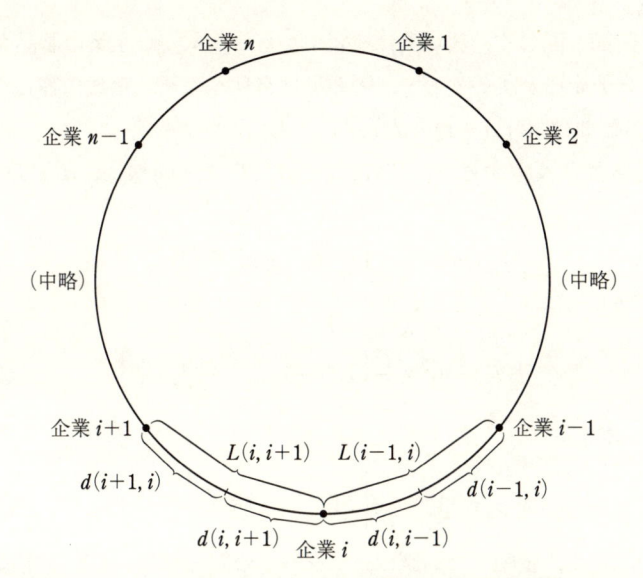

図7⑥　円環モデルにおける企業立地

車のタイプでも，セダンとスポーツ・カーとRV車はいずれかが両端にあるというよりも，3者の距離はむしろ同等に近く，円環型といってよい。

図7⑥はこうした円環型の立地モデルを示す。図では，一番下にあたる部分に位置する企業を第 i 企業とし，右隣に企業 $i-1$，左隣に企業 $i+1$，が立地するものとしている。n 社存在し，この円環上に散らばっている。

円環モデルの枠組み　以下ではS.C.サロップ（Salop [1979]）にしたがって，円環モデルにおける価格と企業数の決定を分析しよう。

企業 i と企業 $i-1$ の距離を $L(i-1,i)$ と書く。買い手は円周に一様に分布しているものと仮定され，買い手数を表す円周の長さを1と正規化するので距離は買い手数に等しい。また，$L(1,2)+L(2,3)+\cdots+L(n-1,n)+L(n,1)=1$ である。

企業 $i-1$ と企業 i の間に居住する買い手のうち，$i-1$ から購入する方が総費用（＝製品価格＋交通費）が安くなる買い手の数を $d(i-1,i)$，i から購入する方が安くなる買い手の数を $d(i,i-1)$ とする。いうまでもなく，

$$d(i-1,i)+d(i,i-1)=L(i-1,i) \tag{7.19}$$

である。前節と同じく，買い手は総費用がもっとも安い企業の製品を1単位購入すると仮定されているので，需要量は自社への買い手数に等しく，企業iに対する需要は$d(i, i-1)+d(i, i+1)$となる。

線型交通費を仮定すると，(7.7)式や(7.14)式と同様に，$d(i, i-1)$は次式を満たす。

$$p_i + td(i, i-1) = p_{i-1} + td(i-1, i) \tag{7.20}$$

(7.19)式をこれに代入すると，

$$d(i, i-1) = \frac{1}{2}\left[L(i-1, i) + \frac{p_{i-1}-p_i}{t}\right] \tag{7.21}$$

を得る。同様に，

$$d(i, i+1) = \frac{1}{2}\left[L(i, i+1) + \frac{p_{i+1}-p_i}{t}\right] \tag{7.22}$$

である。よって，企業iの利潤は，cを一定の限界費用，fを固定費用として，

$$\begin{aligned}\pi_i &= (p_i - c)[d(i, i-1) + d(i, i+1)] - f \\ &= (p_i - c)\left[\frac{L(i-1, i)+L(i, i+1)}{2} + \frac{p_{i-1}+p_{i+1}-2p_i}{2t}\right] - f \end{aligned} \tag{7.23}$$

となる。

2段階モデルによる価格と立地の決定 第2段階で価格についてのナッシュ均衡が成立し，それを予期しつつ第1段階で参入行動が起きるという2段階ゲームを考えよう。すると，第2段階での利潤最大化は，

$$\frac{\partial \pi_i}{\partial p_i} = d(i, i-1) + d(i, i+1) - \frac{p_i - c}{t} = 0 \tag{7.24}$$

を満たす必要がある。よって，

$$p_i = c + t[d(i, i-1) + d(i, i+1)] \tag{7.25}$$

である。

限界費用(c)が企業間で等しいとすれば，すべての企業にとって価格が等しい対称均衡が成立するはずである。均衡解を$*$で表せば，$p_i = p^*, \forall i$である。この結果，$d(i, i-1) = d^*, \forall i$，となり，総需要が1で企業数が$n$のため，$2d^* n^* = 1$が成立する。よって，

$$p^* = c + t/n^* \tag{7.26}$$

を得る。

　第1段階では利潤ゼロとなるまで参入が起きるから，n^* が整数でなければならないという制約を無視すると，

$$\begin{aligned}\pi &= (p^* - c)\frac{1}{n^*} - f \\ &= \frac{t}{n^{*2}} - f \\ &= 0\end{aligned} \tag{7.27}$$

すなわち，

$$n^* = \sqrt{\frac{t}{f}} \tag{7.28}$$

が成立しなければならない。単位当たり交通費（t）が大きいほど，買い手は遠くまで買いに行くことが不利になるから，各企業にとって近傍の買い手はより忠実な顧客となり，高い価格をつけることができる（(7.25)式参照)。この結果，均衡でより多くの企業が併存できるのである。

社会的最適解　　それでは社会的に最適な企業数はどれだけであろうか。$d(i, i-1)(\equiv d)$ の区間の買い手が i に買いに行くための総交通費は $td^2/2$ であり，$d = 1/2n$ より，全買い手の交通費計は $2n(td^2/2) = t/4n$ である。また全生産費用は $c + nf$ に等しい。よって総費用を Γ と書くと，

$$\Gamma = \frac{t}{4n} + c + nf \tag{7.29}$$

となって，$d\Gamma/dn = 0$ を解くと，社会的に最適な企業数 n^s は，

$$n^s = \frac{1}{2}\sqrt{\frac{t}{f}} \tag{7.30}$$

として求められる。

　(7.30)式を(7.28)式と比較すると，$n^* = 2n^s$ である。よって，次の定理を得る。

定理7⑤　円環モデルで固定費用が存在するとき，自由参入均衡企業数は社会的最適企業数を上回る。

　すなわち，均衡では社会的に過大な参入が起きている。いいかえれば，社

会的に過剰な製品バラエティが生まれている。

過剰参入定理との比較 　この結果は第6章で説明した過剰参入定理（定理6③）と同じものである。そして過剰参入をもたらす基本的理由も同じである。すなわち，参入する企業は両側に隣接する企業から顧客を奪い，これら企業の利潤にマイナス効果を及ぼすが，これは参入企業にとって外部効果であって自社の決定にあたって考慮されない。この顧客奪取効果のために，参入の社会的便益は私的便益を下回り，参入が過剰におこなわれることになる。

もちろん，企業数が増えることは，平均的買い手から企業への距離を短縮することに貢献する。実際，$f=0$ であれば，社会的最適企業数も均衡企業数も無限である。しかし $f>0$ である限り，社会にとっての総固定費用は企業数に比例して増大するから，企業増の限界的な社会的便益が固定費用を上回らなければ参入は社会にとって望ましくない。顧客奪取効果はこの限界的便益が私的には過大なこと，したがって参入も過剰になることを示しているのである。

なお，本節および前節の住所付きモデルでは，消費者はもっとも低費用のブランドを価格にかかわらず1単位のみ購入すると前提されている。このため，企業数が増えても，各消費者が消費するブランドのバラエティが増えるわけではない。この点は，第2節の住所なしモデルにおける，一般化したCES型の効用関数で想定された消費者行動とは異なる。第2節で，バラエティ増加の効果により，均衡企業数と社会的最適企業数の大小が一意的に決められなかったのと異なり，本節では必ず過剰参入になると結論されたのは，この消費者行動の違いによる。

―――――――― コラム⑤　情報探索の最適停止 ――――――――

　本文で，住所付きモデルにより製品差別化を説明した。そこでの暗黙の仮定は，消費者がすべての企業の位置（あるいは製品特性）についても価格についても完全な情報を持っているということであった。しかし現実には，これらについての情報は不完全な場合がほとんどである。たとえば，あなたがあるパソコン機種を購入しようとしているとして，東京中の（さらには日本中の）すべ

てのパソコン店での販売価格を知っているわけではない。このような場合の消費者の最適行動を考える理論を**探索理論**（search theory）と呼ぶ。この理論を簡単に説明しよう。

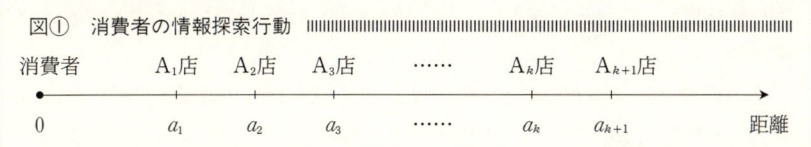

図①　消費者の情報探索行動

```
消費者      A₁店    A₂店    A₃店    ……    Aₖ店    Aₖ₊₁店
●―――――――――――――――――――――――――――――――――――――→
0           a₁      a₂      a₃      ……    aₖ      aₖ₊₁       距離
```

図①を見よう。あなたの右方向に，線分に沿っていくつかのパソコン店が並んでいる。あなたは，まず身近な A_1 店に行き，そこでの価格が p_1 であることを知るだろう。あなたは，ここで買うべきだろうか。それとも，次の A_2 店まで行ってみるべきだろうか。行くためにかかる追加的な費用は，交通費が線型であるとして，$t(a_2-a_1)$ である。行くことによる利益は，A_2 店の方が安かったときの節約である。$p_2<p_1$ のとき，これは p_2-p_1 に等しい。一方，$p_2>p_1$ であれば，すなわち，A_2 店まで行ってみるとそちらの方が高いことがわかったときには，利益はゼロである（いわゆる，骨折り損である）。よって，

$$\int_0^{p_1}(p_2-p_1)f(p_2)dp_2 > t(a_2-a_1) \qquad (7.31)$$

であれば，そしてそのときにのみ，A_2 店まで行くことが有利である。ただし，$f(p_2)$ は p_2 の分布を示す確率密度関数である。

A_2 店まで行くことが有利であったとすれば，次には，A_3 店まで行くべきがどうかが問題になる。これは，基本的には，上式と同様の条件によって決めることになるが，重要な違いがある。それは，$p_3<min(p_1,p_2)$ のときにのみ，A_3 店からの購入が有利になることである。そこで，より一般的に，A_k 店まですでに行ったときに，A_{k+1} 店へもさらに行くことが有利なための必要十分条件は，

$$\int_0^{min p_k}(p_{k+1}-{}_{min}p_k)f(p_{k+1})dp_{k+1} > t(a_{k+1}-a_k) \quad \text{ただし } {}_{min}p_k=min(p_1,\cdots,p_k)$$
$$(7.32)$$

である。${}_{min}p_k$ は k に対して減少（より厳密には非増加）するので左辺は k について減少し，右辺は減少しない。よって，(7.32)式が k^* については成立するが k^*+1 については成立しないような k^* が存在するはずである。そこで，そのような k^* まで価格の探索をしたところで停止し，それまでに訪れた店の中で最安値の店で購入するのがよい。これを**最適停止**（optimal stopping）の

ルールという。

　以上では，価格情報の不完全性を例として説明したが，製品情報が不完全な場合にも，同様に探索の最適停止ルールを考えることができる。このときの探索の利益は，より自分の好みにあった商品を見つけられることによる効用増の期待値である。

　この理論はいくつかのことを教える。まず第1は，交通費tが低ければ，(7.32)式は成立しやすいから，消費者はより多くの店を調べるはずである。このため，価格競争は激化する。IT革命により各店舗，各メーカーの価格や製品特性に関する情報がネットで調べやすくなったことは，tが低下したのと同じであるから，価格競争のいっそうの展開が期待される。

　第2は，追加的にもう1店訪れることの限界費用（すなわち上式の右辺）が小さければ，探索する店舗数は増える。それに伴い，より安値で購入できる可能性は強まる。図では単純な線分のモデルを示したが，消費者から探索に出かける方向が1方向（図では右）だけではなく，仮に上下左右と4方向あるとすれば，消費者はもう1店訪れることの限界費用が小さいと予想される方向へ探索に出かけるだろう。たとえば秋葉原である。このように，探索理論は店舗の集積の利益をも説明する。

　第3に，安価で販売しているパソコン店は，消費者に価格を知らせて，来店を勧誘するインセンティブを持つ。このための手段が広告である。そこで，広告について説明する次章へ移ろう。

◎練習問題

❶　垂直的差別化と水平的差別化とはどのように異なるか，述べなさい。
❷　製品が差別化された市場では企業数が過剰になるというチェンバリンの独占的競争理論を説明し，むしろ過少になる場合もあることを説明して，批判しなさい。
❸　立地の線分モデルにおいて，最小差別化と最大差別化が起きるときはそれぞれどのようなときか，論じなさい。
❹*　立地における線分モデルと円環モデルの違いを説明し，それぞれが当てはまりそうな製品としてどのようなものがあるか考えてみなさい。

第8章

広告の情報提供機能と先行者の優位性

1. 広告は説得的か情報提供的か

これまで,第6章第3節で企業の費用条件に関する情報の不完全性が参入に与える影響を考えたことや,前章コラム⑤での説明を除けば,情報はすべて完全であるとしてきた。しかし,現実には多くの情報が不完全である。すなわち,未知であったり偏在したり専有されたりしており,また情報入手のために費用を要する。こうした情報の1つは企業が必要とする技術に関するもので,企業は研究開発に投資することによって新技術という情報を得ようとする。また,特許権を獲得することにより専有しようとする。こうした研究開発に関する問題は,次の第9章で説明される。

消費者も,購買活動に有用な情報をすべて持っているわけではない。どのような売り手がおり,それぞれがどのような商品をどれだけの価格で販売しているかを知らなければ最適な購買はできないが,これらすべての情報が消費者にとって既知であると想定するのは現実的ではない。特に,製品が差別化されているときには,それぞれの製品の属性(水平的差別化の場合)や品質(垂直的差別化の場合)についての情報を持っていなければならないが,こうした情報は不完全であることが多い。

本章では,こうした消費者の情報不完全性がどのような影響を与えるか,また,企業がこれに対応してどのような行動をとるかを説明しよう。

3種類の情報源 消費者が情報を得ようとするとき,大きく分けて3つの情報源がある。第1は,店頭で商品を見たり,ネット上で閲覧したり,友人などから口コミで聞いたりすることによって得られるもので,交通費・通信費を別とすれば,誰も情報に対して費用を払うわけではない。第2は,消費者が対価を支払って情報を得ようとするもので,列

車時刻表，パソコン雑誌（パソコンや関連商品についての情報を掲載），『暮らしの手帖』（商品比較記事などを掲載）などがその代表である。第3は，売り手企業が費用を負担して情報を提供するもので，マスコミやチラシなどのメディアを使って不特定多数に情報を伝えるための**広告**は，その代表的なものである。このほかにも，小売店内で試食会などを開くインストア・プロモーション，試供品の配布，特定顧客を訪問しての商品説明など，さまざまな販売促進活動が情報提供の目的でおこなわれている。

　本章では，広告の経済的効果を中心に議論していくが，以上で述べたように，広告は情報提供手段として唯一のものではなく，しかも偏ったものでもある。N. カルドア（Kaldor [1949] p.5）がいうように，広告は「著者が自著の書評を書くようなもの」であり，自賛の情報のみが供給され，売り手にとって都合の悪い情報は一切供給されないという非対称性を必然的に持つからである。

情報提供的広告と説得的広告　広告の役割として，その**情報提供的**（informative）側面を強調する考え方と，**説得的**（persuasive）側面を強調する考え方がある。

　情報提供的とする論者によれば，消費者はそれぞれのブランドから得られる効用を正しく計算できるが，どのようなブランドがあるかについての情報や，それぞれのブランドがどのような属性を持つかについての情報を十分に持たない。広告はこれらの情報を供給するものなので，社会的に有用であるとされる。

　これに対し，説得的であるとする論者は，広告は，消費者に対してそのブランドがすぐれた製品であると説得することにより，そのブランドが生み出す真の効用より高い効用が得られると信じ込ませて購入意欲をかき立てるためのものであり，社会的な価値を生まないとする。

広告の社会的厚生への影響　情報提供的と説得的という2つの考え方の違いを，図8①にしたがって説明しよう。独占企業を考え，線型モデルを仮定して c を一定の限界費用とする。広告により需要曲線は aD から $a'D'$ へと右上方シフトし，価格は p^m から $p^{m'}$ へ，生産量も Q^m から $Q^{m'}$ へと上昇している。この状況で，純社会的余剰はどれだけ増えているだろうか。

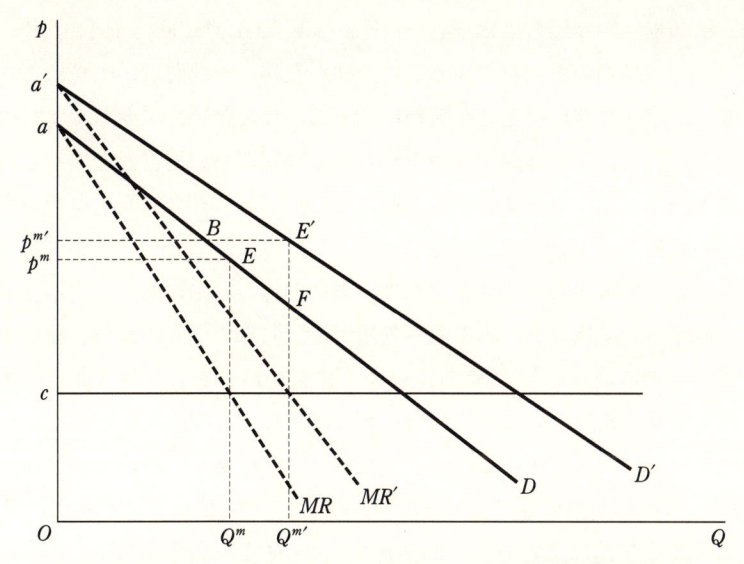

図8①　広告の社会的効果（情報提供的広告と説得的広告）

　以下ではこの比較をするにあたり，純生産者余剰の変化を無視する。このことは次のいずれかの理由が成立するときに正当化される。第1は市場がコンテスタブルな場合で，広告前後いずれでも広告費支払い後の利潤はゼロになるから，（粗）生産者余剰の変化は広告費用の変化で相殺される。第2は，aD から $a'D'$ への需要変化が広告量の微少な変化によると考える場合である。このとき，広告量（A）や生産量（Q）は利潤最大化すべく決められているはずなので，最大化条件により $\partial \pi / \partial A = \partial \pi / \partial Q = 0$ が成立しているはずで，このため A の利潤（π）に与える総効果は，

$$\frac{d\pi}{dA} = \frac{\partial \pi}{\partial A} + \frac{\partial \pi}{\partial Q}\frac{\partial Q}{\partial A} = 0 \tag{8.1}$$

とゼロになる。よって，広告量の微少な変化による利潤への影響は無視してよい。

　そこで消費者余剰（CS）の変化のみを分析する。通常の考え方にしたがえば，広告前の CS は三角形 ap^mE の面積，広告後の CS は $a'p^mE'$ の面積と思われよう。そうだとすると，四角形 $a'aBE'$ の面積が $p^{m'}p^mEB$ の面積を上回る限り，広告により社会的厚生は増大したとみなしうる。この議論は，

広告が情報提供的な場合には正しい (Kotowitz and Mathewson [1979])。今まで，この商品が販売されていることを知らなかった消費者が広告により商品を知り，市場に買い手として新たに加わる。この結果，需要曲線は右にシフトする。また，この商品から得られる限界効用が高い消費者も加わったため，需要曲線は上へもシフトする。これらはいずれも社会的厚生を増加すると考えられるからである。

ところが，広告が説得的だとすれば，需要曲線が右上にシフトする理由はこれとはまったく異なり，真の限界効用が aD 曲線であるにもかかわらず，消費者が広告により $a'D'$ であるかのように思い込まされていることにある。よって広告後の消費者余剰を三角形 $a'p^m E'$ と考えるのは正しくなく，真の限界効用曲線である aD にしたがって測定すべきである (Dixit and Norman [1978])。これは三角形 $ap^m B$ の面積から BFE' の面積を引いたものに等しい。よって広告前に比べると，四角形 $p^m p^m EB$ と三角形 BFE' の面積の合計分だけ消費者余剰は減少している。このうち $p^m p^m EB$ は広告に伴い価格が上昇したことにより発生する CS 減，BFE' は真の限界効用が価格以下であるにもかかわらず広告に説得されて購入した人たちの CS 減と解釈される。

このように，広告が情報提供的か説得的かによって，需要曲線のシフトはまったく異なった理由によるものと解釈され，前者の場合には，広告により価格が上がったとしても，広告が社会的厚生を改善することが多いのに対し，後者の場合は（広告後に価格が下がらない限り）必ず社会的厚生を悪化させるのである。広告が説得であることを強調する論者が広告の禁止や制限を提言するのは，このためである。

2. 品質のシグナルとしての広告

すべての広告が情報提供的であると論じたり，すべての広告が説得的であると論じている人はほとんどいない。たとえば，新聞の求人などのいわゆる三行広告やスーパーの安売りのチラシ広告などが情報提供的であることは，おそらくすべての人々が認めるであろう。これに対し，すでによく知られているブランドのビールを人気女優が飲んでみせるようなテレビ・コマーシャ

ルが新しい情報を提供しているとはいえず，多くの人は説得的と考えるだろう。このように，広告の種類により，使われているメディアにより，情報提供的役割が大きい広告と説得的役割の大きい広告が混在すると一般には考えられる。

探索財と経験財　ところが，一見何らの新しい情報を含んでいないような広告も，実は重要な情報を提供している可能性がある。このことを指摘したのは P. ネルソン（Nelson [1974]）である。以下では，垂直的な製品差別化がおこなわれている場合を考えよう。第7章で述べた通り，垂直的差別化は一般に品質における差別化であり，すべてのブランドの品質が完全に知られているとき，ブランド間の選好順位は消費者間で一致する。以下では，この状況でどの消費者にも選好されるブランドを，品質のより高いブランドという。

　実際には各ブランドの品質についての情報は完全ではない。そのため消費者は情報を得ようとするが，購買に先立ってカタログを見たり店頭に行って商品に触れることによって品質がわかるなら，この財は**探索財**（search goods）であると呼ばれる。しかし，食品や飲料の味などはカタログだけでは不明で，購入して経験してみなければわからない。このような財を**経験財**（experience goods）と呼ぶ。もちろん実際には，同じ財でも，ある種の品質・属性（たとえば自動車のエンジンの馬力）については探索で知ることができ，ある種の品質・属性（たとえば乗り心地）については経験してみなければわからない。しかし，概念上，これらを分けて考えるのが便利である。

高品質メーカーの広告インセンティブ　ある経験財を考えよう。消費者がどのブランドを購入するかを考えるとき，すでに購入経験のあるブランドについては真の品質を知っているが，未経験のブランドについては真の品質を知らない。そこで，これらブランドについては広告などの情報から品質を類推しようとする。これらの既知あるいは推定した品質を比較して，その中からもっとも高い効用が期待できるブランドが購入されるので，高品質のブランドについては繰り返し購入される確率が高い。

　企業は自社製品の真の品質を知っているものと仮定できよう。すると，高品質製品を生産している企業は，消費者がいったん自社製品を購入してくれ

れば，繰り返し購入される確率が高いことを知っている。このことは企業に対し，消費者に一度でも自社製品を購入してもらうよう努力するインセンティブを与える。このための手段として考えられるのが，試供品の提供やインストア・プロモーションなどと広告である。つまり，高品質の製品を生産している企業ほど広告に支出するインセンティブが高い。

　これを逆にいえば，広告支出の大きい企業ほど高品質製品を供給していると推論できることになる。つまり広告支出が大きいという事実は，そのメーカーから，「自社製品の品質には自信があるのでぜひ一度買って下さい」というシグナルが伝えられているとみなされる。この意味で情報提供的である。これがネルソンの議論である。

　この議論で重要なのは，消費者は企業がどれだけの広告をしているかを観察するが，個々の広告にどのようなメッセージが含まれているかをまったく問題にしていないことである。つまり，単に女優がビールを飲んでいるだけのコマーシャルでも，乗用車が走っているだけのコマーシャルでもよい。重要なのは，企業が多額の費用をかけて広告しているという事実を，企業がその製品の品質に自信があるからなのであろうと消費者が受け止めるということにある。したがって，いかに無意味に見える広告でも，情報提供という社会的役割を果たしていることになる。

　ただし，こうしたネルソンの議論で説明ができないのは，企業が繰り返し広告することである。財は経験財であるから，あるブランドを一度でも購入した消費者は真の品質を知ってしまい，広告はもはや何の情報も提供しない。したがって，ビールの主要ブランドのように，ビールを飲む人なら誰でも一度は飲んだことがあるような製品についてさえ繰り返しコマーシャルが流されることについて，この議論は説明できない。もちろん，新しく成人してビールを飲むようになった消費者や，かつて飲んだことがあるものの味を忘れてしまったような消費者に対しては，このコマーシャルは情報を提供していることになるが，これら消費者の割合は小さいものであろうから，多大の費用をかけて広告を継続することの理由とは考えにくい。

　このように考えると，広告の相当部分が説得的であるとする広告批判論を完全に否定することは，ネルソンの議論によっても難しいことがわかる。

3*. 広告の信頼性についての消費者学習

広告が繰り返しおこなわれることへの1つの説明は，製品の品質も常に変化しているというものである。このときには，ブランド i を前期（$t-1$）に購入しその真の品質（$y_{i,t-1}$）を知った消費者も，今期（t）に選択をするときには $y_{i,t}$ が $y_{i,t-1}$ から変わっている可能性があるため，$y_{i,t}$ を推定するために広告を利用するかもしれない。たとえば，盛んに広告がおこなわれているブランドについては，品質が向上したからこそ盛んに広告しているのだろうと予想して，$y_{i,t}-y_{i,t-1}$ を大きなものと推定するかもしれない。これは，いわばネルソンの議論を品質のレベルについてではなく，その変化について当てはめた議論である。実際に，自動車などでモデル・チェンジがおこなわれると広告キャンペーンが繰り広げられることと，この議論は整合的である。

消費者による品質の推定　　変化する品質についての消費者の推定を定式化するため，

$$\hat{y}_{i,t}-\hat{y}_{i,t-1}=\hat{\theta}_{i,t}A_{i,t} \tag{8.2}$$

と書こう。$\hat{y}_{i,t}$ と上にハット（^）が付いているのは推定値であることを示す。$A_{i,t}$ はブランド i についての t 期の広告支出である。広告支出のみを問題として，その広告にどのようなメッセージが含まれているかを問題にしない点でネルソンと共通する。

$\hat{\theta}_{i,t}$ は品質増の広告に対する比率であり，品質増を推定するのにどれだけ広告が信頼できるかを示す指標なので，**広告の信頼係数**と呼ぼう。消費者はみずからの消費経験に基づき，この係数を推定する。たとえば t 期にブランド i を購入すれば，次式によって推定する。

$$\hat{\theta}_{i,t+1}=\alpha \times \left(\frac{y_{i,t}-y_{i,0}}{\sum_{\tau=1}^{t}A_{i,\tau}}\right)+(1-\alpha)\hat{\theta}_{i,t} \tag{8.3}$$

この消費者は t 期にこのブランドを購入したので $y_{i,t}$ が既知となっていることと，(8.2)式から，$\hat{\theta}_{i,t}$ が t に対して一定で θ_i に等しければ，

$$y_{i,t}-y_{i,0}=\theta_i\sum_{t=1}^{t}A_{i,t} \tag{8.4}$$

であることを考えれば，(8.3)式右辺第1項かっこ内は，既知となった真の

品質から逆算して得られる真の信頼係数であることが理解できよう。(8.3)式は，消費者がこの真の係数とそれ以前から推定していた係数との加重平均として，次期の信頼係数を推定することを表している。$\alpha=1$ であれば，購入経験に基づいて全面的に信頼係数を改訂することを，$\alpha=0$ であれば購入経験にかかわらず当初に想定した信頼係数を維持しつづけることを意味するので，α は消費者による広告の信頼係数についての**学習**の速度を表すものと解釈される。

なお初期には消費者は何らの情報も持たず，ブランド間で区別できないので，$y_{i,0}$ も $\hat{\theta}_{i,1}$ も i にかかわらず一定で所与とする。

また，t 期にブランド i を購入しなければ，このブランドについての新しい情報は得られないので，信頼係数を改訂する理由はない。よって，このときは，$\hat{\theta}_{i,t+1}=\hat{\theta}_{i,t}$ である。

以上の各式から，各期の広告支出，および購入時にわかるそのブランドの真の品質が与えられれば，各消費者の t 期におけるすべてのブランドについての予想品質，$\hat{y}_{1,t},\cdots,\hat{y}_{n,t}$，が決まる。この予想品質は彼あるいは彼女が過去にどのブランドを購入したかという経路に依存することに注意しよう。この性質を**経路依存性**（path dependency）という。これは，学習が起きるときに一般に観察される現象である。

消費者は，この予想品質に基づき，どのブランドを購入するかを決定する。ブランド i を購入する確率を，

$$\exp(\beta \hat{y}_{i,t})\Big/\sum_{k=1}^{n}\exp(\beta \hat{y}_{k,t}) \tag{8.5}$$

と書こう。β はパラメーターで，$\beta=0$ のときにはどのブランドを購入する確率も $1/n$ に等しく，β が無限大に近づけば，$\hat{y}_{i,t}$ が最大値をとるブランドについてだけ確率は 1 に近づくから，β を消費者の品質重視度と呼ぶことができる。

企業行動のモデル　　一方，企業は $z_{i,t}$ の研究開発費を投入することによって，（真の）品質を向上させることができる。この関係を比例的関係と単純化して，

$$y_{i,t}=y_{i,t-1}+d_{i,t}z_{i,t} \tag{8.6}$$

と書こう。$d_{i,t}$ は研究開発の品質向上への効果を表すパラメーターで，研究

開発の効果は不確実であることを考慮して，非負の確率変数であると仮定する。

　研究開発費（$z_{i,t}$）と広告費（$A_{i,t}$）に割り振る支出額の合計をファンドと呼び，企業は，売上が減少したときにはファンドを一定率で増加させるが，ファンド控除後利益の対売上高比率が一定値を下回るようであれば，ファンド額がこの最低利益率に拘束されるという制約に直面しているとしよう。最低利益率に制約されてはいるが利益率を最大化しているわけではないので，企業はH.A.サイモン（Simon [1952]）のいう**満足化行動**に基づいて行動していることになる。

　このように決められたファンドを，企業は一定比率で$z_{i,t}$と$A_{i,t}$に配分する。

シミュレーション分析　　以上のモデルはいくつかの確率変数を含むから，シミュレーションによって分析するのが効果的である。そのような分析は水野・小田切（Mizuno and Odagiri [1990]）によってなされた。ここでは，4社存在し，ファンドのうち広告費に配分する比率が0.8ともっとも広告重視型の企業から，0.6の企業，0.4の企業，そして0.2ともっとも研究開発重視型の企業まで分布しているものと仮定され，そのうちどの企業がマーケット・シェアを長期的に拡大していくかが，いくつかの数値条件のもとで分析されている。

　もし，もっとも広告重視型の企業が品質が低いにもかかわらず最大シェアを獲得するようであれば，広告は消費者を望ましくない選択に導いたということができ，ネルソンの議論は否定されることになる。シミュレーション結果は，こうしたケースが十分に存在すること，しかも消費者の広告の信頼度に対する学習速度（α）が小さいほど，そうした可能性が高いことを明らかにした。つまり，消費者が迅速に学習するような市場では，広告重視型の企業が盛んな広告をおこなっても，その広告が十分な品質改善を伴っていないことを消費者は見抜き，こうした広告に説得されなくなるのである。この結果，より研究開発重視型企業の製品がシェアを拡大したり，広告重視型企業も売上減に直面してファンド（よって広告費と研究開発費）を増加させるために，その品質を向上させたりすることになる。したがって消費者が購入す

る製品の平均的な品質は高くなるのである。

　このように，広告支出が品質のシグナルになるというネルソンの議論が成立するか否かは消費者の学習にも依存する。いいかえれば，消費者が購入経験を生かして各社の広告の信頼度をみずから判断するのであれば，広告はより情報提供的となりうるのである。広告が説得的か情報提供的かはその受け手である消費者の学習にもよることを，この分析は示している。

4*. 品質情報の不完全性と最適価格戦略

　経験財の品質についての情報を消費者が持たないとき，いわゆる試し買いを勧誘する手段として広告をするインセンティブがあることを前節で述べたが，低価格をつけて購入を勧誘する戦略もありえよう。こうした価格戦略について，R. シュマーレンゼー（Schmalensee [1982]）のモデルに従って説明しよう。なお，シュマーレンゼーは一般的な需要関数を用いて議論しているが，以下では簡単化のため線型とする。

シュマーレンゼー・モデル　　簡単化のため，ある経験財の品質は良品か不良品かのいずれかであるとしよう。良品のとき消費者は v の効用を得るが，不良品のときの効用はゼロである。消費者はこの財を買うとしても各期に1単位しか買わないので，v はこの財からの限界効用でも平均効用でもある。この限界効用は消費者間で異なっており $[0, a]$ 間で一様に分布しているものとする。消費者数を a/b とするので，この分布の高さは $1/b$ である。良品であることが確実であれば，価格 p より高い v を持つ消費者は購入する。よって，$\Pr[v>p]=(a-p)/b$ であるから，需要関数は，

$$Q=(a-p)/b \tag{8.7}$$

となる。この式を p について解けばわかるように，これは，今までしばしば仮定されてきた線型需要関数と同じものである。

　消費者は各ブランドが良品か不良品かを知らず，μ の確率で不良品であると思っているものとしよう。実際にはすべて良品であり，またこの財は経験財なので，一度でも購入したブランドについては消費者は良品であることを知るはずである。

1期目にこの財の最初のブランド（ブランド①と呼ぶ）が発売されたとして，その価格がpであり，また消費者はこの価格が将来も維持されると予想しているとしよう（厳密には，この予想は合理的ではない。以下で見るように，均衡では第2期以降の価格は第1期の価格より高くなるからである。このことを消費者が完全に予見できた場合に均衡がどう変わるかについては，シュマーレンゼー論文を参照してほしい）。

　vの限界効用を持つ消費者がこのブランドから得られると予測する余剰の現在価値期待値は，次式で表される。

$$\mu(-p)+(1-\mu)(v-p)\frac{1+r}{r} \tag{8.8}$$

第1項は不良品であった場合に支払った購入費用の期待損失を示す。第2項は良品であったときの余剰（＝限界効用－価格）の期待現在価値である。ここで，不良品であった場合には次期以降このブランドを購入することはないが，良品であった場合には，消費者は満足して次期以降も繰り返し購入すると予想されていることに注目しよう。現在価値とするため，第2項には，

$$1+\frac{1}{1+r}+\frac{1}{(1+r)^2}+\cdots=\sum_{t=0}^{\infty}\frac{1}{(1+r)^t}=\frac{1+r}{r} \tag{8.9}$$

が掛け合わされている。rは割引率である。

　(8.8)式が正になるような消費者はブランド①を購入する。この条件を整理すると，

$$v>\frac{p}{1-\tau} \quad \text{ただし，} \tau=\frac{\mu r}{1-\mu+r}<1 \tag{8.10}$$

であることがわかる。つまり$p/(1-\tau)$より大きいvを持つ消費者のみが購入するから，品質が不確実なもとでの需要関数は，

$$Q=\frac{1}{b}\left(a-\frac{p}{1-\tau}\right) \tag{8.11}$$

である。図8②を見よう。直線$A'B$が(8.11)式に基づく需要曲線を，すなわち品質が不確実である場合の需要曲線を示す。これに対し直線ABは，(8.7)式に基づく。すなわち良品であることが確実な場合の需要曲線を示す。$A'B$はABの下にあるから，同一量を販売するためには，品質が不確実で

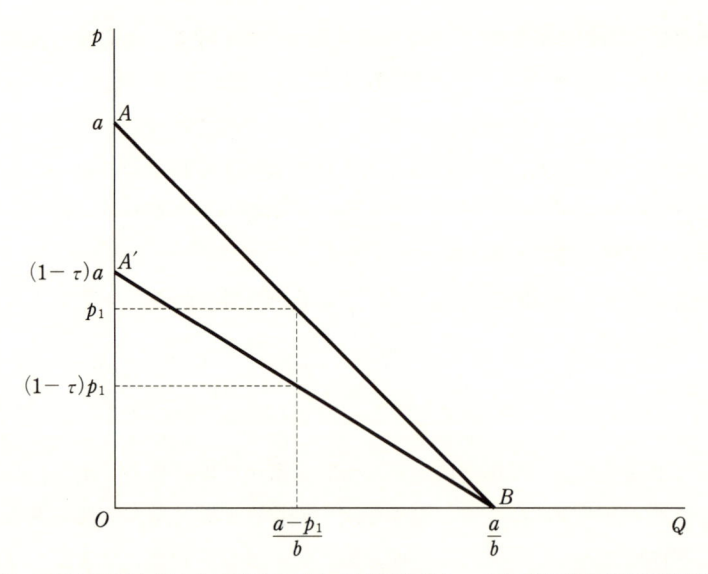

図8② 品質が確実な場合と不確実な場合の需要曲線と一定量販売戦略

あれば，企業はより低い価格をつけなければいけないことがわかる。

浸透価格戦略　　企業は第1期も第2期以降も同一生産量を販売する戦略をとるものとしよう。この戦略を**一定量販売戦略**と呼ぶ。これが最適解の1つであることはシュマーレンゼー論文に示されている。すると，第2期以降に購入する顧客はすべて第1期に購入済みであるから，真の品質，すなわち，良品であることを知っており，需要曲線 AB にしたがって需要する。そこで，第2期以降の価格を p_1 とすると（添字1は第1企業を表す），需要量は $(a-p_1)/b$ となり，これら顧客に第1期に購入してもらうためには $(1-\tau)p_1$ の価格をつけなければならないことになる。これが図8②で示されている。

そこで，一定量販売戦略からの利潤の現在価値は次の通りになる。ただし，限界費用は c で一定で，固定費用はないものとする。

$$\left[(1-\tau)p_1 + \frac{1}{r}p_1 - \frac{1+r}{r}c\right]\frac{a-p_1}{b} \tag{8.12}$$

大かっこ内の第1項は第1期の単位当たり収入，第2項は第2期以下の単位当たり収入の現在価値，第3項は全期の単位当たり費用の現在価値である。

これらの和に需要量が掛け合わされている。(8.12)式を最大化する p_1 を求め，p_1^* と書くと，

$$p_1^* = \frac{1}{2}\left(a + \frac{1+r}{1+r(1-\tau)}c\right) \tag{8.13}$$

を得る。これを通常の独占価格と比較しよう。品質既知の場合，すなわち需要曲線 AB のもとでの独占価格は $p^m = (a+c)/2$ である（第2章第3節）。一方，品質不確実の場合，すなわち需要曲線 $A'B$ のもとでの独占価格を $p_{1-\tau}^m$ と書くと，これは $[(1-\tau)a+c]/2$ である。よって $\mu > 0$ すなわち $\tau > 0$ であるとき，

$$(1-\tau)p_1^* < p_{1-\tau}^m < p^m < p_1^* \tag{8.14}$$

であることがわかる。すなわち，品質の不確実性があるとき，初期には，独占価格より低い価格を設定して顧客に試し買いするよう勧誘し，2期目以降には，高品質であることを知った消費者に販売対象を限定して，独占価格より高い価格を設定し，初期の低価格からの利潤減を取り戻す戦略が最適となる。

これは品質不確実な経験財への購入を勧誘するという目的を，前節のように広告によってではなく，発売初期の低価格によって達成するものである。これを**浸透価格戦略**（penetration pricing）と呼ぶ。低価格によって，そのブランドの真の価値を買い手間に浸透させていく戦略である。

シャピロ・モデル　　浸透価格戦略が最適であることをシュマーレンゼーとは異なったモデルによって示したものとしてC.シャピロ（Shapiro [1983]）がある。

ある経験財ブランドの真の品質が y であるとして，未購入の消費者は y を知らないため，その品質期待値を Y であると推定しているものとしよう。シュマーレンゼー・モデルの場合には $Y = \mu \times 0 + (1-\mu)y$ であり，不確実性（すなわち $\mu > 0$）のため $Y < y$ である。

限界効用を再び v と書いて $[0, a]$ 間に分布しているものとするが，シャピロ・モデルでは v を品質単位当たりの効用であると考えるので，y が既知であれば $vy > p$ となる消費者が購入することになる。

$Y < y$ のとき，図8②と同様の図が成立し，購入経験者の需要曲線は図8

②の直線 AB のように，購入未経験者の需要曲線（図での $A'B$ に対応）の上にあることを導き出すことができる。また，一定量販売戦略をとり，初期には低い価格，第2期以降にはより高い価格をつけ，以後この高い価格で一定を保つのが最適であることを示すことができる。すなわち浸透価格戦略である。

上澄み価格戦略　　それでは逆に $Y>y$ のときはどうであろうか。これは，何らかの理由により品質が過大評価されているケースである。すなわち，消費者は購入してみると真の品質が評判ほどではないことを知ることになる。このとき，t 期の最適価格を $p(t)$ と書くと，

$$p(1)>p(2)>\cdots>p(T-1)<p(T)=p(T+1)=\cdots \quad (8.15)$$

となるような T が存在することを証明することができる（Shapiro [1983]）。つまり，当初高い価格をつけて，そのあと毎期少しずつ価格を下げていき，T 期に達すると一転値上げして以後は一定価格を維持するという戦略である。これは，初期には，販売先を高効用の顧客に限定して高マージンで販売し，そのあと少しずつ顧客層を拡大していく戦略といえる。これを**上澄み価格戦略**（skimming pricing）と呼ぶ。

いったん購入すると真の品質が評判ほどではないことを消費者は知ってしまうので，メーカーとしては，一挙に多数の顧客に販売してしまうのは得策ではなく，高価格でも買ってくれる顧客（いわば上澄み）から順に売っていくのが有利であることを示す。T 期になると，これ以上価格を下げて顧客層を拡大するよりも，すでに購入済みで品質を知っている顧客のうち高効用の顧客，つまり，ブランド忠誠心（brand royalty）が高い顧客だけを相手として独占価格をつける方が有利になる。これが T 期以降価格が一定になる理由である。

上澄み価格戦略は，消費者の品質への過大評価を利用して利潤を上げる戦略である。消費者の立場からすると，$T-1$ 期までは，事後的には（すなわち真の品質を知ったあとで評価すれば）負の余剰であり購入しない方が望ましかったことになる。このことから，消費者から生産者への余剰の移転が起きているとみなしうる。逆に浸透価格戦略では，第1期には生産者から消費者への移転が起きている。ただし，(8.14)式でみた通り，第2期以降には独

占価格よりも高い価格が設定されるから，長期的にはこの移転は生産者により取り返されていることになる。

5*. 先行者の優位性

シュマーレンゼー・モデルに戻り，第2期にブランド②が参入するものとしよう。参入が遅れることを除けば，ブランド②とブランド①に差はないものとする。よって良品であれば v の効用が得られる。また，購入すれば良品であることが知られるが，未購入者は μ の確率で不良品であると想定している。この状況で参入企業のとりうる戦略を考えよう。

不完全情報がもたらす
スイッチング・コスト
注目したいのは，ブランド②がブランド①と同じ価格戦略をとれば参入は不可能だという事実である。なぜなら，参入時点でのブランド②への需要曲線は図8②の $A'B$ であり，よってブランド①と同じ参入価格，$(1-\tau)p_1$，をつけると，$(a-p_1)/b$ の需要となるが，これら顧客はすべて1期にブランド①を購入済みだからである。このため，これら顧客にとって，第2期にはブランド①の品質は既知である（つまり良品であることを知っている）のに対し，ブランド②の品質は未知である（つまり，不良品の可能性がある）。よって，ブランド①の価格は p_1 に上がっていて，ブランド②の価格，$(1-\tau)p_1$，よりも高くても，ブランド②にスイッチする誘因を持たない。いいかえれば，ブランド②が参入するためには，必ずブランド①の参入価格よりも低い価格で参入しなければならない。

1つのブランド（あるいは1つの製品）から他のブランド（あるいは他の製品）に購入先を切り替えるときに（購入ブランドの価格以外に）かかる費用を**スイッチング・コスト**（switching cost），あるいは切替え費用と呼ぶ。あとで述べるように，スイッチング・コストは物的・金銭的な費用についていうことが多いが，以上の議論は，未経験のブランドに切り替えるには不確実性という心理的なスイッチング・コストが存在すること，このため，切替え先ブランドの価格が十分に低くない限りスイッチングが起きないことを示している。

かくして，先行して参入した企業には優位性が生まれる。これを**先行者の優位性**，または**先発者の優位性**（first-mover advantage）と呼ぶ。第6章では，既存企業がサンクな投資を先行しておこなうことにより参入を阻止したり，参入企業に対してシュタッケルベルグ・リーダーとして有利な立場になったりできることを述べた。これも先行者の優位性の1つである。スイッチング・コストの存在もまた，先行者の優位性を生む原因となる。

参入企業の価格戦略　シュマーレンゼー・モデルの場合に戻り，先行企業であるブランド①が第2期以降 p_1 の価格をつけているとして，ブランド②はどのような価格戦略をとれば参入できるだろうか，このことを検討しよう。市場には2つのタイプの消費者がいる。第1のタイプは第1期にブランド①を購入済みでブランド①は良品であることを知っている人たちである。図8②の直線 AB が v の分布に対応していることからわかるように，これらは $v \geq p_1$ の v を持つ消費者たちである。

ブランド①の場合と同じく，ブランド②の参入時の価格をとりあえず一般的に p と書き，消費者はこの価格が続くと予想しているとしよう。このとき，ブランド①購入済みの消費者がブランド①からブランド②へスイッチするための条件は，次の通りである。

$$\mu\left[-p+\frac{v-p_1}{r}\right]+(1-\mu)(v-p)\frac{1+r}{r}>(v-p_1)\frac{1+r}{r} \quad (8.16)$$

この式と(8.8)式の違いは $(v-p_1)$ の存在にある。これは（品質が既知の）ブランド①を購入することから得られる余剰である。右辺は今期（第2期）以降もブランド①を購入しつづけることから得られる余剰の現在価値で，ブランド②へのスイッチが起きるためには，ブランド②を購入することから得られると予想される現在価値の期待値である左辺が，これを上回らなければならない。

左辺第1項は不良品であった場合の余剰の現在価値であるが，ここでも，不良品であった場合には次期以降ブランド①に戻るという選択肢があるため $(v-p_1)/r$ の項が加わっている。(8.16)式を整理すると，

$$p<p_1-\tau v \quad (8.17)$$

が得られる（τ については(8.10)式を見よ）。

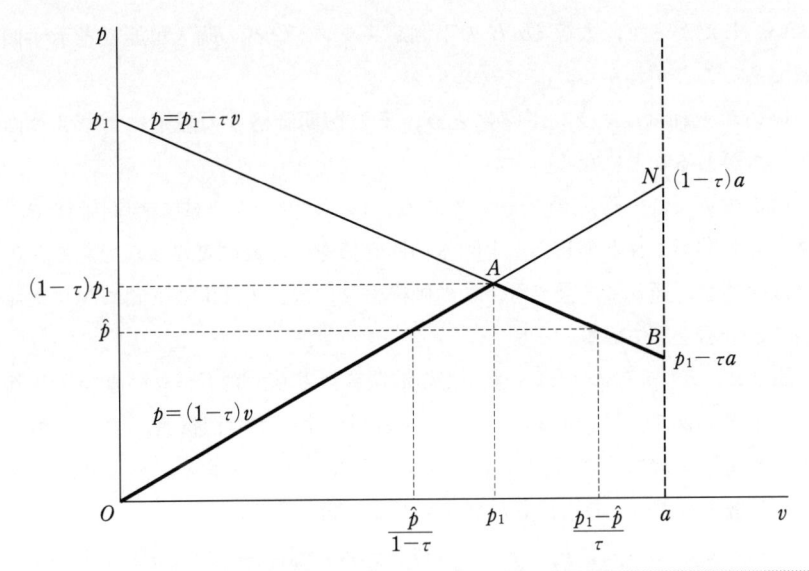

図8③ 後発ブランドへの初期需要

一方，$v<p_1$ の消費者たちは第 1 期にブランド①を購入しておらず，このためブランド②の参入時点で，ブランド①についてもブランド②についても品質が不確実である。よって，再び(8.10)式がブランド②購入のための条件となる。

これら 2 つの条件をまとめたものが図 8 ③に示されている。右下がりの直線は(8.17)式に対応し，この下側がブランド①購入経験者がブランド②へスイッチするための条件を満たしている。右上がりの直線は(8.10)式に対応し，この下側が，未購入経験者がこの商品を購入するための条件を満たしている。2 つの直線が交叉する A 点はブランド①の初期価格である $(1-\tau)p_1$ に対応しているから，これより右側の消費者たちについては，この初期価格が直線 AN の下にあり，購入条件を満たすので，前期にブランド①を購入したはずである。よって，これら消費者にブランド②を購入させるためには，直線 AB より下の価格をつけて，ブランド・スイッチングを促す必要がある。一方，A 点より左側の消費者たちについては，$(1-\tau)p_1$ の価格が直線 OA の上にあるから，前期にブランド①を購入していないはずである。この人たちにブランド②を購入させるためには，直線 OA より下の価格をつければ

よい。したがって、太線 OAB の下側がブランド②への購入可能性を示す領域であることがわかる。

いいかえれば、ブランド②にとり、その初期価格 p の設定により3つのケースがあることになる。

第1は $p \geq (1-\tau)p_1$ のケースである。右辺はブランド①の初期価格で、ブランド②がこれと等しいか上回る初期価格をつければ需要ゼロである。これは前述した通りで、図でも、この価格帯では太線 OAB の下側になりえないことで示されている。

第2に、$p < p_1 - \tau a$ では、すべての消費者にとり、右下がりの直線より価格が下側にある。このため、A 点より右側のすべての消費者、すなわちブランド①購入経験者のすべてもブランド②にスイッチする。つまり、直線 OA の右側のすべての消費者がブランド②を購入する。

ところが、第3に、$p_1 - \tau a < p < (1-\tau)p_1$ の価格帯では、線分 AB の右側の消費者は(8.16)式を満たしていない。つまり、これらの高効用の消費者はブランド①に満足しており、この程度の価格差ではブランド②にスイッチしようとしないのである。たとえば $\bar{p}$ の価格であるとしよう。先行ブランドがないならば、このとき $[\bar{p}/(1-\tau), a]$ の区間の顧客を獲得できるが、ブランド①が先行しているため、$[(p_1-\bar{p})/\tau, a]$ の区間の顧客はブランド②の品質の不確実性を嫌ってスイッチしようとしない。このため需要するのは $[(p_1-\bar{p})/\tau, \bar{p}/(1-\tau)]$ の区間の消費者にとどまり、需要量は $[(p_1-\bar{p})/\tau - \bar{p}/(1-\tau)]/b$ である。同一価格でも少ない需要量しか獲得できないという点で、再び後発者の不利性、先行者の優位性が存在することがわかる。

このもとでのブランド②の最適価格戦略にはいくつかの可能性があるが、再び一定量販売戦略が1つの可能性で、初期（第2期）に $(1-\tau)p_2$、次期（第3期）以降に p_2 の価格をつけることになる。すると図8③より、$\bar{p} = (1-\tau)p_2$ として得られる需要量は $[(p_1-p_2)/\tau]/b$ となり、需要量が正であるためには $p_1 > p_2$ であること、すなわち上でも述べた通り、後発者は先発者より低い価格をつけなければならないことがわかる。ただし、図8③は、ブランド②の初期価格が $(1-\tau)p_1$ より少しでも低く、また次期以降の価格も p_1 より少しでも低いなら、ブランド②への需要は（ブランド①への需要

に比べれば小さいにせよ）正となることも示している。

　よって，線型費用関数で両社の限界費用が等しいなら，ベルトラン型の価格競争において，ブランド②の参入を防ぎつつブランド①の利潤を正に保つことは不可能である。この意味で，品質情報の不確実性だけで参入障壁となるわけではない。しかしディキシット・モデル（第6章第2節参照）でもそうであったように，参入に際してサンク・コストが必要であれば，ブランド②の参入を阻止することは可能である。

**金銭的スイッチ　　品質の不確実性が，いわば心理的なスイッチング・コ
ング・コスト**　　ストをもたらしていることは前述した通りであるが，
より典型的には，スイッチング・コストはブランド切替えに際して必要となる追加的な金銭的費用をいう。パソコンのウィンドウズ機からマッキントッシュ（マック）機に切り替えるにあたって必要となるマック対応ソフトの購入や，マック機の操作方法習熟に必要な研修の費用は，代表的な例である。

　こうしたスイッチング・コストを σ で表せば，このブランドを初めて買う人にとっての単位費用は価格に σ を加えたものである。よって価格と限界効用の均等から得られる逆需要関数は，再び線型モデルを仮定して，

$$p = a - \sigma - bQ \qquad (8.18)$$

となる。これに対し，すでに購入経験のある人は σ の支払いが不要であるから，その逆需要関数は通常の通り，

$$p = a - bQ \qquad (8.19)$$

である。よって需要曲線は図8④の通りとなり，図8②と類似するが，図8②では横軸との切片が一定のまま需要曲線が左下に回転したものが，ここでは平行な左下へのシフトになっているという違いがある。よって，過去の最大販売量を Q^* とすれば，企業の直面する需要曲線は折れ線 $AEE'B'$ となる。

　ここでもまた，参入阻止を考慮しないのなら，一定量販売政策が最適となるので，図8④のように初期に $p^* - \sigma$，2期以降に p^* の価格をつけることになる。また(8.14)式と同様の不等式関係が得られることも示すことができる。

　こうしたスイッチング・コストがある場合について，2期モデルで参入阻

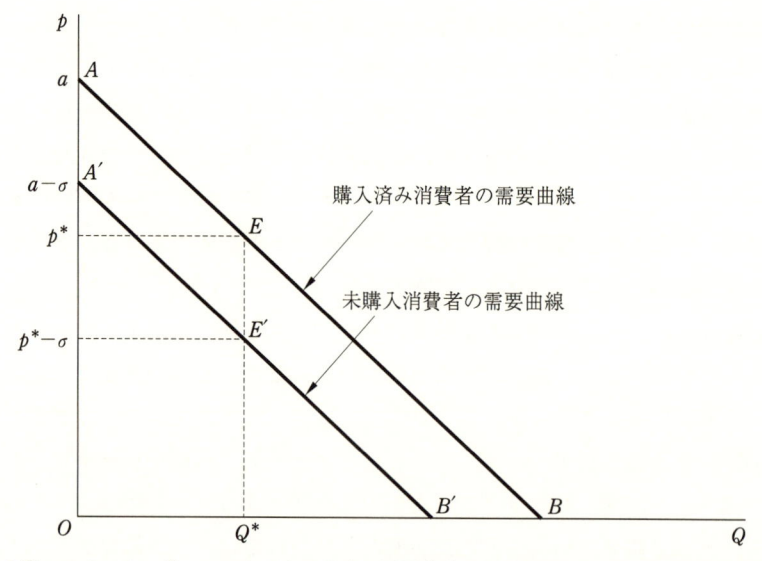

図8④　スイッチング・コストのある場合の需要曲線

止戦略を分析したのはP.クレンペラー（Klemperer [1987]）である。彼はディキシット・モデルと同様に，企業①のみが第1期から操業し，第2期の期首に企業②が参入するかどうかを決定する状況を考え，また参入後はクールノー競争になると想定した。すると図6②と同様の反応曲線が描かれ，企業①についてスイッチング・コストのないときの需要曲線（図8④の AB）に対応する反応曲線が右上に，スイッチング・コストの支払いを要するときの需要曲線（同じく $A'B'$）に対応する反応曲線が左下に位置することになる。そこで，企業①は第1期の販売量を変えることによって両反応曲線間の折れ線（図6②の線分 DE）の位置を決定することができる。かくしてクレンペラーはディキシットと同様に分析することによって，消費者にスイッチング・コストがあれば，先行企業は後発企業の参入阻止に成功しうることを示したのである。

その他の理由による先行者の優位性　先行者の優位性は，このほかに技術的な要因によっても生まれる。先願者（アメリカでは先発明者）のみが取得できる特許権が先行者の優位性を生むことは明らかである。この点については次章で詳しく説明する。また累積生産量が増えるにしたがって，生産

経験を生かして平均費用を低下させることができるという**学習効果**（ラーニング効果，経験効果とも呼ぶ）は，先発企業の平均費用を後発企業の平均費用よりも低くすることによって優位性を生みやすい。

このほか，先行者の優位性一般についてはM. B. リーバーマン＝D. B. モンゴメリー（Lieberman and Montgomery [1988]）のサーベイ論文が便利である。また，日本の高度寡占10産業でも先行者の優位性が働いたとみられることについては，小田切[1992]を参照するとよい。

──────── コラム⑥　ネットワーク外部性 ────────

先行者の優位性をもたらす要因の1つとして，近年議論されることが多いのは，**ネットワーク外部性**（network externalities），または**ネットワーク経済性**（network economies，連結の経済性と訳すことがある）である。これは，同一技術や同一ブランドの製品の設置台数が大きいほどユーザーにとっての利便性が増し，このため需要曲線を右上にシフトさせることをいう。典型的なものとして電話，ファクシミリ，インターネットなどの通信手段や，パソコンのOS，ソフトウェア，記録媒体などがあげられる。多くの人が電話機を持っているからこそ，電話をかけることの利便性は増す。また初期のファクシミリがそうであったように，メーカー間で規格が異なれば発信できる相手は限られるが，規格が標準化されることによって利便性は向上し，急速に普及した。

メーカー間で規格が異なれば，ユーザーが異なった規格のブランドに切り替えようとするとスイッチング・コストが発生する。その大きな理由は，ユーザーが，いったん利用しはじめた規格にしたがってさまざまなサンク投資をすることにある。たとえば，ビデオ機に合わせてビデオテープを購入し録画したり，OSに合わせてソフトウェアを購入しファイルをつくる。また，OSの操作への習熟のように，無形の資産へのサンク投資もある。このため，規格を乗り換えるにはスイッチング・コストがかかり，既存規格への需要が持続しやすい。

この場合，一般的には，先行者は他社に先がけて設置台数を増やすことができ，その需要曲線を右上にシフトさせることができる。図8④と同様の状況となり，優位に立つ。このため，後発の技術や製品の方が優れていても，先行企業の優位性が維持されてしまう場合がある。**過剰な慣性**と呼ばれる現象である。ただし，新技術の方が普及すると多くの消費者が予想すれば，それに取り残されないようにと競って新技術にスイッチするという可能性も存在し，先行者の

優位性は必ずしも常に成立するわけではない。実際，先行者であったビデオカセットのソニー・ベータ方式やパソコン OS のアップル・マッキントッシュが，後発のビクター・VHS 方式やマイクロソフト・ウィンドウズにシェアを逆転された例もある。先行者の優位性は盤石のものではなく，継続的な技術開発・品質改善や適切な技術供与戦略をも必要とすることがわかる。

　また，競合メーカーに同一規格を採用してもらうことも，ネットワーク経済性を高めて需要曲線の右上へのシフトを実現し，他規格へのスイッチングを防止するための戦略として有効である。このためには，関連メーカーが合議して標準規格を設定する場合もあるが，シェアを拡大することによって，自社規格が**デファクト・スタンダード**（de facto standard），すなわち事実上の標準規格になるようにして，他社がこの規格に追随せざるをえないようにする戦略もある。この戦略をとる場合には，シェアを急速に拡大するために，浸透価格戦略をとって低価格をつけたり，強力な広告活動を展開したり，関連商品をすべてカバーするような製品戦略をとったりすることが必要となり，成功すれば，その規格に関連する技術の特許を他社が使用することにより発生する収入や，ソフトウェア・部品・消耗品などの補完商品の売上から，大きな利益を見込むことができる。ただし，規格をめぐる企業間の競争は時として熾烈なものとなるので，こうした投資へのリスクは大きい。

6. 広告と参入

　本章では，消費者の不完全情報に関連する問題として，広告に始まり，企業の価格戦略から先行者の優位性へと議論を進めてきたが，最後にもう一度広告に戻り，残された重要な課題を論じよう。それは，広告が参入障壁を形成するのか，あるいは逆に参入を促進するのかという問題である。

参入障壁としての広告　　広告に対する伝統的な見方は，それが参入障壁になるというものであった。第 5 章第 3 節で広告がサンク・コストとして参入障壁を形成するという議論を紹介した。広告には累積的効果があるため，今日の需要は今日の広告だけではなく，過去の広告

にも依存しており，それらを新規に支出しなければならない参入企業にとり不利になる。しかも，いったん支出した広告費は回収できないからサンクされることになる。また，J. S. ベインの4つの参入障壁の中には製品差別化が含まれ，しかも製品差別化は広告を伴うのが通常であるから，この意味でも広告は参入障壁になると論じられる。

こうした観点から，広告費支出あるいは広告集約度（広告費の対売上高比率，AD と記す）を参入率の説明変数として(5.3)式のような式を推定する試みがなされていることは，第5章で述べた。(5.4)式の日本における推定ではデータの制約から AD を除いているが，D. オア（Orr [1974]）のカナダについての推定では，AD の参入率に対するマイナス有意の効果を確認している。また，参入障壁の存在が既存企業の利益率やプライス・コスト・マージン（PCM）を高めるとの想定から，利益率や PCM の説明変数に AD を加え，プラス有意を得た分析も多い（たとえば小田切 [1988]）。

参入手段としての広告　これに対し，広告が参入のために必要な手段であることを強調する議論も存在する。W. J. リンク（Lynk [1981]）は，参入企業は自社製品の存在とその価格や特性について消費者に周知させる必要があり，そのための手段としてもっとも効果的なのが広告であると主張する。

第1節で述べたように，広告以外の情報伝達手段として，店頭での陳列と消費者間のいわゆる口コミがあるが，これらは既存ブランドに有利である。小売店は売れ筋商品をもっとも眼につきやすい所に陳列するインセンティブを持つから，参入企業の新規ブランドを限られた店舗スペースの中で並べることには消極的で，並べても最下段といった眼に付きにくいところに置くのが普通である。また口コミの場合も，尋ねる相手が愛用しているのはシェアの高い既存ブランドである確率が高い。マーケット・シェアの定義により，無差別に問い合わせた相手が，自分がブランドAを使っていると答える確率はAのマーケット・シェアに等しいからである。このため，新規ブランドが口コミで勧められる確率は小さい。

よって店頭にせよ口コミにせよ，商品についての情報を消費者に伝達する手段としては参入企業に不利に働く。これに対し，マスコミを利用しての広

告は，同じ費用を支払うことにより，既存企業も参入企業も同一時間のテレビ・コマーシャル，同一スペースの新聞広告を出すことができるから，参入企業にとって特に不利になるわけではない。いいかえれば，広告という手段があるからこそ参入が可能になるケースが十分に存在する。これがリンクの主張である。

　この議論と整合的な実証結果は，M. ハーシー（Hirschey [1981]）によって紹介された。彼は1947～72年のアメリカ87産業のデータを用い，1社当たり広告費支出が参入率（純参入企業数/期初企業数）に与える効果が1947～63年では非有意だが，1963～72年にはプラスで有意であることを示した。この境界となった1963年は，ハーシーによれば，アメリカでテレビがほぼ全国的に普及した年だという。このため，テレビの普及がテレビCMを使っての新規企業参入を助けたと，ハーシーは論じるのである。

　このように，広告が参入障壁を形成するのか，あるいは逆に参入を容易にする手段なのかは両説あり，結論が得られていない。実証分析結果としては広告を参入障壁とするものの方が多いように思われ，また広告集約型産業の代表とされるトイレタリー（石けん，シャンプー，歯みがきなど）や大衆医薬品で参入が少ないことも事実のように思われる。しかし一方で，第2節でも示したように，新製品・新モデルの導入に合わせて広告キャンペーンが打たれることが多いという事実は，参入手段としての広告の有効性も示唆する。

　要するに，広告はおそらくは既存企業がその地位を固めるためにも，新規企業が顧客を獲得するためにも用いられており，いずれの効果が上回るかは，広告以外のマーケティング・流通戦略や製品開発など幅広い要因に依存するものとみられる。

◎練習問題
❶　経験財とはどのような財のことか定義して，経験財の品質が不確実のとき，先行企業が優位に立つのはなぜか，どのような意味で「優位」なのか，論じなさい。
❷　広告が情報提供的とする議論と説得的とする議論を説明しなさい。また，ネルソンがすべての広告は情報提供的だと論じたのはなぜか，述べなさい。
❸*　新しい大学が設立され，現在通学中の大学よりも自分に適していると考え

て，現在の大学を退学し新大学へ再入学を考えている学生がいるとしよう。このとき，彼あるいは彼女が負担しなければならないスイッチング・コストにはどのようなものがあるか，考えなさい。そして，こうしたスイッチング・コストが大きければ，新大学の経営は困難なことを説明しなさい。

❹ 広告は参入を阻害するとする議論と，参入を促進するとする議論がある。それぞれどのような議論か説明し，それぞれの場合にあたると思われる市場の例を考えて述べなさい。

第9章

研究開発と特許についての競争

1. 技術革新の果たす大きな役割

　前章では，情報に関する問題を，買い手である消費者が購入しようとする製品について持つ（あるいは持たない）情報という観点から論じた。本章では，企業が生産にあたって必要とする技術的な情報について論じよう。いうまでもなく，この種の情報を生み出すために企業がおこなう活動が**研究開発**（research and development，R&Dと略すことが多い）であり，現代のほとんどの企業にとって，いわば死活を握る戦略的活動となっていることはよく知られている通りである。

シュンペーターの革新論　研究開発およびそれが生み出す**技術革新**について論じようとするとき，欠かすことのできない名前がJ. A. シュンペーターである。彼は1911年に初版がドイツ語で出版された『経済発展の理論』（Schumpeter [1934]）において，「発展とは新結合を実行することであると定義される」（p. 66，筆者の訳による。以下も同じ）と述べ，「新結合」つまり技術革新なしには経済にも産業にも企業にも発展はありえないことを初めて主張した。『資本主義・社会主義・民主主義』（Schumpeter [1942]）ではこの議論をさらに整理し，また競争や市場構造との関わりについても多くの議論を展開している。彼は1つのモデルや仮説を提示するのではなく，技術革新がもたらすダイナミックな変化を多面的に論じており，論点を要約して紹介することはそのエッセンスを損なうものとなりかねない。読者には，みずから『資本主義・社会主義・民主主義』の第2部を読むことを強く勧めたい。

　産業組織論の立場からシュンペーターを考えるとき，重要なのは2つの論点である。

第1は競争手段としての革新の重要性である。「教科書で描かれているようなものとは区別されるべき資本主義の現実において重要なのは，経済学者たちが考えているような不変の条件・生産方法・産業組織のもとでの競争ではなく，新商品・新技術・新供給源・新組織形態による競争であって，費用や品質面での決定的な優位性をもたらし，既存企業の利潤や生産量への限界的な効果にとどまらず，彼らの生存までをも左右するような競争なのである」(Schumpeter [1942] p. 84)。

　第2は，革新を実現するためには何らかの不完全競争が必要だとすることである。「新生産方法や新商品の導入は，もともと完全競争のもとではほとんど考えようのないものである」(Schumpeter [1942] p. 105)。この議論は，その後，より独占的・寡占的な産業ほど研究開発が盛んにおこなわれるという「シュンペーター仮説」として解釈されるようになった。この詳細については第3節で述べるが，これはあくまでもシュンペーター以降の研究者たちによる解釈であって，シュンペーター自身が意図したものではない。シュンペーターは，経済学者たちの考える完全競争の世界と革新とが相容れないことを述べたのであって，より独占的なほど革新が促進されるとしたのではないからである。しかも，革新によって独占的地位を得たとしても，それは「その上で安眠できるようなクッションではない。その地位を獲得するのと同様に，それを維持するためにも鋭敏さとエネルギーとが必要なのである」(同書，p. 102)。つまり，その独占は参入障壁によって守られたものではけっしてなく，ダイナミックな競争にさらされているとシュンペーターは論じているのである。

進化論的理論　　本章では，研究開発と産業組織の関係について説明するが，シュンペーターの議論の幅広さを念頭に置きつつも，以下では限定された範囲の諸問題しか論じえない。特に，シュンペーターの強調した**進化論的**でダイナミックな革新と産業組織の相互関係にはほとんど触れることなく，むしろ静学的な均衡分析による議論に限定する。それは，シュンペーターの革新論全体について十分な議論をするためには1冊全体を要し，本書の趣旨にはそぐわないからである。進化論的な考え方を取り入れた理論の代表はR. R. ネルソン=S. G. ウィンター (Nelson and Winter

[1982])で，その簡単な紹介は小田切［2000］にある。

しかし，均衡分析という限られた枠組みの中でも，研究開発の産業組織論的分析はある程度可能でも有用でもある。また，そうした分析によってその限界をも知ることもできる。こうした考え方に立って，以下では研究開発についての均衡モデルを紹介していく。研究開発に関心を持つ読者は，本書を読んだうえで，シュンペーターの著書とともに，P.ストーンマン編（Stoneman［1995］）の最近の理論的・実証的分析のサーベイなどにより，さらに幅広く研究開発や技術革新について学ぶとよいだろう。

技術革新とは何か　　ここまで技術革新という言葉を用いたが，上に引用した文章でもわかるように，シュンペーターのいう革新（**イノベーション**：innovation），あるいは新結合は，経営上の革新をも含む幅広い概念である。実際，日本の近代化における革新の歴史を見ても，産業発展をもたらした革新は，研究開発活動による技術上のものにとどまらず，企業内・企業間の組織上の革新，雇用や教育制度の革新，模倣と技術導入によって得た技術知識を改良し生産現場に根づかせるための革新など，多岐にわたる（Odagiri and Goto［1996］）。それにもかかわらず，本章では研究開発を通じた技術上の革新に限定する。

また，技術革新を**製品革新**，すなわち新製品開発のためのものと，**工程革新**，すなわち生産工程を改良することにより生産費用を低下させるためのものとに分けることが多い。このうち，以下では，ほとんどの議論において工程革新を念頭に置く。多くの企業の研究開発が新製品をめざしておこなわれていることを考えると，この想定は非現実的と思われるかもしれない。

しかし，本章で工程革新に焦点をあてて分析することには3つの理由がある。第1は，新製品導入による需要関数の上方シフトと，工程革新による費用関数の下方シフトとは分析上ほぼ対称的とみなせることである。第2は，新製品を十分に分析するには，どれだけの数の新製品を開発するかだけではなく，どのような特性の製品を開発するかをも分析することが必要であり，これは第7章での製品差別化の分析と共通することである。第3は，製品革新と工程革新の区別は明確ではなく，組織形態に依存することである。工作機械を改良することは，工作機械メーカーにとっては製品革新であるが，工

作機械を内製しているユーザーが改良する場合には工程革新である。このため，個々の企業にとっては製品革新であっても，経済全体をとってみれば，その多くが工程革新であるといえる。

こうした理由によって，本章では研究開発を通じる技術革新に限定し，さらに理論分析のほとんどにおいては，工程革新を例にとって議論をおこなう。

2. 発明へのインセンティブは十分か

独占と完全競争のいずれにおいて，企業は研究開発するインセンティブを多く持つのだろうか。また，企業がおこなう研究開発活動は社会的にみて十分なレベルにあるのだろうか。まず，単純なモデルでこのことを調べてみよう。

技術の専有可能性　発明へのインセンティブを考えるにあたって決定的に重要な要因は，技術情報をどれだけ専有できるかという程度である。これを**技術の専有可能性**（appropriability）と呼ぶ。発明者が発明した技術を他者に勝手に使われることなく独占的に使用できるなら，技術は専有可能であるといい，逆に，発明した技術が誰にでも無償で使われるようになるなら専有不可能であるという。

本来，技術という情報は専有不可能なものである。A氏あるいはA社が発明した技術をBが使っても，Aによるその同じ技術の使用を妨げることがないという**非競合性**があり，またBが使うことをAが排除することができないという**非排除性**があるためである。これは公園や警察サービスのような公共財が持つのと同じ性格であり，このため**情報の公共財的性格**とも呼ぶ。私的財，たとえばりんごをA氏が食べていれば，その同じりんごをB氏が食べることは不可能であるのと対照的である。

このためK. J. アロー（Arrow [1962]）は，技術を生産するための活動である研究開発は社会的に過少にしかおこなわれないと論じた。誰もが他人による費用負担をあてにして，それに**ただ乗り**（free ride）しようとするため，公共財の供給が過少にしかおこなわれなくなるのと同様に，誰もが他人の発明する技術にただ乗りしようとするからである。

しかし，実際には技術は完全に専有不可能ではない。発明者が秘匿することによって専有される場合もあり，また模倣に時間がかかるために，先行者の優位性を生かせる形で一定期間専有できる場合もあるからである。しかし，これらにもまして専有化のための手段として重要なのが**特許**である。いいかえれば，特許は，技術の公共財的性格を限定することによって研究開発へのインセンティブを維持するための制度的な仕組みである。特許を獲得すれば，発明者は発明した技術を一定期間（現行の日本の特許法では出願から20年間）専有することができる。

技術が特許により専有可能であれば，アローの議論にかかわらず，特許獲得のための競争により，企業は社会的に過剰に研究開発に投資することもありうる。このことについては第4節で論じる。

完全競争企業と独占企業の比較　シュンペーターは，上述のように，完全競争のもとでは革新はありえないとした。技術が専有不可能である限り，この議論は完全に正しい。発明企業が新技術によって平均費用を引き下げたとしても，競合する他企業もすべてこの新技術を模倣して同じだけ平均費用を引き下げるから，新しい完全競争均衡価格はこの低い平均費用に一致せざるをえず，発明企業を含め全企業の利潤はゼロとなる。よって，研究開発費を負担しただけ発明企業は損をするから，研究開発するのは不利である。つまり，他企業の発明にただ乗りすることを考えて，みずからは研究開発をおこなわないことが最適戦略である。この結果，どの企業も研究開発せず，革新はおこらない。

しかし，技術が完全に専有可能であれば，完全競争企業の方が独占企業よりも研究開発へのインセンティブを大きく持つ可能性が存在する。図9①を見よう。限界費用は生産量に対し一定と仮定されており，発明により c_1 から c_2 へ低下したとしよう。第2章で示したように，発明前の均衡は完全競争下では G 点となり，$p_1^c = c_1$ が成立して，均衡産業生産量 Q_1^c は社会的最適生産量 Q_1^s に一致する。利潤はゼロである。独占であれば，限界収入（MR）を限界費用と一致させるから，均衡は F 点となって p_1^m の価格が成立し生産量は Q_1^m である。独占利潤は長方形 $BCFE$ または三角形 ACF の面積で示される。

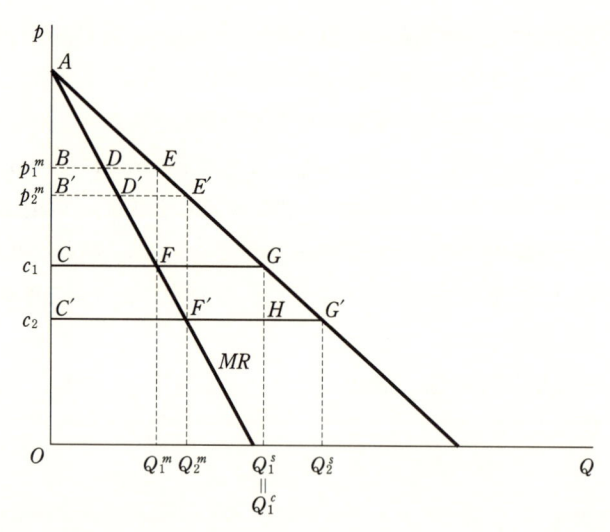

出所：Stiglitz [1986] Fig. 14.1 をもとに筆者作成。
図9① 技術革新からの競争企業，独占企業，社会の利得 ||||||||||||||||||||||||||||||||||||||

　独占の場合，発明後の均衡は F' 点に移る。価格は p_2^m に低下し，生産量は Q_2^m に増加する。利潤は長方形 $B'C'F'E'$ または三角形 $AC'F'$ の面積となるから，発明による利潤増は四角形 $CC'F'F$ の面積に等しいことがわかる。

　完全競争の場合，技術が専有不可能であれば，すべての企業の限界費用が c_2 となり，均衡は G' となって再びゼロ利潤が成立することは，上で述べた通りである。それでは，専有が可能であり，発明企業のみが限界費用を c_2 に引き下げ，他の企業はすべて c_1 のままであったとすれば，発明企業の最適戦略はどうなるだろうか。これは図4⑤における第1企業（限界費用＝c_1）の場合と同じであることを思い起こすとよい（ただし，記号は c_1 と c_2 が逆になっている）。

　図4⑤(a)では，第1企業は $c_2-\varepsilon$（ε は微小数）の価格をつけることによって参入を阻止しつつ利潤を最大化することができた。同様に図9①では，発明企業は c_1 未満の価格をつければ競争企業を市場から追い出すことができ，独占できる。よって最適戦略は $c_1-\varepsilon$ に価格を設定し，（$\varepsilon \approx 0$ として）$CC'HG$ の面積に等しい利潤を獲得することである。あるいは，発明企業は

生産量1単位当たり $c_1-c_2-\varepsilon$ の特許料を徴収して希望企業に新技術を使わせてもよい。このとき，これら企業の限界費用は $c_1-\varepsilon$ となり，（$\varepsilon \approx 0$ として）G 点で均衡が成立して，生産企業は発明企業に $CC'HG$ の面積に等しい特許料を支払うことになる。

以上から，発明がもたらす利潤増は，独占企業（面積 $CC'F'F$）よりも完全競争企業（面積 $CC'HG$）の方が大きいことがわかる。このため，次の定理が成立する。

定理9① 線型モデルにおいて，限界費用を低減する技術革新がありうるとき，この新技術を発明するインセンティブは，独占企業よりも完全競争企業の方が大きい。

独占企業に発生する置換効果　こうした結果が得られる最大の理由は，完全競争の場合には，発明企業は完全競争企業から独占企業に変わることができ，利潤がゼロから正に増えるのに対し，独占企業は発明前後とも独占に変わりがないことにある。実際，独占企業の発明後利潤である面積 $B'C'F'E'$（または面積 $AC'F'$）は完全競争企業の発明後利潤（面積 $CC'HG$）を上回っている。Q_1^c を生産することも可能であったにもかかわらず，独占企業は利潤最大化のために Q_2^m を選択したのであるから，このことは自明である。

ただし，独占企業は発明前にすでに面積 ACF に等しい利潤を得ていたために，発明の貢献はその差である $CC'F'F$ にとどまる。いわば，独占企業は発明によっても他企業を駆逐するわけではなく，みずからに置き換わるだけである。このため，この効果を**置換効果**（replacement effect）と呼ぶ。完全競争では発明がなされると独占へと市場構造の変化があるのに対し，独占下では市場構造が独占のまま変わることなく，置換効果が発生するために，発明へのインセンティブはより低いのである。

参入障壁や規制に守られた独占企業がみずからの地位に安住し革新を怠りがちなのに対し，（完全競争ではないにせよ）集中していない寡占産業では，各社がシェアを拡大しようとして新製品・新工程開発に熱心なのは現実によく観察される。これはまさに置換効果の有無による違いである。その意味で，置換効果の存在は規制緩和の経済効果をも示唆するものでもある。

ただし,以上の議論は,発明による利潤増を研究開発企業が必ず自己のものにできることを前提とした。実際には研究開発に従事しているのはライバル企業も同じであり,ライバル企業が先に発明して特許をとってしまえば研究開発への投資は無駄になる可能性が存在する。競争市場における企業ほどライバル企業が多く,このリスクは高い可能性があるから,その意味では競争企業の方が研究開発へのインセンティブが低くなる可能性も存在する。こうした特許をめぐる企業間の競争については第4節で論じる。

社会的最適解との比較 社会的厚生への効果も調べておこう(図9①参照)。社会的最適解は発明前はG点,発明後はG'点で示され,社会的余剰は発明前は面積ACG,発明後は面積$AC'G'$であるから,発明による社会的厚生増は面積$CC'G'G$となる。これは完全競争下での発明による利潤増よりも面積GHG'だけ大きい。このことは,完全競争下でさえ発明へのインセンティブが社会的最適よりも低いことを意味している。

ただし,これは政策当局者が研究開発投資も生産量もコントロールできる場合であり,第6章第5節と同じ意味で最善解と呼ぶべきケースである。より現実的な解として,生産量決定は各社がおこなうが,研究開発費については政策的にコントロールできるという次善解を考えてみよう。

すると社会的余剰は,独占下では発明前(生産量Q_1^m)が面積$ACFE$,発明後(生産量Q_2^m)が面積$AC'F'E'$となり,発明による増加は$CC'F'F + EFF'E'$の面積に等しい。一方,完全競争下では発明前(生産量Q_1^c)が面積ACG,発明後(生産量Q_2^c)が面積$AC'HG$となって,増分は$CC'HG$の面積に等しい。後者は完全競争下の発明による利潤増に等しいから,完全競争下では発明へのインセンティブは社会的にちょうど十分であることを意味する。逆に,独占下では,消費者余剰の増分である面積$BB'E'E$(=面積$EFF'E'$)だけ社会的厚生増が利潤増を上回る。この意味でも,独占下では発明へのインセンティブが過少であることになる。

3. シュンペーター仮説

すでに述べた通り，シュンペーターは，革新の担い手として教科書的な完全競争企業はありえないとし，ある程度の規模や市場支配力を持つ企業を想定した。この命題を検証可能な形に単純化して，①企業規模の大きい企業ほど比例的以上に研究開発をおこなう，②集中度の高い産業ほど，またマーケット・シェアの大きい企業ほど，研究開発を盛んにおこなう，とする2つの仮説を，一般に**シュンペーター仮説**と呼ぶ。第1節で述べたように，シュンペーター自身は規模や集中度と研究開発の間に単純な関係を考えたわけではなく，また因果関係を考えたわけでもないので，①②はあくまでも「いわゆるシュンペーター仮説」であり，シュンペーター自身の立てた仮説ではないことを強調しておく。

これらシュンペーター仮説についての実証分析はアメリカを中心に数多く存在し，W. M. コーエン＝R. C. レヴィン（Cohen and Levin [1989]）やコーエン（Cohen [1995]）のすぐれたサーベイを見ることを勧めたい。以下で述べる実証結果についても，詳細はこれら論文を参照されたい。日本については土井 [1986] が代表的な研究である。

企業規模と研究開発の関係　まず，企業規模と研究開発の関係を考えよう。これらの間に正の相関があるとする理由は2つある。

1つは**研究開発における規模の経済性と範囲の経済性**である。研究開発にはコンピュータ，研究装置，図書など分割不能な資産が必要である。これらが固定費用を形成するから，規模の経済性が発生する。また多くの研究者が複数分野で研究をおこなっていれば，それらの交流により新しい研究への道が開けやすい。たとえば材料研究者が新材料を発明したときに，機械工学研究者が社内にいれば，その新材料の大量生産方法について共同で開発できる。

第2の理由は，研究開発が時間を要し，またその成否について**不確実性**が高いだけに，外部からの資金調達が難しく，資金力の豊富な大企業ほど資金負担に耐えやすいことである。実際，内部資金（キャッシュ・フロー）の大きい企業ほど研究開発支出が大きいとする実証結果は多い。さらに，研究開

発の不確実性はそれが成功するか否かだけではなく,何が生まれてくるかについても存在する。このとき,多数の事業をおこなっている企業は有利である (Nelson [1959])。たとえば化学メーカーが発明した新材料をポンプのシーリング(水漏れ防止装置)に使えることは,同社が機械生産にも多角化していれば気がつきやすい。大企業ほど事業内容が幅広いであろうことを考えれば,これは大企業ほど研究開発を盛んにおこなうことの理由となる。ただし,企業規模をコントロールしたうえで,企業の多角化の程度が研究開発に正の影響を及ぼすかどうかについては,実証結果は肯定的なものも否定的なものもある。

小規模の会社では研究開発に支出している企業が少なく,また支出している企業でも(最近のいわゆるハイテク・ベンチャーを別として)支出額が限られていることは明白である。たとえば,従業員300人未満の中小企業で研究開発をおこなっている企業の比率は5.2%でしかなく,1000人以上の企業では78%に達するのと大きな違いである(『科学技術研究調査報告1998年度』)。しかしある程度以上の規模の企業の間でも,企業規模と比例的以上に研究開発費が大きくなる傾向が存在するだろうか。

多くの実証研究はこの質問に対して否定的である。たしかに一定の規模(売上高で測ることが多い)までは比例的以上に研究開発費が増加するが,それを超えると,比例的あるいは比例的以下にしか増加しないとする分析結果が多い。多くの分析では,研究開発費を売上高およびその2次項,3次項に回帰させて3次曲線を推定することにより,研究開発費と売上高の関係を推定するが,公正取引委員会が1984年398社のデータにより推定した結果では売上高1兆6000億円に変曲点があり,これ以上の売上高では研究開発費は逓減的にしか増加しない(新飯田・後藤・南部 [1987])。よって,企業規模に関する(いわゆる)シュンペーター仮説は実証的に支持されているとはいえず,産業別の技術機会の違いなど規模以外の要因が重要であろうと思われる。

集中度,シェアと研究開発 シュンペーター仮説の2番目である市場集中度と研究開発集約度(一般には研究開発費対売上高比率で測る)の関係についても,仮説通り正の関係を得た実証結果もあるが,負の関係を発

見したもの（日本では土井［1986］），逆Ｕ字型の関係を発見したもの（４社集中度50％付近で研究開発集中度がもっとも高い）など，さまざまであって一定していない。公正取引委員会の1984年企業別データによる分析（新飯田・後藤・南部［1987］）では，研究開発費対売上高比率に対して集中度はマイナス効果，マーケット・シェアはプラス効果という結果を得ている。

　集中度やシェアと研究開発に正の相関を予想するのも，２つの理由による。第１は，規模と研究開発の関係について述べた第２の理由と同じもので，研究開発に必要な資金は外部からは調達しにくく，このため，独占利潤を得て内部キャッシュ・フローが豊富な企業ほど研究開発をおこないやすいとするものである。第２は，集中産業における高シェア企業ほど販売流通網を持っていたりブランド力が高いから，新製品を発売したり費用低減により値下げをしたときに，より多く販売することができ，したがって技術革新からの収益が大きいであろうとするものである。

　これらの議論は，集中度よりもシェアの重要性を示唆しているように思われる。高集中産業で下位にある小シェア企業が独占利潤を得ているとは考えにくいからである（第３章第４節での議論を思い出そう）。公正取引委員会の推定結果は，この意味では，シュンペーター仮説と整合的といえる。

モデル分析　産業レベルで，集中度と研究開発集約度に正の相関が生じるであろうことは理論的にも導くことができる（Dasgupta and Stiglitz［1980］）。n 社存在する生産量決定型の寡占市場を考えよう。限界費用は一定で固定費用は存在しないが，i 社の限界費用がその研究開発支出 z_i の減少関数であるとする。すなわち $c_i = c(z_i), dc_i/dz_i \equiv c'(z_i) < 0$ である。限界費用は自社の研究開発のみに依存するから，他社研究開発からのスピルオーバーはないこと，いいかえれば，研究開発の成果は完全に専有されることが仮定されている。その他の仮定については第３章と同じである。

　各企業は利潤，$\pi_i = [p - c(z_i)]q_i - z_i$，を最大化するように生産量 q_i，研究開発支出 z_i を決定する。すると，生産量についての最適条件より(3.1)式あるいはその変形である(3.14)式を得る。

　次に参入障壁がないものとすれば，ゼロ利潤となるまで参入あるいは退出が起きるから，企業数が整数でなければならないことを無視すれば，

$$[p-c(z_i)]q_i = z_i \qquad (9.1)$$

が成立する。この式と(3.14)式から，

$$s_i^2(1+\lambda_i)/\eta = z_i/pQ \qquad (9.2)$$

を得ることができる。ただし s_i はシェア (q_i/Q)，η は需要の価格弾力性である。$\lambda_i = \lambda, \forall i$，を仮定して，この式をすべての i について合計すると，

$$H(1+\lambda)/\eta = \left(\sum_{i=1}^n z_i\right)\bigg/pQ \qquad (9.3)$$

となる。ただし，$H = \sum s_i^2$ はハーフィンダール指数である。

　右辺は産業内全企業の研究開発費合計を産業売上高で割ったものであり，**産業研究開発集約度**にあたる。よって次の定理を得る。

　定理9②　限界費用が平均可変費用に等しく，企業が研究開発支出をおこなうとき，生産量決定型寡占において推測的変動が企業間で等しければ，ゼロ利潤均衡では，産業研究開発集約度はハーフィンダール指数と比例的，需要の価格弾力性と逆比例的である。

　よって，第2のシュンペーター仮説が予測する通り，集中度と研究開発集約度に正の相関が発生する。ただし，(9.3)式はこれら2変数の間の因果関係を明らかにしているわけではない。

　なお，(9.3)式を導出するにあたっては，生産量についての最適条件とゼロ利潤条件だけしか用いていない。このため，定理9②が成立するためには限界費用が研究開発支出の減少関数であることも必要なく，それが平均可変費用と一致さえしていればよい。

　限界費用が研究開発支出の減少関数であることが意味を持つのは，研究開発支出についての最適条件を求めるときである。そこで，利潤を z_i で偏微分してゼロに等しくすれば，

$$-c'(z_i)q_i = 1 \qquad (9.4)$$

である。

　次に，$\xi(z_i) = -c'(z_i)z_i/c(z_i)$ と書こう。これは研究開発支出を1%増やしたときに平均費用（限界費用）が何%低下するかを示す弾力性である。この定義を(9.4)式に代入し，(9.1)式を利用して書き直したうえで i について総計することによって，$\xi(z_i) = \xi, \forall i$，であれば，

$$\left(\sum_{i=1}^{n} z_i\right)\Big/ pQ = \xi/(1+\xi) \tag{9.5}$$

を得る。

　よって ξ が大きいほど，すなわち，研究開発が平均費用低下に貢献する弾力性が高いほど，産業の研究開発集約度は高い。技術機会の大きい産業ほど，研究開発が熱心におこなわれることを示していると解釈される。

　このモデルは，集中度についての（いわゆる）シュンペーター仮説を支持するものとなっているが，研究開発に特有な諸々の特性を十分に考慮したものではない。以下の各節ではこうした特性を取り入れたモデル分析を提示する。次の第4節では特許獲得をめぐる企業間の競争を，第5節では技術のスピルオーバーが企業間で起きる場合の戦略的行動を分析し，第6節では競争企業間での共同研究が社会的厚生を改善するかどうか，について検討する。

4. 特許をめぐる競争

　複数企業が同一技術の開発をめぐって競争しているとしよう。発明者は特許を申請するが，同一の技術であるから，特許を獲得できるのは最初に発明に成功した1社だけである（厳密には，先願主義をとる日本・ヨーロッパでは最初の出願者，先発明主義をとるアメリカでは最初の発明者である。以下ではこれらは同じとする）。他の企業も発明に成功したとしても，一番手でない限り，発明した技術を用いることは第1発明者の特許権を侵害することになり許されない。つまり，特許をめぐる競争は，一番手かどうかという相対順位にもとづいて利得が決まる競争である。このような競争を**トーナメント競争**という。トーナメント形式の試合で決勝に進出するためには，勝つことのみが問題であって，点差は関係しない。これと同じだからである。

　トーナメント競争には，ほかにも，従業員間の昇進をめぐる競争や入札における価格競争があり，熾烈な競争になる場合がある。このため，社会的に望ましいレベル以上に研究開発がおこなわれる可能性がある。このことを最初に指摘したのは Y. バーゼル（Bazel [1968]）である。

バーゼル・モデル 新製品が発明されるまでに T の期間がかかるものとし，最初の発明者はこの新製品についての特許権を取得して，発明後毎期 π^m だけの利潤を得るものとする。T までは発明をめざして研究開発支出するが，今日の時点でのその現在価値を $\xi(T)$ と書く。$\xi'(T)<0$ である。つまり，発明を早く完成させるためにはより多くの費用をかける必要がある。さらに r を利子率として，$-\xi'(T)>r\xi(T)$ を仮定する。これは，発明時期を遅らせることによる研究開発費の節約が，遅らせることによる利子分の節約以上であることを意味する。より早く発明するためには，より多くの研究者を動員したり，より高速な研究装置を購入したりしなければならないからである。

T 時点で最初の発明者として発明できることが確実に知られているとすれば，利潤の現在価値は，連続分析を仮定して，

$$V=\int_T^\infty \pi^m e^{-rt}dt-\xi(T)=\frac{\pi^m e^{-rT}}{r}-\xi(T) \tag{9.6}$$

である。すべての企業が同じ研究開発能力を持ち，すなわち $\xi(T)$ 関数が同じであり，不確実性も情報不完全性もないならば，V が正である限り，他社よりも少しだけ先がけて（$T-\varepsilon$ として）特許を取ってしまおうとするインセンティブが働くはずである。この結果，均衡では $V=0$ が成立しなければならない。すなわち，

$$\frac{\pi^m e^{-rT^*}}{r}=\xi(T^*) \tag{9.7}$$

を満たす T^* が均衡となる。

一方，社会的余剰の現在価値は，独占価格のもとでの消費者余剰を CS^m として，

$$W=\int_T^\infty (\pi^m+CS^m)e^{-rt}dt-\xi(T)$$
$$=\frac{(\pi^m+CS^m)e^{-rT}}{r}-\xi(T) \tag{9.8}$$

であり，これを T で微分して $T=T^*$ で評価すれば，(9.7)式を代入して，

$$\left.\frac{\partial W}{\partial T}\right|_{T=T^*} = -(\pi^m + CS^m)e^{-rT^*} - \xi'(T^*)$$
$$= -CS^m e^{-rT^*} - [r\xi(T) + \xi'(T^*)] \quad (9.9)$$

となる。右辺第 1 項は発明時期が遅れることによる消費者余剰の変化の現在価値で，負である。第 2 項大かっこ内は仮定によって負であるので，第 1 項の絶対値が相対的に小さければ，全体は正となる。これは T^* よりも限界的に T を大きくする，すなわち発明時期を遅らせることが，社会的厚生を高めることを意味する。よって，

定理 9 ③ 発明を早めるために研究開発費現在価値を増やす必要があるとき，(9.9)式の右辺が負であれば，特許をめぐる競争均衡では，社会的に早過ぎる発明および社会的に過大な研究開発支出が生じる。

いいかえれば，研究開発が過少になるおそれがあるとした第 2 節の議論は，特許による技術の専有が可能な状況では当てはまらない可能性がある。

ラウリー・モデル　以上のバーゼル・モデルはさまざまな形で一般化されており，J. F. ラインガナム（Reinganum [1989]）によるサーベイを見るとよい。その 1 つは不確実性を導入することで，M. I. カミエン= N. L. シュワルツ（Kamien and Schwartz [1972]）やそれをさらに発展させた G. C. ラウリー（Loury [1979]）のモデルが知られている。これらのモデルでは，i 社が時点 T までに発明する確率が $1 - e^{-kT}$ に等しいと仮定する。k は一般的にハザード（危険）率（hazard rate）と呼ばれるものの応用で，前期までに発明がおこなわれていないときに T において発明が起きる確率に対応している。発明時点までの期間の長さ（T）の期待値は k の逆数となる。ラウリーらはこれが ξ の増加関数であると仮定する。すなわち研究開発費現在価値を大きくすれば，T までに発明する確率はより高く，したがって期待発明時点も早くなると想定するのである。

こうしたモデルを用いて，ラウリーは，市場における企業数が多いほど 1 社当たりの研究開発費は小さくなるが，産業における（どれか最初の企業による）発明時期の期待値は早まることを示している。企業数が多ければ他社のどれかが先に発明してしまう確率が高まるので，各社の研究開発インセン

ティブは低くなるが，それでも，どれかの企業が最初に発明に成功する時期は期待値として早まるのである。

特許取得による参入阻止　もう1つ紹介したいのは，同様のモデルで，既存の独占企業が参入阻止の目的で特許を使うことがあることを示したR. J. ギルバート＝D. M. G. ニューベリー（Gilbert and Newberry [1982]）の分析である。

既存企業は現在独占的に製品Aを販売しており，各期π_A^mの利潤を得ている。製品Bは未発明であるが，既存企業も潜在的参入企業も$\xi(T)$の研究開発費（現在価値）を支出することによりT時点に発明・発売することができる。既存企業が発明すれば，この企業は製品A, Bともに独占することになり，π_{AB}^mの利潤を得る。一方，新規企業が発明すれば，A市場を既存企業が，B市場を新規企業が独占することになり，前者はπ_A^m，後者はπ_B^eの利潤を得るものとしよう。このとき，

$$\pi_{AB}^m > \pi_A^m + \pi_B^e \tag{9.10}$$

を仮定することは現実的であろう。両製品間に代替あるいは補完関係がある限り，両市場を1社で独占した方が代替・補完関係を考慮した価格決定ができ，利潤を高めることができるからである。

潜在的参入企業が複数存在すれば，これらの間で特許をめぐる競争が起き，(9.7)のゼロ利潤現在価値条件が成立するはずである。すなわち，

$$\frac{\pi_B^e e^{-rT^*}}{r} = \xi(T^*) \tag{9.11}$$

である。

研究開発をおこなわず参入を許すなら，既存企業の利潤の現在価値は，

$$V_{entry}^m = \int_0^{T^*} \pi_A^m e^{-rt} dt + \int_{T^*}^{\infty} \pi_A^m \cdot e^{-rt} dt$$
$$= \pi_A^m \frac{1-e^{-rT^*}}{r} + \pi_A^m \cdot \frac{e^{-rT^*}}{r} \tag{9.12}$$

となるが，研究開発をおこなって$T^*-\varepsilon$に発明できれば，どの潜在的参入企業よりも先に特許を取ってB市場でも独占することができる。このときの既存企業の利潤の現在価値は，$\varepsilon \approx 0$として，

$$V_{deter}^m = \int_0^{T^*} \pi_A^m e^{-rt} dt + \int_{T^*}^{\infty} \pi_{AB}^m e^{-rt} dt - \xi(T^*)$$

$$= \pi_A^m \frac{1-e^{-rT^*}}{r} + \pi_{AB}^m \frac{e^{-rT^*}}{r} - \xi(T^*) \qquad (9.13)$$

である。(9.13)式に(9.11)式を代入し，(9.10)式の条件を利用して(9.12)式と比較すると，

$$V_{deter}^m > V_{entry}^m \qquad (9.14)$$

であることを導くことができる。かくして次の定理を得る。

定理9④ 新規企業が既存製品に関連する製品を発明することによって参入を計画しているとき，既存製品を生産している独占企業は，新規企業に比べて研究開発の効率性で劣るのでない限り，新規企業よりも先に発明し特許権を得て両市場とも独占してしまうことが有利である。

これは，第8章での議論を応用するなら，既存企業はA市場で先行しているため，B市場でも生産することにより，両市場間の関係を考慮に入れて新規企業よりも高い利益を上げることができるという先行者の優位性があることによる。

以上の議論では，製品Bの開発費用については既存企業・新規企業に差がないとしたが，既存企業がAからの技術知識をB開発にも生かせたり，Aからの利益を研究開発費に投入できることによって新規企業よりも優位に立てるのであれば，既存企業による参入阻止（Aという同一市場への参入ではなく，関連するB市場への参入の阻止）はいっそう有利になるはずである。このように，企業がその主製品の関連市場でも製品を販売し，新規参入企業を阻止する戦略は，第6章コラム④で紹介したアンケート調査で「ニッチを埋める」戦略が頻繁にとられていたことでもわかるように，実際に広く見られる。

5*. 技術スピルオーバーと最適研究開発支出

前節のモデルでは技術は完全に専有できるものと仮定されていた。しかし，現実には技術はさまざまな形で発明者以外にも伝播して恩恵をもたらす。こ

れを技術の**スピルオーバー**（流出）と呼ぶ。たとえば，研究者が学会等で発表した研究成果は他社研究者の研究開発活動の助けとなる。また，他社がある製品をある方法で開発・生産しようとしているらしいという情報は，その企業が秘匿しようとしてもある程度漏れることは必至で，他社の開発・生産への助けとなる。さらに，特許を取得しても，その特許には抵触しない形で同様の製品や工程を工夫すること（**迂回発明**と呼ぶ）が頻繁におこなわれ，特許による専有性も完全ではない（本節末のコラム⑦参照）。こうしたいくつかの形で技術のスピルオーバーは広く起きており，発明者に限らず社会全体の発展に貢献している。

技術フロー しかしスピルオーバーは，第2節で述べたように，企業のフリーライド（ただ乗り）を促進し，その研究開発へのインセンティブを低める可能性がある。このことを分析するため，他社からのスピルオーバーの程度を記号 α で表し，以下スピルオーバー係数と呼んで，

$$Z_i = z_i + \alpha \sum_{j \neq i} z_j \quad i = 1, \cdots, n \tag{9.15}$$

と書こう。Z_i を i 社への技術フローと呼び，i 社が入手する技術情報の総体を表すものと解釈する。$\alpha = 0$ のとき，スピルオーバーは起きず，すなわち技術は完全に専有されるので，技術フローは自社研究開発支出に一致する。逆に $\alpha = 1$ のとき，スピルオーバーは完全で，自社による研究開発成果も競合他社による研究開発成果も，差別なくすべて自社への技術フローとして利用可能である。第2節での表現を用いれば，$\alpha = 1$ は技術が公共財とみなされるケースである。一般に $0 \leq \alpha \leq 1$ である。

これまでと同じく，一定の平均費用 c_i を仮定するが，これは技術フローの減少関数と仮定される。すなわち $c_i = c(Z_i)$，$c'(Z_i) < 0$，である。よって，第3節での分析は $\alpha = 0$ のケースについてのものであったと解釈できる。c 関数には添字 i はなく，すべての企業に共通していると仮定されていることに注意しよう。これは，研究開発支出とその成果との関係が共通であること，すなわち研究開発活動の効率性に企業間の差がないことを意味している。

2段階モデルによる分析 スピルオーバーが存在するときには，企業間相互の戦略的な行動を考慮する必要がある。すなわち i 社は，自社の研究開発が他社の生産量決定にどう影響するかを考慮に

入れつつ，自社の研究開発支出を決定するはずである。そこで，第1段階で各社は研究開発支出を決定し，第2段階では，第1段階で決定済みの各社研究開発支出を所与として，各社が生産量を決定するという2段階ゲームを考えよう。以下では線型モデルを仮定し，逆需要関数は $p = a - bQ$ であるものとする。また，研究開発費以外の固定費用はないものとする。

第2段階ではクールノー均衡（したがって $\lambda_i = 0, \forall i$）が成立するものとしよう。すると(3.2)式を少し変形して（最適生産量を*で示す），

$$a - b(q_i^* + Q^*) = c(Z_i) \qquad (9.16)$$

を得るから，$S(Z_i) = [a - c(Z_i)]/b$ と書いて，(9.16)式をすべての i について合計し，$\sum q_i = Q$ を代入して整理すれば（特に記さない限り，$\sum$ は $j = 1$ から n までの総計である），

$$Q^* = \sum S(Z_i)/(n+1) \qquad (9.17)$$

となり，これら両式より，

$$q_i^* = S(Z_i) - \sum S(Z_i)/(n+1) \qquad (9.18)$$

であることがわかる。$Z_i = Z_j, \forall i, j,$ のとき，対称均衡になって(3.9)式（ただし $\lambda = 0$）が成立することは容易に確かめられる。

Z_i は(9.15)式で定義されたものなので，q_i^* は自社研究開発費 z_i および他社研究開発費 z_j に依存する。そこで(9.18)式を z_i および z_j で偏微分し整理すれば，$z_i = z$ よって $Z_i = Z, \forall i,$ となる対称均衡の近傍において，$c'(Z) < 0$ より，次の不等号が成立することがわかる（導出は章末の数学注1を参照）。

$$\frac{\partial q_i^*}{\partial z_i} = -\frac{n - \alpha(n-1)}{b(n+1)} c'(Z) > 0 \qquad (9.19)$$

$$\frac{\partial q_i^*}{\partial z_j} = -\frac{2\alpha - 1}{b(n+1)} c'(Z) \gtreqless 0 \Leftrightarrow \alpha \gtreqless \frac{1}{2}, \ j \neq i \qquad (9.20)$$

つまり，自社研究開発費の増加は費用低下を通じて生産量増加をもたらす。また他社研究開発費の増加は，α が0.5を超えるときには自社生産量増加をもたらす。この α が0.5を超えるケースを，スピルオーバーが大きいケースと呼ぼう。逆に他社からのスピルオーバーが小さい（α が0.5未満の）とき，他社研究開発費の増加は自社費用曲線を下にシフトさせるが，それ以上に他社費用関数の下方シフトの効果が大きく，クールノー均衡では自社生

産量は低下する。

研究開発費の決定 q_i^* が以上のように決まることを考慮に入れたうえで，第1段階での z_i の決定に進もう。まず，逆需要関数と(9.16)式を利用して，研究開発費控除後の利潤を次のように書くことができる。

$$\pi_i = [a - bQ^* - c(Z_i)]q_i^* - z_i$$
$$= bq_i^{*2} - z_i \qquad (9.21)$$

したがって最適条件は，

$$\frac{\partial \pi_i}{\partial z_i} = 2bq_i^* \frac{\partial q_i^*}{\partial z_i} - 1 = 0 \qquad (9.22)$$

である。(9.18)式と(9.19)式をこれに代入して整理すれば，$z_i = z^n$，$Z_i = [1 + \alpha(n-1)]z^n \equiv Z^n$，$\forall i$，となる対称均衡で，次式を得ることができる。

$$-2[n - \alpha(n-1)][a - c(Z^n)]c'(Z^n) = b(n+1)^2 \qquad (9.23)$$

この式から均衡技術フロー Z^n は需要関数のパラメーターである a, b，企業数 n，およびスピルオーバー係数 α に依存して決まることがわかる。(9.23)式を微分して，n と α の均衡技術フローに与える影響を調べてみると，$n \geq 2$ である限り，

$$\frac{\partial Z^n}{\partial \alpha} < 0, \quad \frac{\partial Z^n}{\partial n} < 0, \quad \frac{\partial z^n}{\partial \alpha} < 0, \quad \frac{\partial z^n}{\partial n} < 0 \qquad (9.24)$$

である（数学注2参照）。$Z^n = [1 + \alpha(n-1)]z^n$ であり，α や n が大きければ z^n が一定のときには技術フロー Z^n は大きくなるが，均衡では，このプラス効果を上回って α や n が z^n を下げる効果があるため，Z^n も下がってしまうのである。すなわち，

定理9⑤ 第1段階では各社が研究開発費を決定し，第2段階では生産量のクールノー均衡が成立するような2段階モデルで，線型モデルを仮定し，限界費用が技術フローの減少関数であるとき，スピルオーバーが大きいほど，また，企業数が多いほど，各社の研究開発費は小さく，技術フローも小さい。

スピルオーバーが大きいと各社が研究開発費を少なくするのは，その成果が専有されず，競合企業をも利することをおそれるからである。一方，企業

数が小さいほど（ただし $n \geq 2$），つまり集中度が高いほど，各社の研究開発費が大きくなることはシュンペーター仮説と整合的である。特に $\alpha = 1$ のときには，Z^n は均衡での産業研究開発費に等しくなり，これも企業数が小さいほど大きくなるので，シュンペーター仮説と合致しているといえる。ただし，以上の結論は線型需要曲線や一定の平均費用などを前提としており，より一般的な条件のもとでは (9.24) 式の不等号は成立しない可能性がある。

市場構造と研究開発の関係 企業数あるいは集中度（ほとんどのモデルが対称均衡を想定しているので，企業数の逆数はハーフィンダール指数に等しい）と研究開発との関係について，ここまでの理論的分析結果をまとめておこう。自社研究開発が費用関数シフトを通じて反応関数をシフトさせ，寡占均衡で自社のみならず他社の生産量をも変えていくことを各社が考慮せず（非戦略的行動と呼ぶ），また自由参入で企業数が決まれば，産業研究開発集約度と集中度には正の相関が生まれる。また戦略的行動をとるときにも，企業数を所与とすると，それが小さいほど企業当たり研究開発支出は大きく，また $\alpha = 1$ のときについては産業研究開発費も大きいことが示された。企業数が小さいほど均衡産業生産量は少ないから（9.17式をみよ），このとき産業研究開発集約度は大きくなる。よって，やはり集中度と研究開発集約度の正の相関が生まれる。

一方，ギルバート=ニューベリーは，独占企業が隣接市場への他社参入を阻止するために研究開発をおこなうインセンティブがあることを示しており，独占と研究開発に正の相関が生まれる可能性があるが，この場合には，背後に潜在的参入企業の競争圧力があることが重要であって，その意味ではコンテスタブル・マーケットの議論と共通する。しかも，両市場を単独企業が独占することにより発生する厚生の損失もある。

特許による専有が完全に可能な場合には，他社に先駆けて発明しようとする競争の結果，情報が完全で研究開発に不確実性がなければ，均衡では1社のみが研究開発をおこなうことになるが，この場合にも背後には潜在的競合企業からの競争圧力があり，ゼロ利潤現在価値が実現している。不確実性があれば，複数企業が同時に研究開発する。競合企業が多いほど，他社に先を越される確率が高まるため各社の研究開発インセンティブは低下するものの，

それでも誰かが最初に発明に成功するまでの時間の期待値は短縮される。この意味で，集中度と産業技術革新にはむしろ負の関係がある。

また，第2節で述べたが，置換効果を考えると，競争企業の方が，発明により一挙に独占企業になれ，既存の独占企業よりも高い研究開発をおこなうインセンティブがあるはずである。この効果は以上のモデルでは考慮されていない。

このように，集中度と研究開発の関係についてはさまざまな側面があり，（いわゆる）シュンペーター仮説が成立するケースも成立しないケースもある。しかも，これら理論分析は，研究開発の投入とその成果との関係や寡占企業間の関係についてきわめて単純化された状況を想定しており，現実の関係ははるかに複雑なはずである。このことを考えると，市場構造と研究開発の関係について，われわれはいくつかのことを知ってきたが，未知の部分が多く残されているというべきであろう。

コラム⑦　技術の専有可能性

特許はどれだけ技術の専有に効果的なのだろうか。あるいは，それ以外にも技術の専有に効果的な手段があるのだろうか。こうした質問を実際の企業の研究開発責任者にアンケート調査する試みがアメリカと日本でおこなわれた。表①は日本についての調査結果を要約したもので，この調査を科学技術政策研究所で中心的におこなった後藤［2000］からの引用である。回答は主要企業643社から得られており，各社は，表の8種類の手段のそれぞれについて，過去3年に実現した技術革新のうち，専有性を確保するために有効であったものの比率を答えている。

調査結果は，特許といえども専有性確保のために完全に有効ではなく，

表①　専有可能性を確保する手段の有効性

	製品革新	工程革新
技術情報の秘匿	25.6％	28.9％
特許による保護	37.8	24.8
他の法的保護	16.3	11.8
製品の先行的な市場化	40.7	28.2
販売・サービス網の保有・管理	30.0	22.7
製造設備・ノウハウの保有・管理	33.1	36.1
生産・製造設計の複雑性	20.2	22.0
その他	6.5	6.6

25～38％の技術革新でしか，すなわち3～4の技術革新に1つしか有効でなかったことを示している。より有効であったのは製品の先行的な市場化で，前章で説明した先行者の優位性が効果的であることを示している。とはいえ，それでも，有効とする比率は28～40％と半数に満たず，模倣などによる後発者の参入を阻止することは容易でないことを示唆する。

工程革新については，製造設備やノウハウの保有・管理，技術情報の秘匿が特許以上に有効であるとされており，特許になりにくいようなノウハウが重要であることを示唆する。また，特許申請は公開されるので，それによって競争企業が模倣の糸口を見つけるのをおそれ，むしろ特許を申請せず秘匿してしまう方が有利な場合があると見られる。

なお，表①は製造業全体での平均しか示していないが，後藤らの調査によれば，産業間による違いも大きい。特許の有効性が顕著なのは医薬品で，製品革新のうち65.7％で有効である。化学工業が55.5％でこれに次ぐ。これは，医薬品や化学製品では，その化学組成を特許化されると，類似の製品を特許に抵触しない形で開発することが困難だからである。

なお最近では，アメリカの**プロ・パテント**（特許強化）**政策**により，遺伝子情報のような基礎的科学知識から，ビジネス・モデル，すなわち取引や事業活動の仕組みに関する新工夫まで，幅広い範囲で特許が認められるようになってきている。発明へのインセンティブを高めるうえでこれら政策が望ましいとする意見が多い反面で，発明・発見された知識や仕組みが幅広く使われることを妨げるとして憂慮する人も多い。こうした論争について，詳しくは後藤の前掲書や上山［2000］を読むとよい。

6*. 共同研究と経済厚生

前節で，技術のスピルオーバーが大きいときには企業の研究開発インセンティブが損なわれることを示した。これは第2節で紹介したアローの議論，すなわち，技術は専有困難なため，社会的に過少にしか研究開発がおこなわれないとする議論と合致する。このためアローは，研究開発，特に専有する

ことが困難であったり望ましくなかったりするような技術，典型的には純粋科学のためのような研究開発は，大学などの公的な研究機関が政府からの資金でおこなうべきであると論じた。

専有困難なときに研究開発を推進するためのもう1つの方法が**共同研究**である。共同研究には，研究資源や技術を企業間でプールできて規模の経済性や範囲の経済性が達成できるというメリットも大きいが，以下では，研究開発についての意思決定における協調という側面に限って論じよう。この側面に着目して，共同研究を**研究開発カルテル**と呼ぶこともある。ただし，カルテルは研究開発に関してだけであり，生産量決定については前節と同じく各社が独立に意思決定するものとする。実際，日本をはじめ多くの国において，カルテルは独占禁止法違反として禁止されているが（第10章参照），共同研究については例外的に認められている。

共同研究における結合利潤最大化 C. ダスプレモン＝A. ジャックマン（d'Aspremont and Jacquemin [1988]）およびそれを一般化した鈴村 (Suzumura [1995]) を参考に，研究開発カルテルについて説明しよう。前節の2段階ゲーム・モデルに戻ろう。第2段階の生産量決定についてはカルテルがないから，前節とまったく同じであり，(9.17)〜(9.20)式が成立している。第1段階では，これらを考慮に入れて研究開発支出を決定するが，ここではカルテルが成立しているので，各社（あるいはその取りまとめをする共同研究組織）は結合利潤を最大化するように $z_1, \cdots, z_n$ を決定する。結合利潤は(9.21)式を総計したものであるから，

$$\sum \pi_i = \sum [b(q_i^*)^2 - z_i] \tag{9.25}$$

であり，これを最大化するための最適条件は，

$$\frac{\partial}{\partial z_i}(\sum \pi_i) = 2bq_i^* \frac{\partial q_i^*}{\partial z_i} + 2b \sum_{j \neq i} q_j^* \frac{\partial q_j^*}{\partial z_i} - 1 = 0, \quad i = 1, \cdots, n \tag{9.26}$$

である。(9.18)，(9.19)，(9.20)式を代入し，最適解として $z_i = \hat{z}$, $Z_i = [1+\alpha(n-1)]\hat{z} \equiv \hat{Z}$, $\forall i$，（ハット（ˆ）は協力解を表す）を考えれば，

$$-2[1+\alpha(n-1)][a-c(\hat{Z})]c'(\hat{Z}) = b(n+1)^2 \tag{9.27}$$

を得る。この式から，

$$\frac{\partial \hat{Z}}{\partial \alpha} > 0 \tag{9.28}$$

であることがわかる（数学注3参照）。つまり，

定理9⑥ 産業内全企業が参加する共同研究において，生産量については各社が決定するものの，研究開発費については結合利潤を最大化するように決定するとき，スピルオーバー係数が高ければ均衡における技術フローはより大きい。

これは，定理9⑤で示された**非協力解**（各社が独立に意思決定するときの解）の場合と逆である。すなわち，スピルオーバーが大きくなれば，各社が独立に意思決定しているときには研究開発へのインセンティブが低下し均衡技術フローも低下してしまうが，共同研究がおこなわれている**協力解**のもとでは，均衡技術フローは逆に高まるのである。

非協力解と協力解の比較 それでは，非協力解と協力解では各社の研究開発支出はどちらが大きいだろうか。これを調べるためには，(9.23)式と(9.27)式を比較してもよいが，より簡便な方法として，$z_i = z^n$ の近傍において(9.26)式の値を評価しよう。$z_i = z^n$ では(9.22)式が成立しているから，(9.20)式を利用して，

$$\left.\frac{\partial}{\partial z_i}(\sum \pi_j)\right|_{z_i=z^n} = 2b\sum_{j\neq i} q_j^* \frac{\partial q_j^*}{\partial z_i} \lessgtr 0 \Leftrightarrow \alpha \lessgtr \frac{1}{2} \tag{9.29}$$

であることを知ることができる。この左辺が正であれば，z^n から z_i を限界的に増加させれば結合利潤を増やすことができることを意味するから，$\hat{z} > z^n$ のはずである。

よって，

$$\hat{z} \lessgtr z^n \Leftrightarrow \alpha \lessgtr \frac{1}{2} \tag{9.30}$$

と結論づけることができる。すなわち，

定理9⑦ スピルオーバーが十分に大きいときには，共同研究をおこなった方が各社の研究開発支出は大きい。

これは，共同研究下ではスピルオーバーの増加が均衡技術フローを高めるとする(9.28)式の結果とも整合的である。

協力解と次善解の比較 しかしスピルオーバーが大きいときには，共同研究のもとでさえ，社会的には研究開発は過少となる。次にこのことを示そう。

線型需要曲線のとき，消費者余剰は $bQ^2/2$ に等しいから，(9.25)式を用いて，社会的厚生を以下のように書くことができる。

$$W = \frac{b}{2}(\sum q_i)^2 + \sum(bq_i^2 - z_i) \qquad (9.31)$$

以下では，生産量の決定については各社が利潤最大化を目的として独立におこない，政府は W を最大化すべく各社の研究開発費のみをコントロールできるという次善の解を検討する（最善解については Suzumura [1995] 参照）。

(9.31)式を z_i で偏微分し，$q_i^* = q^*$, $\forall i$, となる対称均衡で評価すると，

$$\frac{\partial W}{\partial z_i} = \left(\frac{n+2}{2}\right)\left[2bq^*\frac{\partial q_i^*}{\partial z_i} + 2b(n-1)q^*\frac{\partial q_j^*}{\partial z_i}\right] - 1, \quad j \neq i \quad (9.32)$$

を得る。そこで，この値を $z_i = \hat{z}$ の近傍で評価すると，(9.26)式を用いて，

$$\left.\frac{\partial W}{\partial z_i}\right|_{z_i = \hat{z}} = \frac{n+2}{2} - 1 = \frac{n}{2} > 0 \qquad (9.33)$$

であることがわかる。つまり，$\hat{z}$ の近傍で z_i を限界的に増加させると社会的厚生は増加する。よって，社会的に最適な企業当たり研究開発費を z^s と書くと，

$$z^s > \hat{z} \qquad (9.34)$$

のはずである。(9.30)式を合わせると，スピルオーバーが大きいときには $z^s > \hat{z} > z^n$ であることもわかる。

それでは，スピルオーバーが小さいときにも，$z^s > z^n$ が成立するだろうか。このことを考えるため，(9.32)式を $z_i = z^n$ の近傍で評価してみよう。すると，(9.22)式を用いて，

$$\left.\frac{\partial W}{\partial z_i}\right|_{z_i = z^n} = \left(\frac{n+2}{2}\right)\left[1 + 2b(n-1)q^*\frac{\partial q_j^*}{\partial z_i}\right] - 1 \qquad (9.35)$$

となり，$\alpha < 0.5$ のとき $\partial q_j^*/\partial z_i < 0$ であるから，右辺大かっこ内の符号は確定できない。ただし，$\alpha = 0$ のときには右辺が $n = 2$ のときゼロ，$n \geq 3$ の

とき負になることを証明できる（数学注4参照）。よって(9.34)式と合わせると，スピルオーバーのないときには，

$$z^n \geq z^s > \tilde{z} \Leftrightarrow n \geq 2 \tag{9.36}$$

である。よって3社以上存在すれば，非協力均衡では社会的に過剰な研究開発がおこなわれることがわかる。このとき共同意思決定すれば研究開発支出は減少されるが，社会的には過剰に減少されてしまうことも(9.36)式は示している。以上を合わせて，次の定理を得る。

定理9⑧ 線型モデルにおいて限界費用が技術フローの減少関数であるとする。2社以上存在する寡占産業の全企業が参加する共同研究において，生産量については各社が決定するものの，研究開発費については結合利潤を最大化するように決められるときの最適研究開発費を，協力解と呼ぼう。すると，協力解では社会的次善解に比べ過少な研究開発がおこなわれるものの，スピルオーバーが大きいときには，非協力解，すなわち各社が研究開発費についても自社利潤を最大化するように決めるときの解よりは研究開発費が大きく，社会的次善解に近づく。スピルオーバーがないときには，企業数が3社以上であれば，非協力解が協力解を上回り，社会的に過大な研究開発がおこなわれる。

なお以上の分析では，最適解の近傍において z_i を変化させるときの導関数の符号を分析することによって社会的厚生への影響を調べているので，大域的には最大解が別に存在し，結果が異なる可能性を否定できないことを付け加えておく。なお，この分析手法は，第6章第5節や第7章第2節で用いられたものと同じである。

共同研究のその他の効果 本節で議論した共同研究開発は，各社研究開発費の共同意思決定に限られたものであった。それにもかかわらず，スピルオーバーが大きいとき，共同研究は社会的厚生を改善することが明らかにされた。実際には，共同研究はメンバー間での情報交換を促進するから，スピルオーバーの程度自体が共同研究によって高められるのが普通である。技術情報利用における非競合性のために，こうしたスピルオーバーの増進は社会的厚生をいっそう高める。また最初に述べたよう

に，研究開発において規模や範囲の経済性があれば，共同研究は研究開発をより効果的にすることが期待される。

これらの理由により，共同行為を競争制限的として禁止している独占禁止法でも，共同研究については，一定の条件下で例外的に容認している。この条件については公正取引委員会の「共同研究開発に関する独占禁止法上の指針」(1993年制定)に明らかにされている。また研究開発と競争政策に関わる諸問題については岡田 [1999] を参照するとよい。

さらに通商産業省(現経済産業省)は，1961年に鉱工業技術研究組合法を制定し，組合方式による共同研究を容易にするとともに，コンピュータ産業や素材関連を中心に，技術開発のための補助金や委託研究費を研究組合の設置を条件に供与してきた。こうした政策については後藤 [1993] が詳しい。それらの中には，半導体開発のための超LSI研究組合 (76〜86年) のように成功したと思われるものもあるものの，ほとんど成果を上げていないものも多い。これは，参加企業に，自社資源・技術情報の投入を最少にして他者からのスピルオーバーの受取りを最大にしようとする**ただ乗り**問題が発生しやすいことが大きな理由となっている。また，参加企業間の文化や慣習の違いのために交流の成果が上げにくいことも多い。

こうした政策によるもの以外で，複数企業が自主的に共同研究をおこなうのは，自動車組立メーカーと部品メーカーによる新モデル開発時の部品共同開発のように，むしろ垂直的な関係にあるものの間での方が多い。これは，目的が明確なことと参加企業間で利害が一致していることによる。本節で分析した同一産業内企業間での共同研究では，企業は製品市場で競合関係にあるだけに，ただ乗りなどの機会主義的行動をとりやすく，共同研究の実効を上げるのは難しいと考えられる。

数学注：式の導出

1. **(9.19)，(9.20)式の導出**

   (9.18)式を z_i および z_j で偏微分して次式を得る。

$$\frac{\partial q_i^*}{\partial z_i} = \frac{\partial S(Z_i)}{\partial z_i} - \frac{1}{n+1}\left[\frac{\partial S(Z_i)}{\partial z_i} + \sum_{j \neq i}\frac{\partial S(Z_j)}{\partial z_i}\right] \quad (9.\text{A}1)$$

$$\frac{\partial q_i^*}{\partial z_j} = \frac{\partial S(Z_i)}{\partial z_j} - \frac{1}{n+1}\left[\frac{\partial S(Z_j)}{\partial z_j} + \sum_{k \neq j}\frac{\partial S(Z_k)}{\partial z_j}\right] \quad (9.\text{A}2)$$

(9.15)式および $S(Z_i) = [a - c(Z_i)]/b$ より，

$$\frac{\partial S(Z_i)}{\partial z_i} = -\frac{c'(Z_i)}{b} \quad (9.\text{A}3)$$

$$\frac{\partial S(Z_i)}{\partial z_j} = -\frac{\alpha c'(Z_i)}{b}, \quad j \neq i \quad (9.\text{A}4)$$

なので，これらを(9.A1)，(9.A2)に代入して整理することにより次式を得る．

$$\frac{\partial q_i^*}{\partial z_i} = \frac{-1}{b(n+1)}\left[nc'(Z_i) - \alpha\sum_{j \neq i}c'(Z_j)\right] \quad (9.\text{A}5)$$

$$\frac{\partial q_i^*}{\partial z_j} = \frac{-1}{b(n+1)}\left[-c'(Z_j) + n\alpha c'(Z_i) - \alpha\sum_{k \neq i,j}c'(Z_k)\right] \quad (9.\text{A}6)$$

$z_i = z, \forall i$，となる対称均衡では，

$$Z_i = [1 + \alpha(n-1)]z \equiv Z \quad (9.\text{A}7)$$

であるから，これを(9.A5)，(9.A6)に代入して整理すれば(9.19)，(9.20)式を得る．

2. (9.24)式の導出

まず準備として(9.22)式のための2階の条件を調べよう．(9.22)式の左辺をさらに z_i について偏微分したものが負になることが2階の条件である．(9.18)，(9.A5)，(9.A6)を利用するとこの条件は下記のようになる．

$$\left[nc'(Z_i) - \alpha\sum_{j \neq i}c'(Z_j)\right]^2 - \left[a - nc(Z_i) - \sum_{j \neq i}c(Z_j)\right]\left[nc''(Z_i) - \alpha^2\sum_{j \neq i}c''(Z_j)\right] < 0 \quad (9.\text{A}8)$$

$Z_i = Z, \forall i$，であれば，この式を整理すると，

$$[n - (n-1)\alpha^2][c'(Z)^2 - (a - c(Z))c''(Z)] + n(n-1)(1-\alpha)^2 c'(Z)^2 < 0 \quad (9.\text{A}9)$$

となり，第2項は正，第1項の最初の大かっこ内も正であるから，

$$c'(Z)^2 - [a - c(Z)]c''(Z) < 0 \quad (9.\text{A}10)$$

でなければならないことがわかる．このためには $c''(Z)$ が正で十分に大きくなければならないが，これは，研究開発支出増による費用低下の限界効果が逓減的であることを要求する．以下ではこれを仮定する．

次に(9.23)式を Z^n, α, n について全微分すると，

$$[n-\alpha(n-1)]\{c'(Z^n)^2-[a-c(Z^n)]c''(Z^n)\}dZ^n$$
$$+(n-1)[a-c(Z^n)]c'(Z^n)d\alpha-\{(1-\alpha)[a-c(Z^n)]c'(Z^n)$$
$$+b(n+1)\}dn=0 \qquad (9.\text{A }11)$$

となる。dZ^n にかかる項は(9.A 10)により負である。また $d\alpha$ にかかる項も $n \geq 2$ のとき $c'(Z^n)<0$ より負である。dn にかかる項については，(9.23)式を代入すると，

$$\frac{-b(n+1)}{2[n-\alpha(n-1)]}[(1-\alpha)(n-1)+2\alpha] \qquad (9.\text{A }12)$$

となり，これは $0 \leq \alpha \leq 1, n \geq 2$ のとき負である。よって，

$$\frac{\partial Z^n}{\partial \alpha}<0, \quad \frac{\partial Z^n}{\partial n}<0 \qquad (9.\text{A }13)$$

である。対称均衡では $Z^n=[1+\alpha(n-1)]z^n$ であり，$[1+\alpha(n-1)]$ は α および n の増加関数であるから，(9.A 13)であるためには，

$$\frac{\partial z^n}{\partial \alpha}<0, \quad \frac{\partial z^n}{\partial n}<0 \qquad (9.\text{A }14)$$

でなければならないこともわかる。

3．(9.28)式の導出

(9.27)式を $\hat{Z}$ と α について全微分すると，

$$-2[1+\alpha(n-1)]\{-c'(\hat{Z})^2+[a-c(\hat{Z})]c''(\hat{Z})\}d\hat{Z}$$
$$-2(n-1)[a-c(\hat{Z})]c'(\hat{Z})d\alpha=0 \qquad (9.\text{A }15)$$

となる。$d\hat{Z}$ にかかる項は(9.A 10)により負，$d\alpha$ にかかる項は $n \geq 2$ であれば正であるから，(9.28)式を得る。

4．(9.35)式の符号の決定

スピルオーバーがないとき，すなわち，$\alpha=0$ のとき，(9.20)式より，

$$\frac{\partial q_i^*}{\partial z_i}=\frac{c'(Z)}{b(n+1)} \qquad (9.\text{A }16)$$

である。この式を(9.35)式に代入し，(9.18)式および $S(Z)=[a-c(Z)]/b$，また $z_i=z^n$ では(9.23)式が成立していることを利用すると，

$$\left.\frac{\partial W}{\partial z_i}\right|_{z_i=z^n, \alpha=0} = \left(\frac{n+2}{2}\right)\left[1+2\left(\frac{n-1}{n+1}\right)q^* c'(Z^n)\right]-1$$
$$= \frac{n}{2} + \frac{(n+2)(n-1)}{b(n+1)^2}[a-c(Z^n)]c'(Z^n)$$
$$= \frac{n}{2} - \frac{(n+2)(n-1)}{2n}$$
$$= \frac{2-n}{2n} \tag{9.A 17}$$

よって $n \geq 3$ のとき，左辺は負となる。

◎練習問題

❶ 研究開発活動に関するシュンペーター仮説とはどのようなものか述べ，この仮説に対する理論的あるいは実証的な批判を説明しなさい。
❷ 研究開発をめぐる競争はトーナメント競争であり，社会的に過大な研究開発をもたらす可能性がある。このことを説明しなさい。
❸ 技術は専有不可能であり，スピルオーバーするため，研究開発は社会的に過少にしかおこなわれない可能性がある。このことを説明しなさい。
❹* 共同研究の利点として共同意思決定と補完性，欠点としてフリーライダー問題があげられることが多い。それぞれどのようなことを意味するか述べなさい。

第10章

カルテルと暗黙の協調

1. 不当な取引制限の禁止

　本章からは公共政策，特に**競争政策**と密接に結び付いた問題を扱う。競争政策は，日本では法律名から独占禁止政策とも呼ばれ，またアメリカでは反トラスト政策と呼ばれることが多い。まず最初は，その中心的対象の1つになっているカルテルについて説明しよう。

　カルテル（cartel）は独占禁止法において「**不当な取引制限**」と呼ばれているものにあたり，「事業者が，契約，協定その他何らの名義を以てするかを問わず，他の事業者と共同して対価を決定し，維持し，若しくは引き上げ，又は数量，技術，製品，設備若しくは取引の相手方を制限する等相互にその事業活動を拘束し，又は遂行することにより，公共の利益に反して，一定の取引分野における競争を実質的に制限すること」（第2条6項）と定義されている。

　このようにカルテルには，価格や生産量に関するものに限らず，技術や設備投資（設備廃棄）に関するもの，販売地域に関するもの，あるいは前章で説明した研究開発に関するものなど幅広いものがありうる。いずれにせよ，重要なことは「他の事業者と共同」しておこなう行為，すなわち**共同行為**であることである。

　また，独占禁止法は**「公共の利益に反する」**ことも要件の1つとしている。しかし前章で論じたように，スピルオーバーのある技術開発については，共同研究という共同行為が厚生を高めることがありうる。そこで共同研究については，それが競争を制限すると予想されるのでない限り，認められている。さらにこのほかにも，品質の維持や標準規格の設定など，共同行為がむしろ望ましい場合がある（柳川・大東［1999］）。ただし，選択的に一部のカルテ

ルを許容すれば政策実行上の費用や恣意的判断の入る余地があるから，独占禁止法は不当な取引制限を（共同研究などを除き）ほぼ例外なく禁止している。また，入札に対する共同行為である**談合**も不当な取引制限として禁止している。

以下では，価格あるいは生産量についてのカルテルに議論を限る。それとともに，同業者による会合や電話連絡のような明確な共同行為がなくても，カルテルと同一の効果を上げられる場合があることにふれる。これは**暗黙の協調**や**プライス・リーダーシップ**（価格先導）がある場合である。これらについては各企業による自立的な価格設定と区別することが外部からは難しく，また立証も困難であるため，違法行為とされていない。競争企業間での「価格の同調的引き上げ」（独占禁止法第18条の2）についてその理由の報告を求めることによって，暗黙の共謀の抑止を図っているにとどまる。

2. カルテルの最適化行動と安定性

カルテルは何を目標とし，どのような行動をとるのだろうか。そうしたカルテルは持続できるものだろうか。こうした問題についてまず考えてみよう。話を簡単にするために，同質的な財を生産している2社からなる寡占市場を考える（n 社に一般化することは容易である）。この2社がカルテルを結成し，そのもとでの価格や各社生産量の決定をするとして，もっとも考えやすいのは，このカルテルが結合利潤，すなわち，両社の利潤の和を最大化することであろう。そこで，まずこの**結合利潤最大化行動**を説明しよう。

結合利潤最大化 　逆需要関数を一般的に $p(Q)$，第 i 企業費用関数を $C_i(q_i)$ と書くと，結合利潤は，

$$p(Q)Q - C_1(q_1) - C_2(q_2) \tag{10.1}$$

ただし，$Q = q_1 + q_2$，である。これを q_1 と q_2 によって最大化すれば1階の条件として，

$$\frac{\partial p}{\partial Q}Q + p = \frac{\partial C_1}{\partial q_1} = \frac{\partial C_2}{\partial q_2} \tag{10.2}$$

を得る。すなわち各社の限界費用が限界収入に等しいことが最大化条件であ

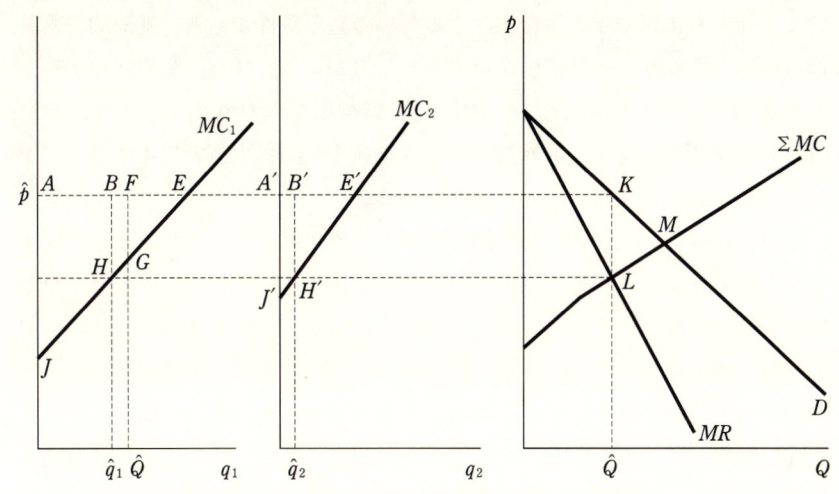

注：MC_i は i 社限界費用曲線，ΣMC は MC_1 と MC_2 の水平和，D は需要曲線，MR は限界収入曲線を表す。

図10①　カルテルにおける結合利潤最大化

る。

　図10①でハット（ˆ）の付いた変数値が(10.2)式を満足する解を示す。両社の限界費用は等しく，これが限界収入と一致している。明らかに価格は限界費用を上回り，三角形 KLM だけの厚生の損失が発生している。第1企業の粗利益（固定費用控除前）は四角形 $ABHJ$，第2企業の粗利潤は $A'B'H'J'$ で示される。

**カルテル参加の
インセンティブ**　こうしたカルテル解には2つの問題が存在する。1つは，両社ともにカルテルに参加するインセンティブを持つかどうかという問題であり，もう1つは，いったん結成したカルテルから逸脱するインセンティブを持たないかという問題である。前者から考えよう。

　図10①では，第2企業の限界費用曲線が第1企業の限界費用曲線より高い位置にあるように描いた。この結果 $\hat{q}_2$ は $\hat{q}_1$ に比べて小さく，第2企業の利潤（$A'B'H'J'$）は小さい。このため，第2企業の利潤はカルテル結成前より悪化する可能性も存在する。

　図は限界費用を逓増的として描いているが，これは結合利潤最大化解にお

いて2社ともに正の生産量を生産するための必要条件である。逓減的であれば自然独占となり，1社に生産を集中した方がよい。また，限界費用が一定である線型モデルの場合にも，両社の限界費用が異なり $c_1 < c_2$ であれば，(10.2)式は成立しえず，限界費用の小さい第1企業に生産を集中することが結合利潤を最大化するためには必要である。

これらの場合，第2企業の利潤はゼロとなる。しかし，カルテルを結成することなくクールノー型の寡占均衡が成立するなら，この場合でも第2企業は利潤を上げうることを第3章で示した。よって，第2企業はカルテルに参加するインセンティブを持たない。このような状況で第2企業にカルテルに参加させるためには，第1企業は第2企業に対してクールノー均衡で得られる利潤と少なくとも同額を補償してやる必要がある。定義により，結合利潤最大化のもとでの両社の利潤合計はクールノー均衡における利潤合計を上回るから，補償をしたあとに残る第1企業の利潤はクールノー均衡で得られる利潤より大きい。よって，こうした補償付きの結合利潤最大化をすれば，両社とも利潤を改善することが必ず可能である。

ただし，こうした補償には実行可能性の観点からの困難性が残る。1つには，クールノー均衡での利潤額はカルテル参加のための最低必要額にすぎず，これを上回る額（いわばカルテルによって発生する準地代）を両社でどう分配するかを決めるためには，困難なバーゲニングが必要となるからである。もう1つには，需要低下により利潤が減少したときに第1企業が第2企業に分配する補償額を減らそうとしても，第2企業が第1企業とまったく同じ情報を持っているのでない限り，第2企業は第1企業が騙そうとしているのではないかと疑うからである。こうした不信感が存在すればカルテルは長続きしない。現実の多くのカルテルでは，カルテル前のシェアを固定して一律に生産量を減少するといった行動がよくとられているが，シェアは観察しやすいために不信感が発生しにくく，このメリットが，結合利潤を最大化しないことからのデメリットを上回れることによるものであろうと推察される。

カルテルから逸脱するインセンティブ 　カルテルが成立し安定的であるためのもう1つの条件は，どの企業もカルテルから逸脱 (deviate) するインセンティブを持たないことである。以下の議論は生産量決定型のカルテ

ルについてもできるが，価格カルテルの方が説明が容易であるので，価格決定型の行動を仮定する。そこで，両社は図10①の $\bar{p}$ のレベルに価格を設定することを約束しているものとする。このとき第2企業は，第1企業には知られないように $\bar{p}-\varepsilon$（ε は微小値）の価格を顧客に提示して販売量を増やすインセンティブを持つ。粗利潤を（$\varepsilon \approx 0$ として）三角形 $A'E'J'$ の面積に増やすことができるからである。

　しかしこの状況は長続きしない。第1企業は $\hat{q}_1$ の販売をすることができなくなり，第2企業の裏切りに気づくはずだからである。よって第1企業はより低い価格を提示することで**報復**（retaliate）するであろう。この結果，カルテルは崩壊し価格競争が始まる。こうした裏切りあるいは逸脱へのインセンティブの存在のために，カルテルは不安定になりがちである。こう考えられてきた。しかし，報復される可能性を予測できるのであれば，逸脱によって短期的利益を追求することは有利ではなくなる。このことについては次節で詳しく説明する。

　以上では第2企業が逸脱するケースを考えた。第1企業も同様に逸脱するインセンティブを持つ。ただし，$\bar{p}-\varepsilon$ に値下げしても，総需要量 $\hat{Q}$ に制約される点に違いがある。価格を $\bar{p}-\varepsilon$ に設定するとき，そのもとでの利潤最大化は，需要の制約がない限り，限界費用がこの価格に一致する E 点または E' 点で達成される。第2企業の場合，$B'E'$ の距離が $\hat{q}_1$ より小さいため，E' 点に対応する生産量を販売することができる。ところが第1企業の場合，価格を微小に値下げしても第2企業から奪うことのできる需要量は $\hat{q}_2$ にとどまり，BE 間の距離より小さい。よって裏切り後の粗利潤は三角形 AEJ には達せず，四角形 $AFGJ$ にとどまる。このため裏切りによる利潤増は小さい。

　この議論から，マーケット・シェアの小さい企業ほど逸脱するインセンティブを持ち，大きい企業ほどカルテルの維持に努めるインセンティブを持つことがわかる。明示的なカルテルにせよ，暗黙の協調にせよ，トップ企業ほど価格安定を重視し，逆に小企業ほど独立的な行動をとりがちなことが，鉄鋼業をはじめ多くの産業の歴史でみられるが，以上の議論と整合的である。

　ただし，全面的な価格競争になったときには，高費用の企業ほど不利であ

る。図10①でいえば，J'点に対応するレベル以下の価格を第1企業が設定すれば，第2企業は退出せざるをえなくなる。よって，報復の可能性まで考えたときにも小企業の方が逸脱しやすいかは明らかでない。こうした問題を考えるためにも，次節でより詳しく報復行動について述べよう。

3. 報復の脅威による協調の維持

報復される可能性を企業が考えるのであれば，カルテルから逸脱することはどの参加企業にとっても不利であり，その結果カルテルは安定的になるだろうか。このことを調べるには，今日の逸脱からの利益を将来の報復からの損失と比較するために，動学的な分析が必要である。そうした分析について以下で説明しよう。

引き金（トリガー）戦略　第i企業を考え，カルテルに参加していれば利潤は$\hat{\pi}_i$であるとしよう。前節の議論にしたがえば$\hat{\pi}_i$は結合利潤最大化によって得られる利潤で，固定費用がなければ$\hat{\pi}_1$は図10①の四角形$ABHJ$の面積に，$\hat{\pi}_2$は$A'B'H'J'$の面積に等しい。ただし，以下では結合利潤最大化以外の目的を追求する可能性も考慮し，一般的に$\tilde{\pi}_i$と書く。

毎期の市場条件，費用条件が変わらず，カルテルが続く限り毎期末に$\hat{\pi}_i$の利潤が得られると予想されているとすれば，利子率をrとして，利潤の現在価値は，

$$\sum_{t=0}^{\infty}\frac{\hat{\pi}_i}{(1+r)^{t+1}}=\frac{\hat{\pi}_i}{r} \tag{10.3}$$

となる。

一方，この企業が前節で述べたような逸脱行動（カルテル破り）をとれば，$\tilde{\pi}_i$の利潤が得られるものとしよう。図10①でいえば$\tilde{\pi}_2$は三角形$A'E'J'$の面積に等しいが，より一般的なケースを含むように単に$\tilde{\pi}_i$と書く。ただし，カルテル破りをするとT期後には報復され，利潤はπ_i^cに低下する。π_i^cとして考えられるのは完全競争均衡解，ベルトラン均衡解，クールノー均衡解などに対応する利潤であるが，これも特定化はせず，単に$\pi_i^c<\hat{\pi}_i<\tilde{\pi}_i$であ

ると仮定する。

カルテル破りをすると利潤の現在価値は，

$$\sum_{t=0}^{T-1}\frac{\tilde{\tilde{\pi}}_i}{(1+r)^{t+1}}+\sum_{t=T}^{\infty}\frac{\pi_i^c}{(1+r)^{t+1}}=\left[1-\left(\frac{1}{1+r}\right)^T\right]\frac{\tilde{\tilde{\pi}}_i}{r}+\left(\frac{1}{1+r}\right)^T\frac{\pi_i^c}{r} \quad (10.4)$$

である。(10.3)式で示される値が(10.4)式の値を上まわれば，企業は逸脱行為をとるインセンティブを持たず，カルテルは安定的である。このための条件は，

$$\tilde{\tilde{\pi}}_i - \tilde{\pi}_i < \left(\frac{1}{1+r}\right)^T (\tilde{\pi}_i - \pi_i^c) \quad (10.5)$$

である。このように報復の脅しによってカルテルの安定性を維持する戦略を，**引き金戦略**または**トリガー戦略**（trigger strategy）と呼ぶ。報復措置に出ることを銃の引き金（トリガー）を引くことにたとえたものである。この式から次の定理を得る。

定理10① カルテルは，①$\tilde{\tilde{\pi}}_i - \tilde{\pi}_i$ が小さいほど，すなわち逸脱行動からの利潤増が小さいほど，②$\tilde{\pi}_i - \pi_i^c$ が大きいほど，すなわち報復からの利潤減が大きいほど，③T が小さいほど，すなわち報復が迅速におこなわれるほど，④r が小さいほど，すなわち将来利潤に対する割引が低いほど，安定的になる傾向がある。

特に T と r が十分に小さければ，$\tilde{\tilde{\pi}}_i > \tilde{\pi}_i > \pi_i^c$ である限り，(10.5)式を満たすような $\tilde{\tilde{\pi}}_i, \tilde{\pi}_i, \pi_i^c$ は幅広く存在するから，それぞれが独占利潤，最大結合利潤からの分け前，ベルトラン均衡利潤（あるいはクールノー均衡利潤）である必要はないことがわかる。いいかえれば，偶然的にある $\tilde{\pi}_i$ がカルテル解（協調解）として選ばれ，それが(10.5)式を満たしていれば，カルテルあるいは協調は永続する。これを**フォーク定理**（Folk theorem）と呼ぶ。フォーク・ソングのように誰が発見（作曲）したかは不明だが，広く知られてきたという意味で，フォーク定理と呼ぶのである。

有限回繰り返しゲームにおける最終期問題 以上の議論で重要なのは，すべての企業がカルテルは無限期間続くと信じていることである。もし有限であれば，その最終期には次期以降での報復を心配する必要がなく，少なくとも1社がカルテル破りをするインセンティブを持つ。すると，このこ

とが予測されるから，その前の期でも次期に報復されることを心配する必要がなくなり，カルテル破りをするインセンティブを持つ．同じ論理を繰り返すことにより，さらに1期前すなわち最終期から2期前でもカルテル破りをするインセンティブが生まれるというように，次第に前の期にさかのぼっていけば，最初から各企業は報復を恐れずカルテル破りをするインセンティブを持つことがわかる．よって，

定理10 ②　カルテルが安定的であるためには，それが永久に続くものと信じられていることが必要である．

これを**有限回繰り返しゲームにおける最終期問題**という．

市場集中とカルテルの安定性　今度は，企業数とカルテルの安定性の関係を調べるために，(10.5)式に戻り，次のような簡単化された状況を考えよう．π^m をこの市場を1企業が独占したときの利潤とする．n 社存在し，限界費用は一定ですべての企業について等しいとする．すると π^m は n 社がカルテルを結成したときに得られる結合利潤でもあり，また n 社は対称的だから，$\hat{\pi}_i = \pi^m/n$, $i=1,\cdots,n$, となる．一方，i 社がカルテル破りをして $\hat{p} - \varepsilon$ の価格をつければ市場を独占できるから，$\varepsilon \approx 0$ として $\tilde{\pi}_i \approx \pi^m$ である．さらに，報復が起きればベルトラン均衡となって $\pi_i^c = 0$ になると予想されているとしよう．これらの条件を(10.5)式に代入し整理すると，

$$n < \left[1 - \left(\frac{1}{1+r}\right)^T\right]^{-1} \tag{10.6}$$

を得る．

明らかに，n が小さいほどこの不等式は成立しやすいから，企業数が少ないほど，いいかえれば市場が集中しているほど，カルテルは永続しやすいことがわかる．たとえば $T=1$（翌期に報復），$r=0.1$（割引率10％）とすれば，(10.6)式の右辺は11になるから，10社以下であればカルテルは安定的である．

暗黙の協調　以上の議論ではすべてカルテルという言葉を用い，参加者が合意しておこなう「共同行為」であるかのように論じてきた．しかしこれは必要ではない．フォーク定理の説明で述べたように，合意がなくても何らかの理由で $\hat{p}$ という価格が実現され，それ以下に価格を設

定すると報復され価格競争が始まってしまう恐れを各社が持っているなら，(10.5)式の不等号が成立する限り，各社は$\hat{p}$以下に値下げするインセンティブを持たず，安定的な状況が生まれる。この場合には，共同行為ではないので「不当な取引制限」にあたらず，違法ではない。**暗黙の共謀**（implicit collusion），または**暗黙の協調**と呼ぶべきものである。

つまりフォーク定理は，暗黙の協調によってもカルテルと同一効果を上げうることを示唆しているのである。しかも，対称的な状況では，企業数が少ないほど暗黙の協調が維持されやすいことを以上の議論は教える。

プライス・リーダーシップ 次に，企業が非対称な場合を考えてみよう。たとえば図10①の第1企業のように，低費用でシェアの大きい企業と第2企業のように高費用でシェアの小さい企業が併存する場合である。もちろん低費用企業，高費用企業ともに複数あってもよい。このとき，前節で述べた理由によって，$\tilde{\pi}_i - \hat{\pi}_i$，すなわちカルテルや協調から逸脱することからの利潤増は高費用企業の方が大きい可能性が強い。しかしそれとともに，$\tilde{\pi}_i - \pi_i^c$，すなわち報復されることからの利潤減は，高費用企業にとって致命的な可能性が強い。低費用企業は十分に低い価格を設定することによって，高費用企業を退出に追いやってしまいつつ，自社は正の利潤を維持しつづけることも可能だからである。この恐れが強い限り，高費用企業ほどカルテル・協調にしたがおうとするであろう。

そうだとすると，高費用企業は低費用企業の設定する価格を所与としてそれに追随することが有利になる。そして低費用企業は，こうした高費用企業の行動を予測したうえで価格を決定することになる。こうしたモデルを**プライス・リーダーシップ・モデル**（price leadership model）と呼ぶ。価格を設定する企業を**リーダー**（先導者），リーダーの設定する価格に追随する企業を**フォロワー**（追随者）と呼ぶ。

リーダーは1社（$i=1$），フォロワーは$n-1$社（$i=2,\cdots,n$）あるとし，リーダーの設定する価格をp_1としよう。するとフォロワーはp_1を所与として利潤最大化するので，限界費用がp_1に等しい生産量を生産することが最適となる。この生産量をp_1の関数として$\hat{q}_i(p_1)$と書こう。すると，$Q(p)$を市場需要関数とすれば，リーダーの利潤は，

$$p_1\left[Q(p_1)-\sum_{i=2}^{n}\widehat{q}_i(p_1)\right]-C_1(q_1) \tag{10.7}$$

となり，利潤を最大化する価格 $\hat{p}_1$ は次の条件を満たす．

$$Q(\hat{p}_1)-\sum_{i=2}^{n}\widehat{q}_i(\hat{p}_1)+\hat{p}_1\left[\frac{\partial Q}{\partial p_1}-\sum_{i=2}^{n}\frac{\partial \widehat{q}_i}{\partial p_1}\right]=\frac{\partial C_1}{\partial q_1}\left[\frac{\partial Q}{\partial p_1}-\sum_{i=2}^{n}\frac{\partial \widehat{q}_i}{\partial p_1}\right] \tag{10.8}$$

いうまでもなく，これは（価格を変数としての）限界収入＝限界費用を表す式であるが，限界収入にフォロワーの反応（$\partial \widehat{q}_i/\partial p_1$）が含まれる点に違いがある．

こうしたプライス・リーダーシップは，現実にいくつかの産業で成立していると想像される．よく知られている事例としては，1955年に野田醬油（現キッコーマン）が私的独占の禁止に違反したとして公正取引委員会が審決し，57年に東京高裁がこれを支持した事件がある．この審決では，野田醬油がプライス・リーダーであり，その地位を利用して再販売価格維持行為（第12章参照）をおこなったことが認定されている．また植草［1982］は80年代初めまでのビール産業で，キリンビールが事実上のプライス・リーダーであったと主張している．これらのように，トップ企業とその他企業に費用条件やブランド力の格差が大きく，集中度が高く参入障壁も大きい産業においては，プライス・リーダーシップが成立しやすい．

またプライス・リーダーシップ・モデルを，フォロワーが追随することを予測しつつ，複数のリーダー企業がカルテルあるいは暗黙の協調により結合利潤を最大化するようなモデルに拡張することも可能である．

第1節で述べたように，明示的な共同行為がない限り，現行独占禁止法ではプライス・リーダーシップや暗黙の協調を違法とすることはできない．よって，これらが生まれやすい市場構造をもたらすと予測されるような合併やその他企業結合を規制することが，競争政策として重要である．

たとえば，1970年に八幡製鉄と富士製鉄が合併して新日本製鉄が発足して以来，同社がリーダー的な存在となり，大手5社間の協調も進むようになったとみられる（第11章コラム⑨参照）．もちろん，合併がなければどうなっていたかは憶測の域を越えないため，評価は難しいが，企業結合規制がカルテル・協調やプライス・リーダーシップの予防措置としても重要なことを

強調しておこう。

4*. 景気変動とカルテル・協調

本節では，引き金戦略によるカルテルあるいは暗黙の協調の維持が図られているとき，景気変動による需要や利潤の変動がどのような影響を与えるかについての2つの理論を紹介しよう。

グリーン=ポーター・モデル　最初に説明するのは，E. J. グリーン=R. H. ポーター (Green and Porter [1984]) のモデルである。

引き金戦略は，ライバル企業の価格（生産量決定型モデルでは生産量）を観察し，それが（明示的あるいは暗黙に）合意されたレベルを下回っている（生産量であれば上回っている）とき，報復措置の引き金を引くというものである。前節の議論では，全参加企業の価格や生産量が完全に観察できることを前提とした。しかし情報が不完全であれば，需要変動による影響とライバル企業の逸脱行動による影響とを区別できない可能性がある。

たとえば図10①に示されたように，各社が$\hat{q}_i$の生産量を生産することで合意しているとしよう。このとき$\hat{p}$の価格となると予想されている。ところが，需要曲線は観察できない撹乱要因によってシフトすることがあり，しかも，各社は価格は観察できるが他社生産量は観察できないとしよう。すると，実現した市場価格が$\hat{p}$を下回ったときに，それが撹乱要因によるものなのか逸脱行為によるものかを各社は判断できない。こうした状況での引き金戦略を，グリーン=ポーター・モデルは分析する。

t期における逆需要関数を，

$$p_t = \mu \cdot p(Q_t), \quad Q_t = \sum_{i=1}^{n} q_{it} \tag{10.9}$$

と書こう。ただしμは需要変動要因を表すパラメーターで，既知の密度関数にしたがって分布しているものとする。μが大きくなれば需要曲線は上へシフトする。

前節では，引き金をいったん引いたら，その後永久に引き続ける状況を考えたが，ここではτ期後に報復を解除するような引き金戦略を考えよう。つまり，各社のとる戦略は次の通りである。①前期に報復措置がとられてお

らず，観察された価格があらかじめ決められている引き金発動価格（$\bar{p}$）を下回らない（$p_{t-1} \geq \bar{p}$）のであれば，今期，合意された生産量 $\hat{q}_i$ を生産する．すなわち，$q_{it} = \hat{q}_i$，② $t-\tau$ 期には報復措置がとられていなかったが，そのときに実現した価格が引き金発動価格以下（$p_{t-\tau} < \bar{p}$）であったときも，$q_{it} = \hat{q}_i$，③それ以外のすべての期（$t=0$ を除く）では報復措置がとられ，$q_{it} = q_i^c$，ただし q_i^c はクールノー均衡生産量，④初期（$t=0$）には $q_{i0} = \hat{q}_i$，以上のうち②は，逸脱から τ 期経過すると報復措置が解除されることを意味している．

すると，第 i 企業の利潤をその生産量と価格の関数として $\pi_i(q_i, p)$ と書き（添字 t を略す），$Q_{-i} = \sum_{j \neq i} q_j$，$\beta = 1/(1+r)$ とすれば，第 i 企業の利潤の期待現在価値をその生産量 q_i の関数として $V_i(q_i)$ と書いて，

$$V_i(q_i) = E[\pi_i(q_i, \mu p(q_i + Q_{-i}))] + \beta \Pr[\bar{p} \leq \mu p(q_i + Q_{-i})] V_i(q_i) \\ + \beta \Pr[\bar{p} > \mu p(q_i + Q_{-i})] \left\{ \sum_{t=1}^{\tau-1} \beta^t E[\pi_i(q_i^c, \mu p(q_i^c + Q_{-i}^c))] + \beta^\tau V_i(q_i) \right\}$$
(10.10)

となる．ただし，$E[\cdot]$ は変数（・）の期待値，$\Pr[\cdot]$ は事象（・）の起こる確率を表す．右辺の第 1 項は今期の利潤の期待値，第 2 項は，第 2 期以降に共謀が維持される確率に共謀時の利潤現在価値をかけあわせたもの，第 3 項は，第 2 期に報復措置を発動する確率に報復期間中の利益と報復が終了し共謀に戻ったときの利益の和の現在価値をかけあわせたものである．

各企業は $\bar{p}, \tau$，他社生産量を所与として $V_i(q_i)$ を最大化すべく q_i を決定する．よってすべての i について，

$$V_i(\hat{q}_i) > V_i(q_i) \tag{10.11}$$

を満たす（$\hat{q}_1, \cdots, \hat{q}_n$）が存在すればナッシュ均衡を構成する．

グリーン＝ポーターはこうした均衡が存在することを証明した．この均衡は一般には結合利潤最大化とは一致しない．共同決定しているわけではないからである．それにもかかわらず，$\bar{p}$ を所与として引き金戦略をとることがどの企業にとっても有利になる．

均衡ではどの企業も逸脱しない．すなわち，$p_{t-1} < \bar{p}$ を観察して報復措置をとるときを除けば，常に $\hat{q}_i$ を生産する．注目されるのは，それでもなお μ が確率分布するために，$\Pr[p_{t-1} < \bar{p}]$ は正であり，各社がいっせいに報

復措置を発動する事態が生じうることである。いうまでもなく，情報が完全であれば，$p_{t-1}<\bar{p}$ となっても各社が $\hat{q}_i$ を生産しつづけた方が有利である。しかし，情報が不完全なため，この報復措置の実行がなければ，各社は独占利潤を求めて逸脱行動をとるインセンティブを持ってしまう。このため，一見無駄に見える報復行動が，共謀を遵守するためのインセンティブ・メカニズムとして欠かせないのである。よって逆説的であるが，カルテルの不安定性こそがカルテルの維持に役立っていることになる。

　μ は所得，嗜好，天候などさまざまな需要シフト要因に対応している。このうち所得に注目しよう。すると，不況期には μ が小さいから，$p_{t-1}<\bar{p}$ となって報復措置が発動されやすく，クールノー均衡に移行して，さらに価格は低下する。限界費用が一定であれば，プライス・コスト・マージン（PCM）も低下する。よってグリーン=ポーター・モデルは，景気変動と同方向に価格や PCM が変動すること，すなわち好況期には上昇し，不況期には低下するという順循環的な動きを示すことを予測する。

ローテンバーグ=サロナー・モデル　グリーン=ポーターの結論とは逆に，景気変動と逆方向に価格や PCM が動くことを予測したのは J. L. ローテンバーグ= G. サロナー（Rotemberg and Saloner [1986]）である。彼らの議論では $T=1, \pi_i^c=0$ と仮定されている。すなわち報復は直ちにおこなわれ，そのとき利潤はゼロである。また，逸脱行動をとる企業が現れれば，各企業は価格を微小に下げて全需要を奪うという価格決定型行動が考えられている。そこで，再び需要シフト要因 μ を考慮してカルテル時の各企業の利潤を $\hat{\pi}(\mu)$ と書けば，逸脱すれば n 社分の利潤，$n\hat{\pi}(\mu)$ を独占できることになる。なお，企業は対称的と仮定されているので，企業を表す添字 i は省略する。

　そこで，逸脱することにより次期以降に報復を受けることからの損害を K と書けば，逸脱するインセンティブを持たないための条件は，

$$n\hat{\pi}(\mu)-\hat{\pi}(\mu)<K \quad (10.12)$$

すなわち，

$$\hat{\pi}(\mu)<K/(n-1) \quad (10.13)$$

である。

通常の場合，前節で述べたように，カルテルは結合利潤を最大化すると考えるのが自然である．よって，独占利潤は μ に依存するので $\pi^m(\mu)$ と書けば，$\hat{\pi}(\mu)=\pi^m(\mu)/n$ である．すると(10.13)式によれば，
$$\pi^m(\mu^*)/n = K/(n-1) \qquad (10.14)$$
を満たすような μ^* を超える μ の場合には，$d\pi^m(\mu)/d\mu > 0$ より，逸脱が起きてしまう．このため，$\mu > \mu^*$ の場合には，逸脱へのインセンティブをなくすために，結合利潤を最大化するのではなく，各社の利潤を $\pi^m(\mu^*)/n$ のレベルにおさえておく必要がある．よって，各社は結合利潤最大化価格以下の価格をつける．つまり，μ が μ^* を超えるような好況期には，価格を下げ，限界費用一定であればPCMを下げることになり，景気変動とは逆方向の価格やPCMの動きが予測されることになる．

この結果はグリーン=ポーターの結論とは逆である．グリーン=ポーターは，各社は需要変動を観察できず価格のみを観察するため，不況期にも報復のために生産量拡大をすることがカルテル維持のために必要だと考え，**順循環的**(pro-cyclical)な価格やPCMの動き，すなわちこれらが好況期に上昇し不況期に低下することを予測した．一方，ローテンバーグ=サロナーは，好況期に高まる逸脱のインセンティブを除くために価格を下げること，すなわち**逆循環的**(counter-cyclical)な価格やPCMの動きを予測した．これらのいずれが現実的かの実証分析については，次節で紹介しよう．

ローテンバーグ=サロナー・モデルに戻ろう．均衡を決定するには K の分析が必要である．報復時の利潤はゼロなので，これは逸脱に伴う機会費用，すなわち，カルテルを継続していれば得られたであろう次期からの利潤，$\hat{\pi}(\mu)$，の現在価値に等しい．ただし，この利潤は μ が μ^* より大きいか小さいかによって異なる．μ の確率密度関数を $f(\mu)$ とし，μ が $\underline{\mu}$ と $\bar{\mu}$ の間に分布するとすれば，
$$K = \frac{1}{r}\left[\int_{\underline{\mu}}^{\mu^*}\frac{\pi^m(\mu)}{n}f(\mu)d\mu + (1-F(\mu^*))\frac{\pi^m(\mu^*)}{n}\right] \quad (10.15)$$
ただし $F(\mu^*) \equiv \int_{\mu^*}^{\bar{\mu}} f(\mu)d\mu = \Pr(\mu > \mu^*)$ である．

(10.14)式と(10.15)式から μ^* を解くことができ，この解が存在することもローテンバーグ=サロナーにより証明されている．

5. カルテルと利益率の実証研究

カルテルに関する直接的な実証研究は少ない。いうまでもなく，カルテルが違法であるため，実施されていたとしても秘匿されているからである。このため，以下で紹介するいくつかの実証研究は，カルテルの行動を推定するために特殊なデータを用いたり，間接的な証拠で類推したりと，さまざまな工夫をしている。

実在したカルテルについての分析　もっとも代表的な実証研究であるR. H. ポーター (Porter [1983]) は，世界で最初の独占禁止法であるアメリカ・シャーマン法が成立する以前，1880～86年のアメリカにおける鉄道カルテルの事例を用いている。これはシカゴから東海岸への主として穀物輸送に適用されたもので，参加企業は共同で委員会を形成し，各社のマーケット・シェアについての取決めがなされた。各企業の政策変数は価格で，カルテル参加企業の逸脱行動があったと判断されたときには，価格引下げによる報復が一定期間おこなわれた。

ポーターは業界誌から情報を収集して，カルテルが機能していた（すなわち，価格戦争が起きていなかった）週については1の値をとるダミー変数 (PO) を作成した。PO の平均値は0.62であるから，期間中の62％の週についてはカルテルが機能していたことがわかる。価格（対数値）を生産量（穀物輸送量の対数値）や PO に回帰したところ，PO の係数は正で有意であった。すなわちカルテルは価格を高める効果があった。また，利潤最大化モデルに基づいて PO の係数値を解釈すると，これはベルトラン型の価格競争での値を上回るものの，結合利潤最大化のもとでの値を下回り，クールノー型のものに近いことがわかった。カルテルの行動目標として結合利潤最大化を仮定することが，第2節で論じた企業間の分配の問題などを考えると非現実的であることを，この実証結果は示唆している。

カナダのガソリンスタンドについての分析　より最近では，反応曲線を推定することにより，企業の協調行動を推定しようとしたM. スレード (Slade [1987]) の分析がある。彼女が分析対象としたのはカナダ・バンクー

バー市のキングスウェイ地区にある13のガソリンスタンドで，価格戦争が起きていた1983年の3ヵ月間についての各スタンドの価格や販売量の日次データを得て分析している。キングスウェイ地区はバンクーバー市の中でもやや孤立した地区にあり，独立した市場を形成していると考えられている。13店はメジャー系と独立系に分けられ，それぞれのグループ内では同質的と仮定される。

　スレードは，各企業の価格変化が，同一グループ他企業の今日の価格変化と昨日の価格変化の加重平均，および他グループ企業の今日の価格変化と昨日の価格変化の加重平均に応じて決まるという反応関数を考え推定した。加重平均におけるウェイトも推定されており，今日の価格変化へのウェイトは0.5〜0.8と1よりも小さく，反応が即時的ではないことがわかる。

　一方，需要関数を推定し，限界費用はガソリン卸価格であるとして，これらの結果から利潤最大化により得られる理論的な反応係数を求めた。この理論的係数を，推定された反応関数で示される係数と比較すると，推定係数は理論的係数よりも大きく，利潤最大化で正当化できる以上に価格を変化させていることがわかった。これはライバル企業の価格変化に対する報復のためであると解釈される。しかも興味深いことに，独立系スタンドの価格変化に対する反応はメジャー系スタンドのそれに対する反応よりも大きく，独立系の逸脱行動に対する報復の方が厳しいものであると推定されている。

　推定結果から産業利潤を計算すると，推定反応関数のもとでの均衡における利潤は結合利潤最大化のもとでの利潤の41％で，ナッシュ均衡における利潤よりは大きいものの，共謀は完全ではなく，価格戦争により利潤を減じていることがわかった。

PCMと景気変動の関係についての分析　ポーターやスレードの分析は，価格その他の動きから協調行動の程度や効果を推定しようというものである。このほかに，第4節での議論に基づいて，プライス・コスト・マージン（PCM）の景気変動に伴う動きを分析することにより，グリーン=ポーターの予想する順循環的な動き（不況期にPCM低下）がみられるか，ローテンバーグ=サロナーの予想する逆循環的な動き（好況期にPCM低下）がみられるかを検定しようという分析がある。

集中度（CR）の高い産業ほど協調が維持されやすいとしよう。これは，第2節で述べた企業間の分配の問題が集中産業ほど深刻でないか解決しやすいであろうこと，第3節で述べたように集中産業ほど逸脱からの利潤増が限られること，を考えると現実的な仮定である。そこで PCM を CR に回帰して推定される係数が不況期ほど小さければ，高集中の産業ほど，すなわち協調的な産業ほど PCM が順循環的であることになり，グリーン=ポーターの議論と整合的といえる。逆に CR の係数が不況期ほど大きければ，ローテンバーグ=サロナーの議論と整合的である。

　こうした分析の代表的なものとして，I. ドモヴィッツら（Domowitz, Hubbard and Petersen [1986]）によるアメリカの284製造業産業についての1958〜81年の分析がある。彼らはまず，各年ごとに，クロスセクション分析で PCM を4社集中度（$CR4$）と資本-売上高比率（KS）に回帰した。すると，$CR4$ の係数には明らかな低下傾向があった。一方，PCM 自体には上昇傾向があり，一見逆循環的である。ただし，これは24年間にわたる趨勢的なものであり，景気変動に対応する変化と考えるのは危険である。そこで，景気変動の指標として生産増加率（IG）と失業率（U）をとり，これらと $CR4$ との交差項などを含めて，パネル分析（産業別×時系列）した推定結果は以下の通りである。

$$PCM = \underset{(0.016)^{***}}{0.129} + \underset{(0.016)^{***}}{0.110 CR4} + \underset{(0.015)^{***}}{0.127 KS} + \underset{(0.041)^{***}}{1.167 AD} + \underset{(0.020)}{0.027 IG} + \underset{(0.048)^{**}}{0.117 CR4 \times IG}$$
$$- \underset{(-0.024)}{0.014 KS \times IG} + \underset{(0.293)^{***}}{1.204 U} - \underset{(-0.308)^{***}}{0.918 CR4 \times U} - \underset{(-0.309)^{***}}{1.067 KS \times U} \quad (10.16)$$
$$\bar{R}^2 = 0.28$$

AD は広告費-売上高比率，かっこ内は標準誤差，*** は10％，** は5％で有意であることを示す。

　(3.19)式と同様に偏微分をとれば，

$$\frac{\partial PCM}{\partial CR4} = 0.110 + 0.117 IG - 0.918 U \quad (10.17)$$

であるから，売上高の対前年度増加率が高いほど，また失業率が低いほど，$CR4$ の PCM への影響が大きく，高集中産業ほど PCM が順循環的である。この結果はグリーン=ポーター・モデルと整合的である。また IG は産業別

の変数であるのに対し，U は経済全体の変数であるから，以上の結果はマクロ的な循環についても，産業固有の循環についても成立するものといえる。

日本についての実証分析　こうした分析を日本についておこなったものとして小田切・山下（Odagiri and Yamashita [1987]）がある。ここでは，価格の平均可変費用に対する比率であるマークアップ率（MU）が用いられている。$PCM=1-1/MU$ の関係にあり，PCM と MU は同方向に動くので，上述した PCM についての仮説は MU についても成立する。彼らは，1958～82 年を経済企画庁（現内閣府）の景気判断に対応して 12 の期間に分けている。第 1 期（1958～62）などの奇数期が景気拡張期，第 2 期（1962）など偶数期が景気後退期である。製造業 191～245 産業（期によりサンプル数異なる）のクロスセクション・データを用い，期ごとに MU を $CR4$ その他の変数に回帰したところ，ドモヴィッツらと同様に $CR4$ の係数は多くの期で有意で，しかも低下傾向があった。また，第 1 期と第 2 期，第 3 期と第 4 期というように隣接する期で $CR4$ の係数を比較すると，6 ケースのうち 5 ケースで奇数期すなわち景気拡張期の方が高く，残る 1 ケースではほとんど差がなかった。よって高集中産業の方がより順循環的な傾向がある。

ただし，小田切・山下論文では高景気期と低景気期の比較ではなく，景気上昇期と下降期の比較なので，MU そのものよりもその変化率（GMU）について分析した方がよいと考えられる。そこで GMU を $CR4$ その他の変数に回帰したところ，$CR4$ の係数は半数の期で有意でなく，また奇数期と偶数期の間での大小関係も一定ではなかった。ただし，どちらかといえば奇数期にはプラスの係数，偶数期にはマイナスの係数が多く，これは高集中産業ほど景気上昇期には MU を増加させている，すなわち順循環的だとする考え方と，より整合的といえる。

このように，ドモヴィッツらの分析結果にしても小田切・山下の分析結果にしても，グリーン=ポーター・モデルをより支持する結果となっている。すなわち，需要減が景気低下によるものか他企業の逸脱行動によるものかの判断ができないため，景気低下時には価格競争が起きやすいとする考え方とより整合的である。

ただし，以上の議論は，あくまでも高集中産業ほど協調的行動をとりやすいという前提に立ってなされたものである。逆に各企業が競争的に行動しているとすれば，高集中産業ほど不況期にはよりベルトラン的な行動をしていることになる。このことは，第4章第4節で述べた，装置産業では不況期に過剰能力が生じ，ベルトラン的な価格競争が起きやすいという議論と整合的である。装置産業ほど規模の経済性が大きく集中度が高いであろうからである。さらに，日本企業は不況期でも雇用を維持しようとする努力をすること（小田切［1992］），高集中産業に多い大企業ほどこうした努力をすることを考えれば，需要曲線が左にシフトした不況期ほど，価格を引き下げてでも販売量を確保することによって雇用を維持しようとする傾向が高集中産業でとられやすいことになる。小田切・山下は，彼らの分析結果がこの考え方と整合的であると論じている。

─── コラム⑧　独占禁止法違反事件の処理手続 ───

　ここで，カルテルなどの独占禁止法違反が疑われる事件が発生したときにどのような手続きがとられるのかを述べておこう。図①を見よう。**公正取引委員会**（以下，公取委と略す）は，職権探知，一般からの申告，課徴金減免制度（後述）の利用などにより得られた情報をもとに調査する。その結果，違反する事実があると認められたときには**排除措置命令**（違反行為を取りやめるなど必要な措置をとることの命令）および課徴金納付命令（課徴金の対象となる違反行為の場合のみ）が出されるが，当該事業者には事前に通知し，意見申述や証拠提出の機会が与えられる。これら命令に対し当該事業者が不服の場合には，「**審判**」を請求することができる。これは刑事事件での裁判に当たるもので，公取委の審査官がいわば検事役として証拠の提出等をおこなう。当該事業者は弁護士などを代理人として立てることができ，反論のための証拠提出や陳述等をおこなう。これらに基づき，委員長および4名の委員からなる公正取引委員会は，合議により，請求の棄却（すなわち命令の確定）あるいは命令の取消・変更という「**審決**」（裁判でいう判決）をおこなう。
　2011，2012年度に出された排除措置命令はそれぞれ22件，20件であり，うち2011年度の5件（優越的地位の濫用3件，再販売価格の拘束1件，取引妨害1件）を除けば，いずれも不当な取引制限（カルテル・談合）である。審判

図① 公正取引委員会による独占禁止法違反事件処理手続

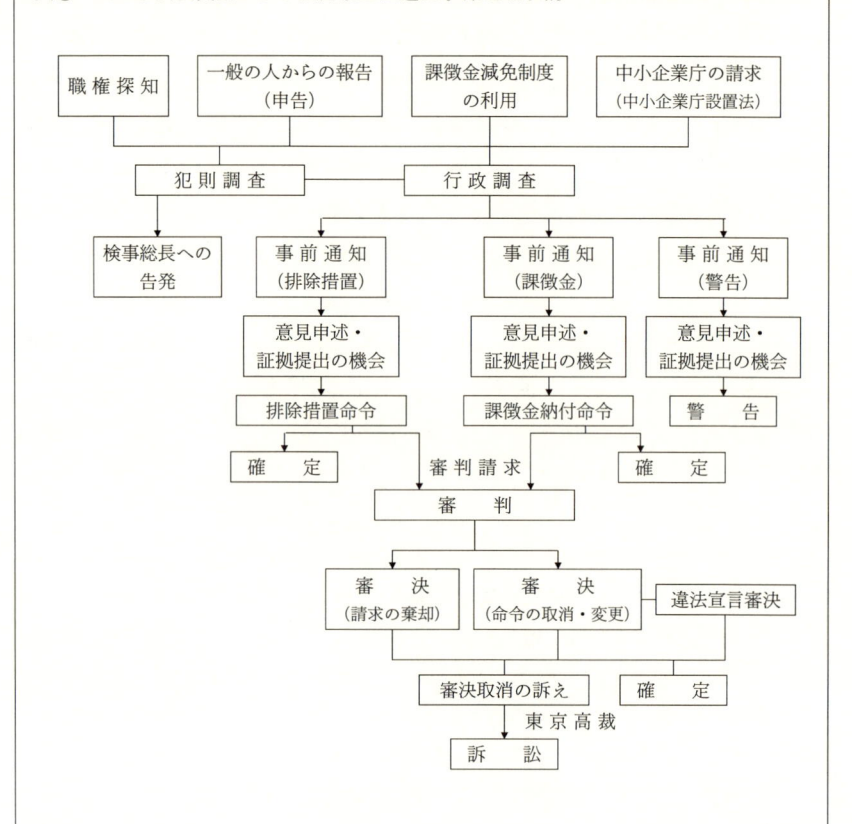

```
職権探知   一般の人からの報告   課徴金減免制度   中小企業庁の請求
          (申告)            の利用         (中小企業庁設置法)
    │         │              │                │
    └─────────┤              └────────────────┤
              │                               │
           犯則調査                        行政調査
              │                               │
    ┌─────────┘         ┌─────────┬──────────┴──────────┐
検事総長への              事前通知    事前通知            事前通知
  告発                  (排除措置)   (課徴金)            (警告)
                          │           │                   │
                       意見申述・   意見申述・           意見申述・
                       証拠提出の   証拠提出の           証拠提出の
                         機会        機会                 機会
                          │           │                   │
                       排除措置命令  課徴金納付命令       警 告
                          │           │                   │
                        確 定       審判請求             確 定
                                      │
                                    審 判
                                      │
                    ┌─────────────────┼─────────────┐
                 審 決              審 決         違法宣言審決
               (請求の棄却)      (命令の取消・変更)      │
                                      │              確 定
                                  審決取消の訴え
                                    東京高裁
                                      │
                                    訴 訟
```

については，2012年度の場合，審判請求を受けて47件の審判開始があり，13件の審決が出されている。

　不当な取引制限については，カルテル・談合から得られる不当利益を没収することによってカルテル実施へのインセンティブをなくすため，1977年の独占禁止法改正により公取委が**課徴金**を科すこととなり，さらにその後の法改正により，制裁金としての性格を強めて課徴金算定率を高めるとともに，課徴金対象範囲が私的独占，優越的地位の濫用，不当廉売などにも拡大された。この結果，2011年度には延べ277名の事業者に対し約443億円，2012年度には延べ113名の事業者に対し251億円の課徴金が科されている。

　また2005年度改正により**課徴金減免制度**（**リニエンシー**と呼ばれる）も始

まった。これは，違反事業者が違反の事実を公取委に情報提供し調査に協力すれば課徴金を減免する制度である。公取委の調査開始前に最初に情報提供しこの制度の利用を申請したものについては課徴金の全額免除，2番目に申請したものには50％の減額，3～5番目は30％の減額，さらに調査開始後の申請者も30％減額，ただし調査開始前後をあわせ最大5申請者までとなっている。いうまでもなく，カルテル・談合の摘発にあたっての最大の障害は情報収集である。違反者は摘発を恐れて情報を秘匿するからである。リニエンシーは，情報提供者への課徴金減免（および一定範囲内で告発（後述）の免除）を約束することにより，情報提供へのインセンティブを高める役割を果たす。定理10①での表現に従えば，公取委への情報提供も一種の逸脱行為であり，それからの利潤増（つまり，課徴金という負の利潤の減免）を高めることにより，カルテル・談合を不安定にするという効果が期待される。この制度が始まって以来2012年度末までのおよそ7年間に725件の申請がなされており，公取委にとって同制度はカルテル・談合摘発のための有力な手段となっている。

　これに加え，公取委は独占禁止法違反事件を検事総長に**告発**することができ，裁判を経て有罪となれば，法人には5億円以下の罰金，個人（従業員など）には5年以下の懲役または500万円以下の罰金が科せられる。公取委は悪質かつ重大な違反事件を告発するとしており，2012年度末までに20件の告発がなされている。1991年までは，手続違反など4件の軽微な事件を別とすれば，1974年告発の石油カルテル事件（価格カルテルおよび数量カルテルの2件）のみであった。しかし，1991年以降は14件の告発がおこなわれ，すべて有罪判決が出されている（ただし，2012年告発のベアリング事件については，3社のうち2社には有罪判決が出たが，1社については2013年7月時点でいまだ判決が出ていない）。

　一方，審決を受けた事業者が審決内容に不満であれば，「**審決取り消しの訴え**」を審決がその効力を生じた日から30日以内に起こすことが認められている。告発については地方裁判所，審決取り消しの訴えについては東京高等裁判所で始まり，その判決に不服のものは控訴や上告が可能である。

　また，独占禁止法第25条は，私的独占・不当な取引制限・不公正な取引方法などを用いた事業者は，被害者に対し**損害賠償**の責に任ずるとしている。かつては，たとえば石油カルテル事件に関連する損害賠償事件で，最高裁が「かかる価格協定が実施されなかったとすれば，右現実の小売価格よりも安い小売

価格が形成されていたといえることが必要であり，このことはいずれも被害者たる消費者において主張立証すべき責任がある」と述べ，原告（山形県鶴岡市の生協会員ら1654名）の立証が不十分であるとして損害賠償請求を退けたように，損害賠償が認められる事例はまれであった。しかし近年では，公共工事にかかる入札談合事件で発注者である地方公共団体等による損害賠償請求が多く認められているように，損害額を概算で推計し違反事業者に賠償を命じる裁判例が増えている。

　なお，独占禁止法は頻繁に改正されており，2013年夏時点では，審判制度廃止を含む改正案が国会で審議待ちである。よって，新聞紙上や公取委ホームページ（www.jftc.go.jp）などで最新情報を見てほしい。

◎練習問題

❶　「カルテルが成立しているとき，各企業は常に逸脱するインセンティブを持つから，カルテルは安定的ではありえない」という議論について，論評しなさい。

❷　一定の条件の下では，合議することなく，各企業は暗黙に共謀したり，リーダーに追随したりすることによって，カルテルと同様の効果を上げることがある。このことを説明しなさい。

❸　カルテルが無限に続くものと思われていないのであれば，各企業はカルテルから逸脱するインセンティブを持つ。これはなぜか，説明しなさい。

❹*　グリーン=ポーターによれば，どの企業もカルテルから逸脱していないにもかかわらず報復措置が発動されることがあり，また発動されることが必要でもある。これはなぜか，説明しなさい。

第11章

合併の経済効果

1. 企業結合規制

本章では，企業合併について，主として競争政策の観点から説明しよう。前章で説明した2社間のカルテルによる結合利潤最大化は，2工場を持つ独占企業の利潤最大化と同じものである。したがって，カルテルの効果は合併の効果と同じといえる。しかも，合併は完全な統合なので逸脱の問題は発生せず，また，価格や生産量の決定のみならず，マーケティングや研究開発についても統合される。ただし，通常は合併によっても産業内企業数が1社に集約されてしまうわけではないので，（全企業が参加する）カルテルに比べて合併は部分的な統合にとどまる。

合併は企業間の統合の1つの形態でしかなく，より緩やかなものとして**買収**，**資本参加**，**提携**などがある。合併が1つの会社への統合であるのに対し，これらは登記上の会社としては別個のものにとどまる点に違いがある。買収ではA社がB社の多数株式を取得することにより支配権を得る。資本参加ではA社がB社の少数株式を取得する。提携ではA社とB社が生産，技術，販売などで共同する。資本参加を伴うことも多い。このほかに，取締役の兼任や派遣がおこなわれることもある。また1997年以降，**持株会社**の設立が認められるようになり，共同で持株会社を設立してその傘下に入るという形での統合も起きるようになってきた。これらを総称して公正取引委員会では**企業結合**と呼んでいる。

以下では，企業結合を代表するものとして主に合併について述べる。しかし，実は件数で見る限り，合併は買収や資本参加よりも少ない（小田切 [1992]）。ただし，競争政策上問題になるのは，水平的と呼ばれる同一産業内での結合にほとんど限られ，しかも水平的な結合では合併が多いので，合

併に議論を限定することは現実的である。

独占禁止法の規制 独占禁止法は「一定の取引分野における競争を実質的に制限することとなる場合」には合併や株式取得などをしてはならないと規定している（第10，13〜16条）。この規定に対しては3つの疑問が生まれる。

第1は，「**一定の取引分野**」とは何を指すかである。この問題を市場の画定の問題と呼び，第4節で詳しく述べる。

第2は，「**競争を実質的に制限する**」とは何を意味するかである。これに対して，市場構造から判断しようとする**構造主義**と呼ばれる立場と，行動や成果から判断しようとする**行動主義**と呼ばれる立場がある。集中度が一定幅以上に高まれば競争制限的とみなすのが構造主義の代表であり，価格が上がるようであれば競争制限的とみなすのが行動主義の例である。ただし，集中度にせよ価格にせよ，どれだけ上がれば競争制限的とみなすべきかという困難な判定を避けられない。

第3に，これらの意味で競争制限的であるとしても，合併のもたらす他の効果，特に効率性の向上により，総計として社会的厚生がむしろ増加することはないのかという問題がある。また，そうした場合には合併を許容すべきかどうかという問題がある。

本章では，これらの問題を主として理論的に考えていく。実際に日本において合併規制に関してどのような判断がなされてきたかについては詳述しないので，小田切［1999］を参照してほしい。

水平合併・垂直合併・混合合併 公正取引委員会は，合併を水平合併，垂直合併，混合合併に分けている。水平とは「当事会社が同一の事業において同種の商品または役務を供給している場合」，垂直とは「当事会社が購入者，販売者の関係を持っている場合」，混合とは「水平，垂直のいずれにも該当しない場合」と定義されている。混合合併は主として多角化のための合併であるが，ある合併が水平か混合かは「同一の商品」あるいは「同種の商品または役務」とは何かという，前述の市場の画定の問題から自由ではない。

競争政策上問題になることが多いのは，もちろん水平合併（およびその他

の水平な企業結合）である。そこで，以下では水平合併を念頭において議論する。垂直合併については，次章で述べる垂直的取引制限と共通するところが多く，そこでの議論の多くが適用可能である。

　混合合併については，個々の市場における競争関係には原則として影響せず，競争政策上問題になることはほとんどない。ただし，経済全体での集中が高まることによる経済的・社会的・政治的影響があるかという**一般集中**の問題との関連では議論される（後藤 [1999]）。経済的観点から見る限り，少なくとも現在の日本やアメリカのような大規模で国際化した経済では，こうした一般集中は重要な問題にはなっていない。しかし，B. D. バーンハイム＝M. D. ウィンストン（Bernheim and Whinston [1990]）は，前章での議論を複数市場で競争関係にある多角化企業間でのゲームに拡張し，各企業が多角化していると，1市場での逸脱が複数市場での報復を招く可能性を各企業が考慮するため，共謀がより維持されやすいとしている。この議論は，個別市場での市場構造を変えるわけではない混合合併が，市場行動を変え，競争制限的帰結をもたらす可能性を示唆している。

2. なぜ企業は合併するか

　n 社が同質的な財を生産する市場を考えよう。線型モデルですべての企業が同一の限界費用を持つ場合の均衡は，すでに第3章で求められている。クールノー・モデルを仮定して $\lambda=0$ とすれば，(3.9)式より次式を得る。

$$q^n=\frac{S}{n+1}, \quad Q^n=\frac{nS}{n+1}, \quad p^n=c+\frac{bS}{n+1}, \quad \pi^n=\frac{bS^2}{(n+1)^2} \quad (11.1)$$

ただし $S=(a-c)/b$ である。

　次に，n 社のうち2社（$i=1,2$）が合併したとしよう。m 社が合併するケースに一般化することは容易である（Salant, Switzer and Reynolds [1983]）。すると，その他の条件が不変であれば，合併後は $(n-1)$ 社の対称均衡が成立するはずで，(11.1)式の n を $n-1$ で置き換えたものが新しい均衡となる。よって価格は上昇し，産業生産量は減少する。

　$n \geq 3$ である限り，合併前の2社合計のマーケット・シェアに比べ，合併

後企業のシェアは低下する。合併前のシェア計は $2/n$, 合併後シェアは $1/(n-1)$ だからである。利潤も低下する。なぜなら，

$$\pi^{n-1}-2\pi^n = \frac{bS^2}{n^2} - \frac{2bS^2}{(n+1)^2}$$
$$= \frac{bS^2[2-(n-1)^2]}{n^2(n+1)^2} \tag{11.2}$$

となり，$n≧3$ であれば右辺はマイナスだからである。よって次の定理を得る。

定理11 ① 同質財の対称的クールノー均衡で，合併前には3社以上あるとき，線型モデルで限界費用が不変である限り，合併は合併当事者のシェアと利潤を減少させる。一方，合併当事者以外の企業はシェアも利潤も増加させる。

この後半部は $\pi^{n-1}>\pi^n$ であることから直ちに導かれる。

これは，以前は独立に意思決定していた2社が合併して単一の意思決定主体となったため，合併企業も非合併企業もライバルは $(n-1)$ 社ではなく $(n-2)$ 社であるとして最適生産量を改訂するからである。

よって，企業が利潤を最大化する限り合併へのインセンティブはないはずである。いいかえれば，企業が合併するのは，以上では考慮されていない要因によるはずである。第1は，企業が合併を利潤以外の目的，たとえば規模拡大や経営者の名声を追求しておこなう可能性である（小田切 [2000]）。第2は，企業数が少なくなることにより協調が成立しやすくなることである。これについては前章で述べた。第3は，合併が生産・流通・販売・研究開発・経営管理などにおける効率性を高め，限界費用を低くする可能性である。次節ではこの第3のケースを詳しく分析しよう。

3. 合併による効率性の向上

合併した企業が限界費用を Δc だけ低めるときの価格や利潤への影響について説明しよう。ただし，合併前後ともクールノー均衡（よって $\lambda_i=0$, $\forall i$）が成立するとする。また，以下では，第1企業と第2企業が合併して第1企業となり，第3企業から第 n 企業は合併しないままでいるものとする。

価格の変化　　(3.3)式を応用すると，合併後の各社の反応関数は次の通りとなる。

$$q_1 = \frac{a-(c-\Delta c)-bQ_{-1}}{2b}, \quad \text{ただし } Q_{-1} = \sum_{i=3}^{n} q_i$$

$$q_i = \frac{a-c-bQ_{-i}}{2b}, \quad \text{ただし } Q_{-i} = q_1 + \sum_{\substack{j=3 \\ j \neq i}}^{n} q_j, \quad i=3,\cdots,n \quad (11.3)$$

明らかに非合併企業間では対称的であり，均衡では同一生産量を生産する。そこで(11.3)式を解くと，均衡生産量は次の通りであることがわかる。ただし以下では上付き添字の 0，1 でそれぞれ合併前均衡値，合併後均衡値を示し，下付き添字 i で非合併企業を示す。

$$q_1^1 = \frac{1}{n}\left[S+(n-1)\frac{\Delta c}{b}\right]$$

$$q_i^1 = \frac{1}{n}\left[S-\frac{\Delta c}{b}\right], \quad i=3,\cdots,n$$

$$Q^1 = q_1^1 + (n-2)q_i^1 = \frac{1}{n}\left[(n-1)S+\frac{\Delta c}{b}\right] \quad (11.4)$$

$$p^1 = a - bQ^1 = c + \frac{1}{n}[bS - \Delta c] = c - \Delta c + \frac{1}{n}[bS+(n-1)\Delta c]$$

よって合併による価格の変化は，(11.1)式を(11.4)式と比較して，

$$p^1 - p^0 = \frac{1}{n}(bS-\Delta c) - \frac{1}{n+1}bS = \frac{1}{n}\left[\frac{bS}{n+1}-\Delta c\right] \quad (11.5)$$

となり，合併によって価格が下がるための必要十分条件はこの右辺が負であることであり，(11.1)式を利用して

$$\Delta c > \frac{bS}{n+1} = p^0 - c \quad (11.6)$$

と書くことができる。つまり，

　　定理11 ②　　線型モデルの同質財市場で，合併前には 3 社以上での対称的なクールノー均衡が成立しているとき，そのうちの 2 社が合併したとする。このとき，合併企業のみが合併により限界費用を低下させるとき，合併により市場均衡価格が低下するための必要十分条件は，限界費用低下幅が合併前のマークアップ（価格－限界費用）を上回ることである。

たとえば，価格が限界費用に10％のマークアップを上乗せしたレベルであったとすれば，合併が価格低下をもたらすためには，合併企業の限界費用が10％以上低下しなければならない。価格低下のためには，合併のもたらす効率性向上がいかに大きくなければならないかが理解されよう。

また，合併前企業数（n）が小さいほど，合併が価格低下をもたらすために必要な費用低下は大きい。合併前は対称均衡でありnの逆数がハーフィンダール指数（H）に等しいから，高集中産業では，効率性を向上させる合併であっても価格を高めやすいといえる。

利潤の変化　　　合併後の合併会社の利潤を計算すると，

$$\pi_1^1 = \frac{[bS+(n-1)\Delta c]^2}{bn^2} \tag{11.7}$$

となり，合併による合併会社の利潤増は，

$$\pi_1^1 - 2\pi_1^0 = \frac{[bS+(n-1)\Delta c]^2}{bn^2} - \frac{2(bS)^2}{b(n+1)^2}$$

$$= \frac{2(bS)^2}{b(n+1)^2} + \frac{(n-1)^2}{bn^2}\left(\Delta c - \frac{a-c}{n+1}\right)\left[\left(\Delta c - \frac{a-c}{n+1}\right) + \frac{4nbS}{(n-1)(n+1)}\right] \tag{11.8}$$

と計算される。右辺第2項は(11.6)式が成立すれば正となり，第1項も正なので，このときには$\pi_1^1 > 2\pi_1^0$となる。よって次の定理を得る。

定理11③　線型モデルの同質財市場で，合併前には3社以上での対称的なクールノー均衡が成立しているとき，そのうちの2社が合併したとする。このとき，合併企業の限界費用が低下し，その低下幅が市場均衡価格低下をもたらすに十分なほど大きければ，合併企業の利潤は増加し，社会的厚生も増加する。ただし，合併企業の限界費用の低下幅が十分に大きくないとき，市場均衡価格は上昇するが，合併企業の利潤は増加することがある。

定理の後半部は，右辺第2項が負であっても右辺全体としては正になることがあることから導かれる。このときには，価格上昇をもたらすような合併を企業が実行しようとすることになる。

効率性向上の源泉　以上で分析したのは，限界費用が生産量に対して一定で，合併前はすべての企業について同じであったものが，合併をおこなった企業のみが限界費用を低下させるケースであった。これを**シナジー効果**による効率性向上のケースと呼ぶことができる。シナジー効果とは，相乗効果あるいは複合効果と訳され，複数企業が統合することによってそれらを足し合わせただけ以上の価値を生み出す効果のことをいう。俗に，1＋1が2を上回る効果ともいう。複数企業の持つ有形・無形の資源の補完性を生かして費用低下を実現するような場合である。両社が異なった分野について保有する技術を結合したり，技術力の強い企業とマーケティング能力の強い技術を結合したりする場合に，シナジー効果は起きやすいと考えられる。

合併が費用低下をもたらす可能性として，ほかに**学習**と**規模の経済性**がある。前者は，費用の異なる企業間で合併が起きたときに，合併前に高費用であった企業が低費用であった企業から学習し，あるいはその経営能力を注入され，その費用を低費用企業レベルまで下げる場合をいう。上のモデルで c_i を第 i 企業限界費用とし，$c_1 < c_2 = c_3 = \cdots = c_n$ のときに第1企業と第2企業が合併して，合併企業は c_1 の限界費用になるような場合である。

これに対し，規模の経済性がある場合には，総費用関数を $C(q_i)$ と書けば，$C(q_1+q_2) < C(q_1) + C(q_2)$ となり，合併企業は平均費用を下げることができる。こうした規模の経済性による合併の費用低下効果は，固定費用の節約によって起きる場合も，平均可変費用が逓減することによって起きる場合もある。合併理由として本社費用の削減や輸送費用の削減があげられることが多いが，前者は固定費用の節約，後者は平均可変費用の逓減と考えてよい。

実際には，シナジー効果と学習や規模の経済性を区別することは困難な場合がある。シナジー効果の例としてあげた補完的技術の結合にしても，技術開発における規模の経済性ともいえるからである。よって，結果を一般化するためには，一般的な費用関数を用いてさまざまなケースについて分析することが不可欠である。そのような分析についてはJ. ファレル＝C. シャピロ (Farrell and Shapiro [1990]) を参照するとよい。ただし彼らの分析にせよ，

本章での分析にせよ，合併前後でともにクールノー均衡が成立することを仮定している。よって，前述したように，合併後に協調が成立しやすいのであれば，合併によって価格が上がる可能性は強まることになる。

逆に，企業がベルトラン型の価格競争をしている場合には，価格が合併により影響されるとは考えにくい。限界費用が同一かつ一定で固定費用がなければ，企業数が減少しても，価格は限界費用に等しいままで不変である。またシナジー効果がある場合には，合併企業は他社限界費用（c_i）より微少に価格を下げることにより，他社を退出させ独占を達成するという参入阻止価格戦略をとることができる。ただし c_i の限界費用で再参入ができる限り，独占企業となっても c_i 以上の価格を設定することはできない。よって合併によって価格は変わらない。ただし，シナジー効果があれば合併企業の利潤は正となるので，合併は有利である。

4. 合併と社会的厚生

第1節で述べたように，独占禁止法は競争を実質的に制限すると予想される合併を禁止している。行動主義の立場でみると，競争を実質的に制限するかどうかの判断基準としてもっとも有力なのは，合併が価格上昇をもたらすかどうかである。この基準にしたがうとき，線型モデルでのクールノー均衡が合併前後で成立するとして，(11.6)式を満たすだけの十分に高い効率性向上がない限り，合併は禁止されるべきであることになる。

しかし，この基準は，消費者余剰が減少する合併をすべて競争制限的としていることになる。経済学的に合理的なのは社会的厚生，すなわち消費者余剰と純生産者余剰（利潤）の合計を最大化することであることを思い起こせば，これは過剰に合併を規制することになる可能性がある。

厚生のトレードオフ 価格上昇があっても社会的厚生が増加することがありうることを，O. E. ウィリアムソン（Williamson [1968]）にしたがって図11①により説明しよう。

再び限界費用は生産量に対して一定であるが，合併により Δc だけ低下したとしよう。また，価格は p^0 から p^1 に上昇し，産業生産量は Q^0 から Q^1

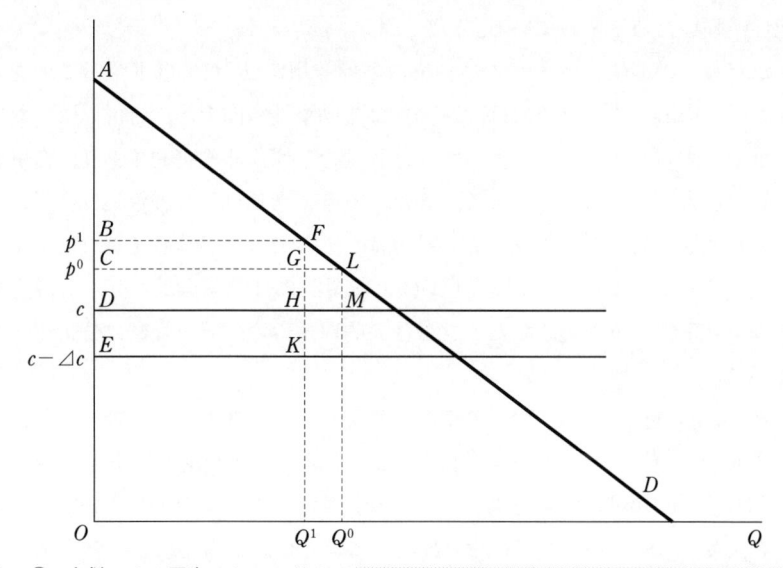

図11① 合併による厚生のトレードオフ

に減少したとしよう。合併前の消費者余剰（CS）は三角形 ACL，利潤は長方形 $CDML$ の面積であるから，両者を合わせた社会的余剰は $ADML$ の面積に等しい。一方，合併後の消費者余剰は ABF，利潤は $BEKF$ となり，社会的余剰は $AEKF$ の面積となる。これらを比べると，合併により $FHML$ だけ失われ，$DEKH$ だけ増えたことがわかる。前者は生産量減少・価格上昇による厚生の損失の増加，後者は合併がもたらした費用削減による厚生増である。また，このほかに $BCGF$ の面積だけ，消費者から生産者への余剰の再分配が起きている。

よって $DEKH$ の面積が $FHML$ の面積を上回るか下回るかによって，合併が社会的厚生を高めるか低めるかが決まることになる。これをウィリアムソンは**厚生のトレードオフ**と呼んだ。いうまでもなく，価格上昇（p_1-p_0）が大きいほど $FHML$ は大きく，費用低下（Δc）が大きいほど $DEKH$ は大きいから，これらのバランスによることになる。

ウィリアムソンはさらに，$DEKH$ が合併後生産量（Q^1）と比例的で，$FHML$ は生産量変化（Q^0-Q^1）と比例的であることに注目し，合併による生産量減少は通常は数％以内であろうから，$DEKH$ が $FHML$ を上回る可

第11章 合併の経済効果　233

能性が強いだろうとしている。

　ただしこの議論は，すべての企業の限界費用がΔcだけ低下することを前提としている。このためには，合併による効率性の向上が，合併していない全企業にスピルオーバーするのでなければならず，非現実的であり，合併の効果を過大評価することになる。また，そうであれば，合併企業は合併によっても他社に対し優位に立てるわけではないので，合併へのインセンティブも大きくない。この点で，図11①による説明には問題点があり，合併企業のみが効率性向上を達成したときの社会的厚生への効果を厳密に分析する必要がある。

合併企業の効率性向上の影響　前節での議論を利用して，n社のうち2社（$i=1,2$）のみが合併してΔcだけの限界費用の低下を達成したときの社会的余剰の変化を調べてみよう。線型モデルを仮定しているので消費者余剰（CS）は$(a-p)Q/2=bQ^2/2$に等しい。よって，まず合併前の社会的余剰を計算すると，

$$W^0 = CS^0 + n\pi^0 = \frac{b}{2}\left(\frac{nS}{n+1}\right)^2 + nb\left(\frac{S}{n+1}\right)^2 = \frac{(n+2)nbS^2}{2(n+1)^2} \quad (11.9)$$

であり，合併後の社会的余剰は(11.4)，(11.7)式を利用すると，

$$\begin{aligned}W^1 &= CS^1 + \pi_1^1 + (n-2)\pi_i^1 \\ &= \frac{1}{2bn^2}[(n-1)bS+\Delta c]^2 + \frac{1}{bn^2}[bS+(n-1)\Delta c]^2 + \frac{n-2}{bn^2}[bS-\Delta c]^2\end{aligned} \quad (11.10)$$

である。(11.9)式と(11.10)式を比較すると，次のことがわかる。第1に$\Delta c=0$であれば$W^0>W^1$。これは費用低下がなければ価格が上昇し（(11.6)式参照），産業生産量が減少することから自明であろう。図11①にしたがっていえば，$FHML$の厚生減だけ発生し，$DEKH$の部分がないからである。第2に，$\Delta c=bS/(n+1)$のとき$W^0<W^1$。これは，(11.6)式により，合併によっても価格が上がらないための最小のΔcであり，このときは価格が不変なのでCSは変わらず，利潤のみ増えるので，Wは増加する。図11①にしたがっていえば，$FHML$はなく，$DEKH$の費用低下による厚生増（ただし合併企業についてのみ）だけがあることになる。第3にW^1はΔcの増加関数である。

以上の事実から，$0<\Delta c^*<bS/(n+1)=(a-c)/(n+1)$ で，かつ，
$$W^1 \gtreqless W^0 \Leftrightarrow \Delta c \gtreqless \Delta c^* \qquad (11.11)$$
を満たす Δc^* が存在することがわかる。Δc^* は(11.6)式を満たさないから，$\Delta c=\Delta c^*$ のとき $p^1>p^0$ である。よって，合併が価格上昇をもたらすにもかかわらず，利潤増を通じて社会的厚生を高めることがありうる。つまり，次の定理が成立する。

定理 11 ④　合併企業が限界費用の低下を実現するとき，合併によって均衡価格が上昇しても（したがって消費者余剰が減少しても）社会的厚生が増加することがある。

いいかえれば，ウィリアムソンの議論は，費用低下が合併企業にしか発生しない場合でも成立することになる。

以上の分析は，線型モデルで，合併前にはすべての企業が同じ費用構造を持つという単純化された状況についてのものであるが，ファレル=シャピロ (Farrell and Shapiro [1990]) は，より一般的な状況でも同様の議論ができることを，「合併のもたらす外部効果」と彼らが呼ぶものを分析することにより示している。これは，合併が合併当事者以外，すなわち消費者と非合併企業に効果を及ぼすため，外部効果と呼んだものである。ただし，ファレル=シャピロも，合併前後ともにクールノー均衡が成立することを前提としている。

5*.　合併規制におけるシェア基準

実際の合併規制においては，合併企業のマーケット・シェアが重要な判断基準となっている。すなわち，一定以上のマーケット・シェアを合併企業が占めると予測される合併については，合併を禁止したり，禁止しなくても，慎重な調査をおこなって何らかの処置を求めることが多い。こうしたマーケット・シェア基準は正当化できるのだろうか。このことを以下で考えていこう。

シェア 50％基準の意義　D. レヴィン (Levin [1990]) は，すべての企業の限界費用が一定で，合併企業のうちでもっと

も低い限界費用が合併後企業の限界費用となり(第3節で述べた学習のあるケース)，それが非合併企業内で最小の限界費用を下回るとき，合併前の合併企業のマーケット・シェアが50%以下であれば，クールノー均衡において，合併企業の利潤を増加させるような合併は必ず社会的厚生を向上させることを示した。このことは，学習ではなくシナジー効果を仮定した本書でのモデルによっても確認できる。

まず(11.8)式の右辺をΔcについての2次方程式とみなして解くことにより，

$$\pi_1^1 \gtreqless 2\pi_1^0 \Leftrightarrow \Delta c \gtreqless \frac{bS}{n+1} f(n) = (p^0 - c) f(n) \quad (11.12)$$

$$\text{ただし，} f(n) = \frac{(\sqrt{2}-1)n - 1}{n-1}$$

であることがわかる。一方，(11.9)，(11.10)式から，同様にして，

$$W^1 \gtreqless W^0 \Leftrightarrow \Delta c \gtreqless \Delta c^* = \frac{bS}{n+1} g(n) = (p^0 - c) g(n) \quad (11.13)$$

$$\text{ただし，} g(n) = \frac{-(n+1)^2 + [(n+1)^4 + (2n^2 - 2n - 1)(2n+1)]^{\frac{1}{2}}}{2n^2 - 2n - 1}$$

であることがわかる。そこでnに応じて$f(n)$, $g(n)$がどのような値をとるかを数値計算したものが表11①にまとめられている。

合併前に3社しかなく，そのうちの2社が合併したときには，Δcが合併前価格と合併前限界費用の差の0.1213倍以上であれば，合併企業は利潤を増やすから合併へのインセンティブがあるが，それが0.2044倍未満なら社会的厚生を減少させる。すなわち合併は社会的に望ましくなく，禁止されるべきである。ところが$n \geq 4$であれば$f(n) > g(n)$となり，合併企業の利潤を増加させるようなΔcは社会的厚生をも増加させる。つまり，企業が合併により利潤を増加するだけの限界費用低下を達成できるときには，社会的厚生も必ず増加するのである。このことが成立するためには$n \geq 4$であることが必要であるが，以上のモデルでは合併前には対称均衡が成立しており，各社のマーケット・シェアはnの逆数に等しいから，2社が合併する場合には，$n \geq 4$であれば合併企業の合併前シェア合計は50%以下である。よって，レヴィンの結論は本書でのモデルでも成立することがわかる。

以上の分析は，限界費用が一定で，合併前後ともにクールノー均衡が成立

企業数（n）	$f(n)$	$g(n)$
3	0.1213	0.2044
4	0.2190	0.1671
5	0.2678	0.1419
⋮	⋮	⋮
10	0.3491	0.0818
⋮	⋮	⋮
∞	0.4142	0

注1：Δc が $f(n) \times (a-c)/(n+1) = f(n) \times (p^0-c)$ より大きい（小さい）とき，合併企業の利潤は合併により増加（減少）する。

2：Δc が $g(n) \times (a-c)/(n+1) = g(n) \times (p^0-c)$ より大きい（小さい）とき，社会的厚生は合併により増加（減少）する。

表11①　平均費用減少は価格マージンの何倍必要か ‖‖‖

する状況についてのものであり，より一般的な状況では，合併企業の利潤を増加させるために必要な最小の Δc と社会的厚生を増加させるために必要な最小の Δc とを比較することは困難である。ただし，表11①で示されているように，前者が n の増加関数で後者が n の減少関数であることは一般的に成立しやすいと予想できる。企業数が多ければ合併による価格上昇効果は限られるはずなので，少しの費用低下でも社会的余剰は増加しやすく，逆に利潤増のためには相当の費用低下がなければならないはずだからである。よって，低集中産業における低シェア企業の合併は，それが効率性向上による利潤増を求めての合併である限り，社会的厚生を損なうことはありそうにないと推測できる。

日米競争政策当局による合併規制　以上の議論で示唆されたように，集中度の低い産業における合併，シェアの低い企業の合併については競争政策当局は寛大である。日本では公正取引委員会が2004年（2011年改定）に新しい「**合併ガイドライン**」（正式名は「企業結合審査に関する独占禁止法の運用指針」，http://www.jftc.go.jp/dk/kiketsu/guideline/guideline/kaisei/index.files/07032801-01-tenpu03.pdf）を公表しており，①合併後のハーフィンダール指数（H）が1500（％表示）以下である場合，②H が1500超2500以下で，合併による H の増加が250以下である場合，③H が2500超で，H 増が150以下である場合のいずれかに該当する場合には，合併が一定の取引分野における競争を実質的に制限することとなるとは通常考えられない

としている。アメリカもその合併ガイドライン（http://www.ftc.gov/os/2010/08/100819 hmg.pdf）で同様の条件を明らかにしている。このような条件を**安全港**（safe harbor）基準あるいは**ホワイト・リスト**（white list）と呼び，合併を計画する企業への指針として，多くの競争政策当局がそのガイドラインで明記している。こうした集中度やシェアによる安全港基準は，本節での分析から正当化できるものである。

ただし，繰り返しになるが，本節での分析結果は合併前後ともにクールノー均衡が成立するとの仮定に基づいており，合併後に企業行動がより協調的になったりプライス・リーダーシップが発生したりするのであれば，合併が社会的厚生を損う恐れは増大する。レヴィンの分析では，非合併企業がクールノー型の行動を続けるのであれば，合併企業はどのように生産量を決定するのであれ，合併により合併企業の生産量が増加する（すなわち $q_1^i \geq q_1^0 + q_2^0$）のであれば，利潤増をもたらす合併はすべて社会的厚生を増大させることも示されている。しかし，D. C. ミューラー（Mueller [1985]）がアメリカでの実証分析で確認しているように，またクールノー・モデルが予測するように，合併企業のマーケット・シェアは合併後に低下することが多く，このレヴィンの分析結果が当てはまるケースはむしろ例外的と推測される。

もちろん，クールノー均衡が仮定できるなら，理想的には，すべての合併について Δc と Δc^* を計測し，$\Delta c > \Delta c^*$ のときに限って合併を承認すればよい。しかし実際には Δc と Δc^* の計測は困難である。特に Δc は，合併によりどれだけの限界費用低下が期待されるかという予想値であるから，これを推定するために必要な情報は技術的なもの，経営上のもの，要素市場に関するものなど多岐にわたり，しかもその多くについて，当事企業は情報を持つが政策当局は持たないという情報の非対称性がある。よって，政策当局の求めに対し当事企業は効率性向上を示唆するような情報のみを提供し，価格上昇を示唆するような情報を秘匿するインセンティブを持つ。

また，合併以外の手段，典型的には内部投資や，合併を伴わない提携によっても Δc が達成できるのであれば，$\Delta c > \Delta c^*$ であっても合併は許容されるべきではない。価格上昇をもたらさないだけ，合併以外の手段の方が社会的に望ましいからである。しかし Δc がこれら手段によっても達成できるか否

かを判断するに際しても，情報の不完全性・非対称性からの問題が起こりやすい。それだけに，合併企業が主張する合併の効率性向上効果については慎重に判断する必要がある。特に高集中産業では，合併が価格上昇をもたらす恐れが強いので，慎重な判断が必要である。

このため，安全港基準を満たさない合併については，競争政策当局は効率性向上を競争制限の恐れのある合併への正当化事由として認めることに消極的である。日本のガイドラインは効率性に関し，「企業結合後において，規模の経済性，生産設備の統合，工場の専門化，輸送費用の軽減，研究開発体制の効率化等により当事会社グループの効率性が向上することによって，当事会社グループが競争的な行動をとることが見込まれる場合には，その点も加味して競争に与える影響を判断する」と述べた上で，「効率性については①企業結合に固有の効果として効率性が向上するものであること，②効率性の向上が実現可能であること，③効率性の向上により需要者の厚生が増大するものであることの3つの観点から判断する」としている。とくに③は消費者余剰が増大することを求めているから，ウィリアムソン的な価格上昇（よって消費者余剰減少）と効率性のトレードオフを考慮するものではないことがわかる。

アメリカのガイドラインは，「必要な決定をおこなうために，当局は，認識可能な効率性が，当該市場の消費者利益に合併がもたらしかねない損害を，価格上昇を防ぐなどにより逆転するに十分なだけ大きい蓋然性が高いかどうかを検討する」としており，日本のガイドラインよりはトレードオフの考え方を包含しているように思われるものの，「価格上昇を防ぐなどにより」との記述があるように，価格上昇を上回るプラス効果がある場合というウィリアムソン的な考え方が積極的に取り入れられているわけではない。特に，合併の潜在的な反競争効果が大きいと予想されるほど，認識可能な効率性は大きくなければならないとしている。

このように，日米の政策当局はともに，価格と効率性のトレードオフという考え方を無視しているわけではないとしても，それを取り入れることには消極的である。これは社会的厚生最大化の観点から認められるべき合併を抑制してしまうという誤りをもたらしている可能性があるものの，情報の非対

称性ゆえに効率性向上を過大評価して本来望ましくない合併を容認してしまうという誤りを防ぐという観点からは，合理的といえる。統計学の用語にならっていえば，前者を**第1種の誤り**，後者を**第2種の誤り**と呼ぶことができ，両者のバランスが問題になるが，競争当局は第2種の誤りをより警戒しているとみられる。現実におこなわれた合併や買収についての実証結果には，その経営成果への貢献に否定的なものの方が多いことからも，この立場は合理的なように思われる（小田切［1999］，小田切他［2011］）。

6. 市場の画定

これまで同質的な財を生産する n 社からなる産業を考えてきた。しかし，現実には製品が差別化されていることが多く，また類似の財もあるため，どの企業の生産しているどの製品が合併企業と同じ市場に供給されているかを決定することは難しい。したがって，前節でマーケット・シェアや集中度による判断基準について論じたが，一体どの市場におけるマーケット・シェアや集中度を用いるべきなのかは自明でない。たとえば1994年に三菱化成と三菱油化という化学メーカー2社が，また97年には三井化学と三井東圧化学という同じく化学メーカー2社が合併したが，これらの合併の経済効果を考えるにあたっては，化学製品全体におけるシェアを考えるべきなのだろうか，それともエチレンやフェノールといった個々の化学製品について考えるべきなのだろうか。これは競争政策の運用上，常に問題となるもので，**市場の画定**あるいは**市場の定義**（market definition）の問題と呼ばれる。

実際，市場の画定は合併についてだけ問題になるのではない。本書を通じて，市場や産業は明確に区分されるかのように仮定して議論を進めてきたが，実は，これらの議論を現実に応用するには，市場をいかに画定するかが常に問題になるのである。

製品間代替の可能性 第7章での製品差別化の議論において，2社の製品が差別化されているか否かの基準は，買い手である消費者がそれらを異なるものとして認識しているか否かであると述べた。市場の画定においても同様に，第 i 製品と第 j 製品が同一市場に属すると判断

すべきか否かの基準は，消費者がそれらをどう認識しているかによるのでなければならない。消費者がそれらを同一とみなしているのであれば，第i製品における価格上昇に対して，消費者はiから代替財jへ代替することによって，予算制約を満たしつつ効用を最大化しようとする。よって，合併によって第i市場において独占的地位を獲得する企業があっても，価格を上昇させることは大きな需要量減をもたらすので有利でなくなる。このような場合には，第i市場における合併企業のシェアが高くなるとしても，合併が価格上昇をもたらす恐れは小さい。むしろ重要なのは，密接な代替製品であるjをも含めた市場におけるシェアである。iとjを合わせた市場においても合併企業のシェアが高くなるのであれば，これ以外に密接な代替製品がない限り，価格上昇が懸念されるからである。

　こうした考え方を市場の画定の判断基準として取り入れたのが日本やアメリカの合併ガイドラインで示されている**SSNIP**（エスエスニップまたはスニップと読む）**テスト**である。合併企業が生産・販売している個々の（もっとも狭く定義された）製品を考える。この製品が仮に独占企業によって供給されているとして，この独占企業が「小幅（s̲mall）ではあるが，実質的（s̲ignificant）かつ一時的ではない（non-transitory）価格引上げ（increase in price）」を実施するものとしよう。他のすべての製品の価格など他の要因はすべて不変とする。このときに，この製品への需要量低下が十分に大きいために利潤はむしろ減少するようであれば，多くの需要者が近接する他製品に需要代替したと想定できる。そこで，この製品は1つの市場を構成するには狭く定義されすぎていると判断され，次にもっとも密接な代替関係にある製品を同一市場に含むものとし，この拡大された市場について，市場内全製品について「小幅だが実質的かつ一時的ではない価格引上げ」をするという同様の思考実験を繰り返す。そして，価格上昇によっても需要量減少がもはや大きくないため，仮想的独占企業の利潤が増加するようになるところまで代替製品を加えていって，そこまでに含められた製品群を1つの市場を構成するものと考えるのである。

　この考え方を，経済学において広く用いられている**需要の交叉弾力性**の概念を用いて説明しよう。合併企業が生産している（最小に定義された）製品

を $j=1$ とする。この製品が独占企業によって供給されているとすれば，価格上昇の利潤への効果はもちろん，

$$\frac{\partial \pi_1}{\partial p_1} = \frac{\partial}{\partial p_1}[p_1 Q_1 - C_1(Q_1)] = (1 - PCM_1 \times \eta_1)Q_1 \quad (11.14)$$

$$\text{ただし，} PCM_1 = \frac{p_1 - \partial C_1/\partial Q_1}{p_1}, \eta_1 = -\frac{\partial Q_1}{\partial p_1}\frac{p_1}{Q_1}$$

である。いうまでもなく，PCM_1 は（限界）プライス・コスト・マージン，η_1 は需要の（自己）価格弾力性である。

消費者は m 種類の製品を購入しているとすると，総支出額 $\sum_{j=1}^{m} p_j Q_j$ は所得に制約されて一定なので，第1製品価格上昇の影響を次のように書くことができる。

$$\frac{\partial}{\partial p_1}\left(\sum_{j=1}^{m} p_j Q_j\right) = 0 = Q_1 + \sum_{j=1}^{m} p_j \frac{\partial Q_j}{\partial p_1} = Q_1 + Q_1\left(-\eta_1 + \sum_{j \neq 1} \frac{p_j Q_j}{p_1 Q_1}\eta_{1j}\right)$$

$$\text{ただし，} \eta_{1j} = \frac{\partial Q_j}{\partial p_1}\frac{p_1}{Q_j} \quad (11.15)$$

これを(11.14)式に代入すれば，

$$\frac{\partial \pi_1}{\partial p_1} = \left[1 - PCM_1 \times \left(1 + \sum_{j \neq 1}\frac{p_j Q_j}{p_1 Q_1}\eta_{1j}\right)\right]Q_1 \quad (11.16)$$

を得る。よって交叉弾力性 η_{1j} が正で大きいほど，右辺は負となりやすい。

SSNIPテストは，この右辺が負になるようであれば，第1製品のみに限定するのは市場の範囲として狭すぎ，η_{1j} がもっとも大きいような製品（第2製品とする）を第1製品と同一市場にあると判断すべきであるとする。そして次に第1製品と第2製品のグループを考え，両製品を結合して独占的に供給している企業を想定して，これらの価格を同時・同額引き上げたときの，この独占企業の利潤への影響を(11.16)式と同様に考える。すると右辺かっこ内で最大の η_{1j} はすでに除かれているから，右辺は(11.16)式の場合よりも増加するはずである。そして右辺が正になれば，第1製品と第2製品を1つの市場と結論する。まだ負であれば，今度は次に η_{1j} が大きい製品（第3製品）も市場に加え，また同様の思考実験をおこなう。この思考実験を，仮想的な独占企業の利潤への価格上昇の効果が正になるまで繰り返す。これがSSNIPテストの考え方である。

市場画定の現実的困難性 SSNIPテストは合理的な市場画定の方法である。ただし現実問題としては，仮想的な実験を正確におこなうために必要なデータを競争政策当局が持っているわけではない。また，論理的には，需要関数を推定すれば交叉弾力性は計算できるはずとしても，推定に伴うエラーは無視できない。よってSSNIPテストが厳密に適用される場合は限られ，多くの場合には近接する商品間での機能や効用の同等性を聞き取り調査などをもとに推定したり，需要者へのアンケート調査により価格引上げ時の近接商品への需要代替の確率を推定したりしたうえで，SSNIPテストの考え方を当てはめることになる。

このため，合併を計画する企業にとっては，前例が政策当局の判断を予想するための重要な情報源となっている。日本では，1969年の八幡製鉄・富士製鉄合併事件（コラム⑨参照）以来，合併はすべて公取委審査によって決着しており，排除措置命令（かつては勧告）が出された事例がなく，よって審判や裁判にもなっていない。そこで，前例についての情報が共有され蓄積が進むように，公正取引委員会は主要事例について（必要に応じて会社名を匿名として）その判断理由を公開する努力をしている（http://www.jftc.go.jp/kiketsu/jirei/index.html 参照）。

コラム⑨　八幡製鉄・富士製鉄合併

　戦後の合併の中で，競争政策の立場からもっとも注目を集めたのは八幡製鉄と富士製鉄の合併である。両社は，戦前の国策会社である日本製鉄が過度経済力集中排除法の適用を受けて分割されたことによって1950年に生まれた，いわば兄弟会社で，68年に合併計画を発表し，公正取引委員会に非公式の事前審査を求めた。それぞれ製鉄業界で1位と2位を占め，合併すると銑鉄で44.5％，粗鋼で35.4％のマーケット・シェアを有し，支配的な存在になることが予想された。

　公正取引委員会にとって最初の微妙な問題は，何をもって「一定の取引分野」とみなすかであった。銑鉄あるいは粗鋼をもって一定の取引分野とみなすべきであろうか。しかし，これらは最終製品である鋼板，鋼管，鋳物用銑その他の生産に使われる中間財という性格が強い。そこで公正取引委員会は最終製品をもって一定の取引分野とする態度をとったが，合併後のシェアが30％を

超えるものは20品目あまりに上っていた。このうち特に9品目（鋳物用銑，鉄道用レール，鋼矢板，大形形鋼，普通線材，厚中板，冷延薄板，電気鋼板，ブリキ）を選び検討を加えた結果，鉄道用レール（両社のシェア計100％），食缶用ブリキ（61.2％），鋳物用銑（56.3％）の3品目について競争を実質的に制限するおそれがあり，鋼矢板（98.3％）についてはおそれがないとはいえないとの判断を下したのである。

公正取引委員会は1969年2月にこの旨を両社に内示したものの，両社が合併契約を締結し3月に同委員会に届け出をおこなったため，5月に両社に合併の中止を勧告した。しかし両社は勧告を拒絶したため，審判手続を開始した。その後，両社から同意審決の申し出がなされ，問題とされた4品目について設備譲渡などの対応策が提案されたため，公正取引委員会はこれを適当と認め，同年10月に同意審決が下されて合併が実現した。

本件は，本文で説明した合併ガイドラインが作成されるより以前のものである。いいかえれば，本件を教訓としてガイドラインが作成されたといえる。上記したように20品目においてシェア30％を上回り，たとえば普通線材の場合，両社合わせたシェアは40.5％に達し，次位メーカー，神戸製鋼所のシェア（18.8％）の倍以上であった。よって，現在のガイドラインにおける安全港基準は満たされておらず，その他の線材関係など主たる代替品も同じく八幡・富士が最大メーカーであり，参入障壁も低くはなく，しかもこの当時，海外事業者からの輸入あるいは潜在的参入による競争圧力も限られていたことを考えると，この合併が競争制限的ではないとみなされたことは意外である。

それでは，厚生のトレードオフの考え方によって合併を正当化できるだろうか。実際，八幡・富士両社は合併のメリットとして，設備投資の効率化，研究投資の効率化，原料の効率的配分，製品の交錯輸送の排除，管理部門の合理化，資本調達力の強化など効率性の向上をあげている。残念ながら，これらによる費用低減効果がどの程度のものなのかが客観的に推定されて公正取引委員会の判断に生かされたわけではなく，また事後的にもどれだけの費用低減が実現されたかは明らかにされていない。このため，合併の社会的厚生への効果を調べることは不可能である。小田切［1999］は，効率性向上によってこの合併を正当化することに否定的な議論をおこなっている。一方，大橋［2013］はより肯定的な議論を展開している。

◎練習問題

❶ 「合併による効率性の向上が期待できないのに企業が合併するのであれば，合併によって産業内で明示的あるいは暗黙の共謀が維持されやすいと経営者が考えているか，経営者が利潤を最大化していないからである」という議論について，論評しなさい。

❷ 合併により企業の効率性が向上するのであれば，価格上昇が予想されていても，合併が社会的厚生を高める可能性がある。この議論を，ウィリアムソンの図により説明しなさい。

❸ ある市場において，トップ企業のA社（マーケット・シェア，33％）と3位企業（マーケット・シェア，17％）のB社が合併を発表したとしよう。両社は合併により，経営の効率化を図り，国際競争力をつけることができると述べている。あなたが公正取引委員会の担当者であるとして，この合併の可否を決定するにあたり，どのようなことを調査し，どう判断すべきか，考えてみなさい。

❹ 市場の画定の問題とはどのようなことか，なぜ，この問題が合併の審査において重要な問題なのか，説明しなさい。

第12章

垂直的な取引制限

1. 垂直的取引関係における最適化行動

　財が生産され消費者の手に渡るまでには，資源採掘，原料加工，部品生産，最終製品生産，卸売，小売といった数多くの段階がある。こうした流れを**垂直的な流れ**あるいは**垂直連鎖**と呼ぶが，この流れの中でどれだけの段階を1社で統合しておこなうかは**垂直統合**（vertical integration）の問題として知られている。また，垂直的な流れの中で，取引相手の行動を制約するような行為を**垂直的取引制限**（vertical restraints）と呼ぶ。垂直統合については，経営組織上の問題として主に企業経済学（小田切 [2010]）の分野で論じられるので，以下では，競争政策において問題となることが多い垂直的取引制限を中心に説明しよう。ただし，垂直統合は垂直的取引制限のもっとも進んだものともいえるので，本章での議論には垂直統合においても当てはまるものがある。

メーカーと小売店　図12①は典型的な垂直的取引関係として，メーカーと小売店の関係を示している。本章での議論の中には，メーカーより上流の関係，たとえば部品のサプライヤーと組立業者（アセンブラー）との関係にも適用できるものがあるが，メーカーより下流，すなわち販売・流通経路において適合するものが多く，また競争政策上問題とされるのもほとんどこの部分についてであるので，ここではメーカーと販売店の関係を考えていく。また，メーカーと小売店の間には卸売業者やメーカー直系の販売会社（販社）が介在することが多く，この場合には図12①は3段階の流れとして拡張される必要があるが，ここでは話を簡単にするために，メーカーと小売店の関係に単純化して考える。

　メーカー（M）は製品を生産し，小売店に卸す。生産にかかる単位費用は

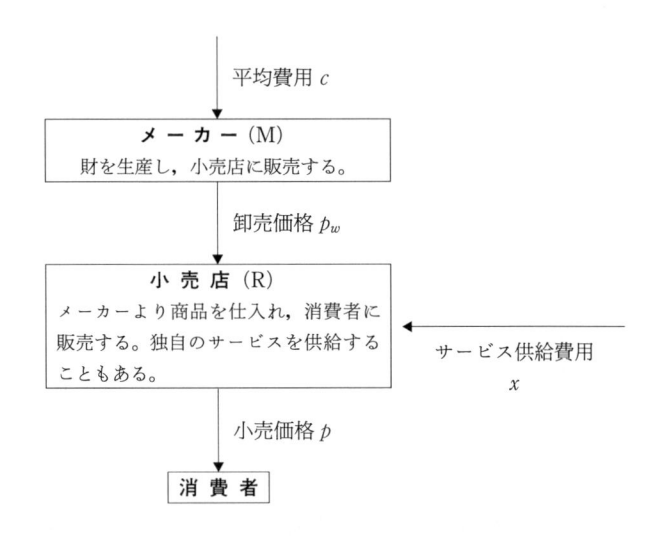

```
                    平均費用 c
                       ↓
         ┌─────────────────────────┐
         │     メーカー (M)          │
         │  財を生産し，小売店に販売する。│
         └─────────────────────────┘
                       ↓ 卸売価格 $p_w$
         ┌─────────────────────────┐
         │     小 売 店 (R)          │
         │  メーカーより商品を仕入れ，消費者に│ ← サービス供給費用
         │  販売する。独自のサービスを供給する│     $x$
         │  こともある。              │
         └─────────────────────────┘
                       ↓ 小売価格 $p$
                  ┌──────┐
                  │ 消費者 │
                  └──────┘
```

図12① メーカーと小売店の垂直的関係

c で一定であり，固定費用はないものとする。卸売価格は p_w なので，$p_w - c$ がメーカーの単位当たり利潤である。小売店（R）は p_w の価格で仕入れた商品を p の小売価格で販売する。販売に要する限界費用はゼロであると簡単化するので，$p - p_w$ が小売店の単位当たり利潤である。ただし小売店は，このほかに独自のサービスを供給することがあり，このときには x という固定のサービス費用を支払うことになる。当面，このサービス供給の可能性については無視して議論を進める。

消費者は p の価格で購入するので，市場需要関数は以前の通り p の関数であり，線型を仮定して $p = a - bQ$ と書く。

二重の限界化　メーカー，小売店とも独占であるとしよう。小売店にとっての利益最大化行動は，

$$\pi_R = (p - p_w)Q \tag{12.1}$$

を最大化するように Q を決定することである。線型需要関数のもとでは，これは第2章で述べた，独占企業で p_w を限界費用とする場合にほかならないから，(2.10)式から，

$$Q = (a - p_w)/2b \tag{12.2}$$

を得る。

　(12.2)式はメーカーに対しての小売店の需要関数でもある。よって，メーカーは(12.2)式を制約として，

$$\pi_M = (p_w - c)Q \tag{12.3}$$

を最大化すべく Q を決定する。最大化条件より（上付き添字 v で解を示す），

$$Q^v = (a-c)/4b \tag{12.4}$$

を得る。価格は，

$$\begin{aligned} p_w^v &= \frac{a+c}{2} = c + \frac{a-c}{2} \\ p^v &= \frac{3a+c}{4} = c + \frac{3(a-c)}{4} \end{aligned} \tag{12.5}$$

となる。この結果は図12②に示されている。

　$(a-c)/b$ を S と書くと，完全競争解，$Q^c = S$，は厚生を最大化し，独占解，$Q^m = S/2$，は厚生上の損失を発生させることを第2章で示した。(12.4)式は，$Q^v = S/4$ であり，独占解のさらに半分と小さく，価格（p^v）は独占価格（p^m）を上回り，このため，厚生の損失はさらに大きくなることを示している。図12②での三角形 JKN が通常の独占による厚生の損失であるのに対し，ここでは EGN となって，四角形 $EGKJ$ の分だけ厚生の損失が増加するのである。

　こうした歪みは，小売店とメーカーという2つのレベルにおいて独占が存在し，それぞれが（価格ではなく）限界収入を限界費用と等しくするように行動することによって発生している。そこでこのことを「**二重の限界化**」(double marginalization) と呼ぶ。つまり，次の定理を得る。

定理12①　メーカーと小売店の双方が独占であるとき，両者が統合されているときに比べ，小売価格は高く，社会的厚生の損失は大きい。

　図12②を見よう。消費者の小売店に対する需要曲線は直線 AT で表されている。これは通常の市場需要曲線である。これに基づいて導出される限界収入曲線は AL で示され，その傾きは需要曲線の傾きの2倍である $2b$ となっている。小売店はこの曲線で示される限界収入と限界費用（p_w）が等しくなるような Q をメーカーから仕入れ，消費者に販売するので，この曲線

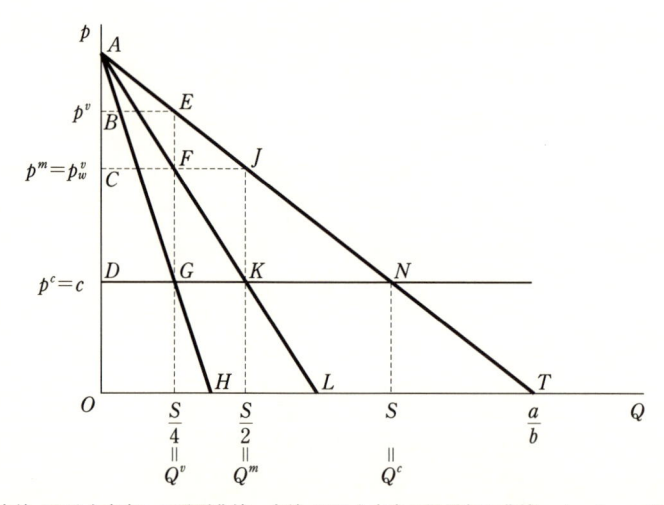

注：直線 AT は小売店への需要曲線，直線 AL は小売店の限界収入曲線＝メーカーへの需要曲線，直線 AH はメーカーの限界収入曲線を表す。

図12② 二重の限界化

は p_w のレベルに応じてメーカーへの発注量を表す曲線，すなわちメーカーへの需要曲線でもあることになる。そこで，これも独占企業であるメーカーはこれに対する限界収入曲線，すなわち図の直線 AH が，限界費用（c）と一致するところで生産量を決定することになる。

かくして，均衡生産量は $S/4$ となり，これは小売店仕入量でも消費者購入量でもある。卸売価格は p_w^v となるので，メーカーは長方形 $CDGF$ だけの利潤を得る。小売店はこの p_w^v で仕入れた商品を p^v の小売価格で販売するので，$BCFE$ だけの利潤を得る。

このように，通常の独占解よりもさらに少ない生産量と高い小売価格をもたらす二重の限界化は，需要曲線の形状にかかわらず発生する。ただし，線型でない一般的な需要関数の場合には，$Q^v < Q^m < Q^c$ は成立するが，必ずしも $Q^v = Q^m/2 = Q^c/4$ の関係が成立するわけではない。

もちろん，メーカーと小売店が統合し，1企業として行動する場合には，その利潤を最大化する生産量は Q^m であり，そのときの利潤は長方形 $CDKJ$ である。利潤最大化の定義により，これはメーカーと小売店が独立に利潤最大化したときの利潤計，$BDGE$，を上回る。図で示された線型需

要曲線の場合には，$BDGE$ は $CDKJ$ の 3/4 であることが理解されよう。

　よって，この場合には，垂直統合は企業（メーカーおよび小売店）にとって有利なだけではなく，価格を引き下げるから消費者にとっても有利であり，厚生の損失は減少する。つまり，すべての意味で望ましいことになる。

2. 再販とフランチャイズ制

　垂直統合することなく，メーカーと小売店が分かれていても，二重の限界化を避けるための方法がいくつか存在する。その代表的な2つの方法を説明しよう。

再販売価格の維持　第1の方法は，小売店の販売価格か販売量をメーカーが決め，小売店にこれを守らせることである。すなわち，小売価格を p^m（図12②参照）に設定するか，販売量を Q^m に設定して守らせればよい。

　すると，たとえば $p_w = p^m$ とすれば，小売店の利潤はゼロであるが，メーカーの利潤は $CDKJ$ となるから，その中から少なくとも $BCFE$ に相当する利潤を小売店にリベートとして支払っても，メーカーはより大きな利潤を上げることができる。小売店も，リベートを受け取ることによって以前と少なくとも同じだけの利潤を確保できるので，メーカーの指定価格で販売するインセンティブを持つ。あるいは $c < p_w < p^m$ であって，両者とも二重の限界化の場合よりも大きい（あるいは少なくとも小さくはない）利潤を得られるような p_w に卸売価格を設定することもできる。

　小売価格は，メーカーが販売した先の小売店が販売するとき，つまりメーカーから見れば「再」販売するときの価格である。そこで，メーカーが小売価格を指定し小売店に守らせる行為を**再販売価格維持行為**（resale price maintenance：RPM），略して**再販**と呼ぶ。一方，小売店の販売量を拘束する行為を**数量維持行為**と呼ぶ。これは再販と同効果を持ち，現実には再販がより一般的である。

　第6節で詳しく述べるように，再販は独占禁止法により原則として禁止されている。しかし以上の議論は，二重の限界化による弊害が深刻な場合には，

再販が社会的にも望ましいことを示している。

フランチャイズ契約

再販は小売店レベルでの限界化を禁止することにより二重の限界化を防いでいる。この逆は、メーカー・レベルでの限界化を避けることにより、小売店レベルでの限界化だけにとどめることである。このためには、メーカーは $p_w=c$ の価格で小売店に商品を卸せばよい。すると小売店にとっての限界費用は c となり、利潤最大化によって販売量（＝仕入量）Q^m、小売価格 p^m を選択することになる。そして、小売店が得る CDKJ の利潤のうち、CDGF より大きく、CDKJ マイナス BCFE より小さい面積に等しい金額を、小売店からメーカーに再分配すれば、両者ともに二重の限界化のもとでの利潤よりも高いか、少なくとも同額の利潤を得ることができる。

このような形での契約を**フランチャイズ契約**と呼ぶ。フランチャイズ契約のもとでは、メーカーは小売店に対し q だけの数量の商品を供給する代わりに、小売店から料金の支払いを受けるという契約を結ぶ。料金は一般的に q の関数であるが、特に、固定部分（f）と比例部分からなり、$f+p_w q$ の形をとる料金体系を**2部料金制**という。電力や電話などの公共料金に一般的な料金体系である。

よって、$p_w=c$ とし、f を CDGF より大きく、CDKJ マイナス BCFE より小さい面積に等しい額とするフランチャイズ契約は、再販と同様に、二重の限界化による弊害を是正するのに効果的である。しかも再販とは異なり、フランチャイズ契約は独占禁止法で禁止されているわけではない。これは、再販が小売店間の競争を阻害するものであると考えられているのに対し、フランチャイズ契約はメーカー・小売店間での自由な契約に基づくものであると考えられているため、通常は競争制限とみなされないからである。それにもかかわらず、両者は経済的に同一効果を持つ。

フランチャイズ契約は、より一般的には、フランチャイザー（フランチャイズする主体）が商品やサービスをフランチャイジー（フランチャイズされる主体）に提供する代わりに、フランチャイジーがフランチャイズ料をフランチャイザーに支払う契約のことを指し、ファーストフード・チェーンやコンビニエンス・ストア・チェーンの場合のように、フランチャイジーが複数

のことが多い。これらの例では，フランチャイザーは，フランチャイジーによる商標利用を認めるとともに，経営ノウハウを教え，食材や商品を供給する。これに対し，フランチャイジー（チェーン店）は固定部分と変動部分（食材・商品の仕入量や売上高に比例的）からなるフランチャイズ料を支払う。

こうした一般的なフランチャイズに比べ，本節で説明したフランチャイズ契約は双方独占であるためにやや特殊であるが，基本的には同一形態の契約であるためフランチャイズ契約と呼ぶのである。

3. ブランド内競争とブランド間競争

以上の議論では，メーカー・小売店ともに独占であると仮定した。二重の限界化という結論はこの仮定に大きく依存している。いいかえれば，二重の限界化を避けられるので再販が社会的に貢献するという議論は，メーカー・小売店ともに独占でなければ成立しない。このことを明らかにするために，以下では競争がある状況について説明しよう。

ブランド内競争　図12③を見よう。(a)で示されているのは，メーカーは独占のままであるが，小売店は複数あり（図では2店に単純化），それらの間で競争が起きている場合である。この競争を**ブランド内競争**（intra-brand competition）と呼ぶ。同一ブランド商品について小売店間で競争しているからである。同一ブランド品なので，小売店によるサービス供給がなく，消費者が小売店へ行くための交通費も無視できるのであれば，小売店間に差別化はない。よって，小売店が価格競争する限り，ベルトラン均衡が成立し，均衡小売価格は限界費用すなわち卸売価格に一致するはずである。つまり $p = p_w$ が成立する。よって図12②の直線 AT はメーカーへの需要関数に一致し，メーカーの独占利潤最大化によって均衡卸売価格は p^m となり，通常の独占均衡が成立して二重の限界化は発生しない。

ブランド間競争　一方，小売店は独占であるが，メーカーが複数あり（図では2社に単純化），小売店への納入をめぐって競争しているケースが図の(b)で示されている。これを**ブランド間競争**（inter-

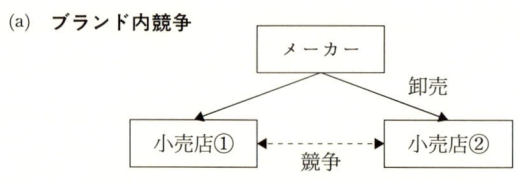

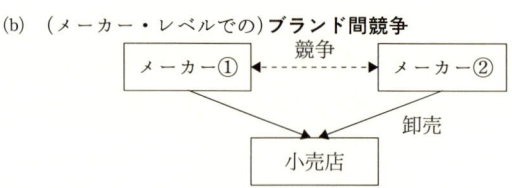

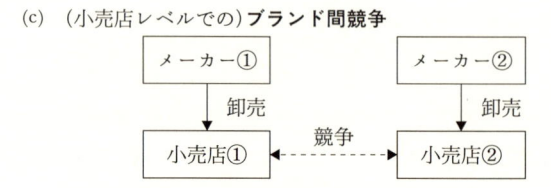

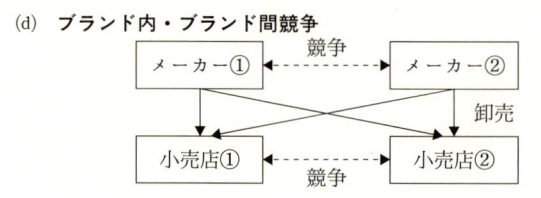

(a) **ブランド内競争**

```
        メーカー
       ↙      ↘  卸売
   小売店①  ←--→  小売店②
              競争
```

(b) **(メーカー・レベルでの) ブランド間競争**

```
            競争
   メーカー① ←--→ メーカー②
        ↘      ↙  卸売
          小売店
```

(c) **(小売店レベルでの) ブランド間競争**

```
   メーカー①        メーカー②
      ↓ 卸売           ↓ 卸売
   小売店①  ←--→  小売店②
              競争
```

(d) **ブランド内・ブランド間競争**

```
            競争
   メーカー① ←--→ メーカー②
              ╳          卸売
   小売店①  ←--→  小売店②
              競争
```

図12③　ブランド内競争とブランド間競争

brand competition)と呼ぶ。ブランド間で製品差別化がなく，価格競争がおこなわれるのであれば，メーカー間でベルトラン均衡が成立するはずである。

このとき小売店は独占なので，小売店から両メーカーへの需要曲線は図12②での直線 AL となって二重の限界化のケースと同じであるが，メーカー間でのベルトラン競争のため，均衡卸売価格は限界費用 c に等しくなる。よってこれは小売店にとっての限界費用ともなり，独占利潤を最大化する小売店は小売価格を p^m に設定することになる。

このようにブランド内競争・ブランド間競争のいずれにおいても，均衡小売価格は p^m，均衡取引量は Q^m となるが，均衡卸売価格はブランド内のみの競争の場合には p^m，ブランド間のみの競争の場合には c に一致する。前者の場合にはメーカーが独占利潤（図12②の長方形 $CDKJ$）を獲得し小売

店の利潤はゼロであるのに対し，後者の場合には，逆に小売店が独占利潤を獲得し，メーカーの利潤はゼロである。どちらの場合でも二重の限界化は起きないので，メーカー・小売店が統合したり，再販売戦略がとられたりしても社会的厚生が改善するわけではない。いずれにせよ，三角形 JKN だけの社会的厚生の損失が発生する。

　以上の説明では，ブランド間競争が小売店に対する卸売のレベルで起きるものとした。ただし実際には，この競争は小売のレベルで起きることが多く，この例が図12③(c)で示されている。それぞれの小売店は別メーカーの製品を扱っているので，同一ブランド製品についての小売店間の競争はない。しかし消費者はブランド間での選択はできる。つまり，ブランド間競争が発生している。図では，各ブランドに対応して1つの小売店しかない状況を示しているが，各ブランドを販売している小売店が複数あってもよい。ただし，再販が維持されて小売店間での価格競争はないものとする。すると，小売店間でブランド内競争はないが，ブランド間競争はあるから，図の(b)の場合と同様となる。

　小売店が1つにせよ複数にせよ，製品差別化がなければブランド間でベルトラン均衡が成立し，均衡小売価格も均衡卸売価格も限界費用に一致しなければならない。一方，ブランド間で製品が差別化されていれば，各ブランドの需要曲線は他ブランド価格の関数でもあるから，第4章で図4②により説明されたような均衡が成立する。この均衡では，通常は，小売価格が限界費用を上回り，メーカー・小売店間での利益配分のバーゲニングに応じて卸売価格が決まることになる。

ブランド内・ブランド間競争　以上のブランド内競争・ブランド間競争のいずれにおいても，一方は独占（あるいは複数であれば再販あり）のケースを考えてきたが，メーカー・小売店ともに複数（図では2社に単純化）あって競争するケースも，もちろんありうる。これが図12③の(d)で示されたケースである。

　製品が同質的で価格競争がおこなわれているのであれば，メーカー・小売店のいずれのレベルでもベルトラン均衡が成立し，均衡では小売価格も卸売価格も限界生産費用 c に等しくなり，パレート最適が達成されることにな

る。ブランド間で差別化されている場合には，小売店間での差別化がなければ，小売店間のベルトラン競争により小売価格は卸売価格に一致するから，直線 AT（図12②参照）がメーカーへの需要曲線となり，この需要曲線に基づいてメーカー間でのナッシュ均衡が図4②で説明された形で成立する。このため，パレート最適とはならずに社会的厚生の損失が起きるが，限界化はメーカー・レベルでしか発生せず，またブランド間の代替関係のために，小売価格（＝卸売価格）は単純独占価格 p^m より低くなる。

　このようにブランド内，ブランド間，あるいは両方での競争が存在すれば，二重の限界化は起きず，よって再販によって社会的厚生が改善されることはない。また再販へのインセンティブも存在しない。ブランド内競争があれば小売価格は卸売価格に一致し，メーカーは卸売価格を独占価格（p^m）のレベルに設定できるので，それを超える価格を再販価格として小売店に守らせることは販売量を減らし，利潤を低下させるだけである。逆にブランド間競争があり，製品が同質的であれば，限界費用を上回る再販価格を設定することはベルトラン競争により不可能である。よって，ブランド内あるいはブランド間競争が存在し，ベルトラン型の価格競争均衡が成立する限り，再販は社会的厚生を改善せず，また再販をするインセンティブもない。いいかえれば再販を禁止すべき理由も，禁止してはならない理由もない。

4. 小売店によるサービス供給

　今度は，小売店が x の費用をかけて消費者にサービスを供給する場合について説明しよう。ここでいうサービスとは広告，店頭実演，店員による商品情報の提供などを指す。このほか，販売商品の配達・据付・組立などもありうるが，以下では x を販売量（額）に依存しない固定費用項目として考えるので，広告や情報提供サービスと考える方が妥当である。

ドーフマン＝ス
タイナー条件　　小売店に対する需要関数を $Q(p,x)$ と書こう。右下がりの需要曲線の仮定より，$\partial Q/\partial p<0$ である。またサービスの供給により，消費者の限界効用が高まったり，情報提供により多くの消費者が商品の存在を知るため，x が大きくなると，需要曲線は右上

にシフトする。すなわち，$\partial Q/\partial x>0$ である。小売店の利潤（π_R）は $(p-p_w)Q(p,x)-x$ に等しいから，これを p と x について最大化するための条件は，

$$\frac{\partial \pi_R}{\partial p}=Q(p,x)+(p-p_w)\frac{\partial Q}{\partial p}=0 \qquad (12.6)$$

$$\frac{\partial \pi_R}{\partial x}=(p-p_w)\frac{\partial Q}{\partial x}-1=0 \qquad (12.7)$$

である。(12.6)式は通常の限界収入＝限界費用の式であり，(12.7)式はサービス供給からの限界的粗利潤（サービス費用控除前）がその限界費用である1に等しいことを要求している。両式より，

$$\frac{x}{pQ}=\frac{\chi}{\eta} \quad \text{ただし，} \chi=\frac{\partial Q}{\partial x}\frac{x}{Q} \qquad (12.8)$$

を得る。χ（ギリシャ文字，カイ）は需要のサービスに対する弾力性であり，η は通常の需要の価格弾力性である。この式を，広告支出についてのドーフマン＝スタイナー条件と呼ぶ (Dorfman and Steiner [1954])。すなわち，

定理12 ② 〈**ドーフマン＝スタイナー条件**〉独占企業がサービス（たとえば広告）を買い手に対して提供するとき，その最適解では，サービス支出の売上高に対する比率（サービスを広告とすれば広告－売上高比率）は，需要のサービス弾力性の価格弾力性に対する比率に等しい。

他店サービス
へのただ乗り 次にブランド内競争がある場合を考えよう。単純化のため小売店は2店あるとする。このとき，各小売店への需要は両店の設定する価格（p_i）とともに両店の提供するサービス（x_i）に依存する。よって，各小売店への需要関数を $q^i(p_i,p_j,x_i,x_j)$，$i=1,2$，と書くと，任意の p_1,p_2,x_1,x_2 に対し，

$$(p_1^*-p_w)q^1(p_1^*,p_2^*,x_1^*,x_2^*)-x_1^* \geq (p_1-p_w)q^1(p_1,p_2^*,x_1,x_2^*)-x_1$$
$$(p_2^*-p_w)q^2(p_2^*,p_1^*,x_2^*,x_1^*)-x_2^* \geq (p_2-p_w)q^2(p_2,p_1^*,x_2,x_1^*)-x_2$$
$$(12.9)$$

を満たす $(p_1^*,p_2^*,x_1^*,x_2^*)$ がナッシュ均衡を形成すると考えられよう。

しかし実は，サービスが商品についての情報提供のようなものであれば，以上の議論は成立しない。商品と情報とが分離可能なため，第1の小売店で

情報を得て，第2の小売店で商品を購入することができ，そのときも情報はまったく同等に有用だからである。たとえば，ある自動車モデルについて，ディーラーAから説明を受け試乗して得た情報は，そのモデルをディーラーAで買おうがディーラーBで買おうが同じ価値を持つ。よって，情報がどの小売店から得られたものかに需要は依存しないので，第i店への需要関数は$q^i(p_i, p_j, x_1+x_2)$，$i=1,2$，と書かれるのが正しい。このことを，サービスが完全にスピルオーバーするという。第9章での技術知識のスピルオーバーと同様に，**情報の公共財的性格**のために，ある小売店で供給された情報は他店へ無償で流出するからである。このため，研究開発の場合と同じく，各小売店は自店の提供するサービスにライバル店がフリーライド（ただ乗り）することを排除できず，サービスを供給するインセンティブを持たない。

また，消費者にとってみると，いずれかの小売店でサービスを受けたうえで，もっとも安い小売店から購入することが最適行動である。よって，均衡では小売店間で価格に差があってはならず，ベルトラン競争によって$p_1=p_2=p_w$が成立するはずである。

この結果，均衡では$p_1=p_2=p_w$，$x_1=x_2=0$となってサービスがまったく提供されない。これは消費者に不利益をもたらす。極端な場合として，当該商品の存在についての情報がまったく流されないならば，需要はゼロにとどまり，消費者余剰もゼロとなるから，小売価格が高くても正の需要がある場合に比べ，社会的厚生は低下している。

サービス供給促進手段としての再販 このように他店の提供するサービスへのただ乗りが起きる状況では，再販は再び社会的厚生を改善する。メーカーが再販価格をp^rに設定し，すべての小売店に守らせれば，価格競争は起きず，その代わりに，サービス提供によって競争するからである。サービスは完全にスピルオーバーするとしても，小売店間で価格が等しいのであれば，消費者は複数小売店に行く手間を節約するために，あるいはサービスを受けた店に親密感を持つために，サービスを受けた店で商品を購入するであろう。よって，各小売店は顧客を勧誘するためにサービスを提供するインセンティブを持つ。

図12④を見よう。上付き添字1がつけられているのは再販実施前，上付

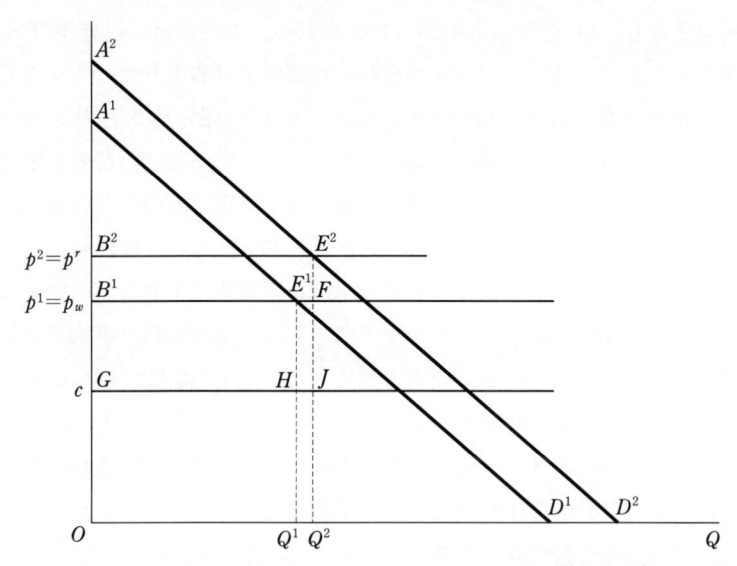

図12④　再販導入による小売店サービス向上の効果

	再販前	再販後	再販導入による増減
消費者余剰	$A^1B^1E^1$	$A^2B^2E^2$	$Q^2>Q^1$ のとき増(注1)
小売店利潤	0	$B^2B^1FE^2-\sum x_i$(注2)	$B^2B^1FE^2>\sum x_i$ のとき増(注2)
メーカー利潤	B^1GHE^1	B^1GJF	$Q^2>Q^1$ のとき増加

注1：需要関数のシフトが平行のとき。
　2：$\sum x_i$は小売店サービス費用計を示す。

表12①　再販導入による消費者余剰と利潤の変化

き添字2がつけられているのは再販実施後を示す。再販実施前の小売店への需要曲線は直線A^1D^1であり，サービスはおこなわれず，ベルトラン競争によって，小売価格（p^1）は卸売価格p_wに等しい。卸売価格がどのレベルに設定されるかはここでは重要ではないが，$p_w>c$ である限り，長方形B^1GHE^1の面積に等しい利潤をメーカーは獲得することになる。

　再販が導入されると，小売価格（p^2）は再販価格（p^r）に固定される。各小売店はサービスを提供するので，より多くの消費者が商品の存在を知って市場に参加する。あるいはサービスによって商品から得られる限界効用が増加する。これらの理由により需要曲線はA^2D^2へと右上にシフトする。E^2

が均衡点となり，Q^2 だけの取引がおこなわれる。これらによる効果は表 12 ①にまとめられている。メーカーが自社の利潤を下げるように再販を導入することはありえないので，$Q^2 > Q^1$ となるべく p^r を設定すると考えるのは妥当であろう。このとき，需要曲線のシフトが平行であれば消費者余剰は増加する。さらに，小売店利潤が非負でなければ小売店は存続しないから，再販導入によって小売店利潤も増えることはあっても減ることはありえない。よって，これらの総合計である社会的厚生は再販導入により必ず増加する。

　このように，小売店がサービスを提供するとき，小売店間で価格が等しければサービスを提供している小売店で購入するが，小売店間で価格が異なればもっとも安い店で購入するという行動を消費者がとる限り，再販がなければサービスは提供されず，一方，再販があればサービスが提供されることによって，再販は社会的厚生を改善する。すでに述べたように，これはサービスが公共財的性格を持つからである。あるいは G. F. マシューソン = R. A. ウィンター（Mathewson and Winter [1984]）の表現によれば，サービスが水平的外部性をもたらすからである。

　なお，これに対し，小売店の価格設定がメーカー利潤に与える影響を彼らは垂直的外部性と呼び，すでに説明した通り，これは二重の限界化をもたらす理由となっている。

テリトリー制によるサービス供給の促進

再販は小売店間での価格競争を防止することによってサービス供給を促しているが，価格競争を防止するもう 1 つの手段として，販売地域を制限するやり方がある。これを**テリトリー制**（exclusive territory）と呼ぶ。各小売店に販売地域（テリトリー）を割り当て，地域以外の顧客に販売することを禁じるものである。するとテリトリー内では小売店は独占となるので，(12.6)，(12.7)式で示したような最適の価格とサービスの組合せを各小売店が選択することになる。これに第 2 節で説明したフランチャイズ契約を組み合わせれば，二重の限界化を避けることもできる。

　テリトリー制が機能するための必要条件は，各小売店がテリトリー外の顧客には販売しないという約束を守ることである。このためには，ある小売店がテリトリー外の顧客に販売したときにはメーカーあるいは競合する小売店

がこの違反行為を証明できるとよい。たとえば，自動車販売ディーラーの場合には新車登録の義務があり，この証明が容易にできることがテリトリー制の維持に役立っている。こうした条件が成立しなければ，小売店はテリトリー外の顧客に対して密かに値引きしてでも販売しようとするインセンティブを持ち，買い手はテリトリーを越えて安い小売店から購入しようとする。よって，テリトリー制により価格競争を防ぐことは困難になる。

テリトリー制の維持を独占禁止法違反とされた典型例が，富士写真フイルムによる医療用X線フィルムの事件（1981年勧告審決）であるが，医療用という特定の顧客に営業活動をして販売する形態であったために，違反行為が証明しやすかったものとみられる。より一般の消費財の販売においては，こうした証明は困難なケースが多く，テリトリー制の維持は困難なはずである。

再販とテリトリー制の比較 以上の議論を定理としてまとめると，以下のようになるであろう。

定理12 ③ 小売店間の価格競争を防止し，サービスによる競争を促進するための仕組みとして，再販とテリトリー制は同様に有効である。

ただし情報の不完全性やリスクが存在すれば，これら2つの間には差が生まれる（Rey and Tirole [1986]）。再販ではメーカーが価格を決定するのに対し，テリトリー制では小売店が価格を決定するからである。たとえば，地域の需要動向や販売・サービス経費について小売店の方がより詳しく最新の情報を知りうるのであれば，テリトリー制のもとでの方が最適な価格を設定できるはずである。ただし，卸売価格はメーカーにより先決されているので，小売価格を変化させることは小売店マージンの変動に直結する。よって，小売店の方がメーカーよりも危険回避的であれば，マージン（小売価格マイナス卸売価格）が一定である再販の方が，テリトリー制よりも小売店・メーカー両者にとり望ましい可能性がある。このように情報の不完全性やリスクがあるときには，再販とテリトリー制は同値ではない。

5. 垂直的取引制限がもたらす競争制限

メーカーと小売店のレベルでベルトラン均衡が成立していないときに発生する垂直的な外部性（二重の限界化）を避けるために，また小売店間での水平的外部性（サービスのスピルオーバー）へのただ乗りを避けてサービス供給へのインセンティブを与えるために，垂直的取引制限は社会的厚生を改善する可能性があることを説明した。ただし，垂直的取引制限の中には競争を制限する効果を持つものもある。

市場の囲い込み　その代表的なものが**市場の囲い込み**（market foreclosure）である。これは，典型的には，**専売店契約**に伴って発生する。専売店契約とは，メーカーが，自社製品を販売する小売店に対し他社製品の取扱いを禁止するものであり，**排他条件付取引**（exclusive dealing）と呼ばれるものの1つである。取引相手を，自社商品を閉鎖的に取り扱うよう囲い込むという意味で囲い込みと呼んでいる。

既存の小売店がすべて既存メーカーの専売店となっているのであれば，新規参入メーカーは既存小売店で自社製品を販売してもらうことができず，自ら小売店を設立するか，新規小売店を募集・育成する必要がある。これは参入に要する費用を増加させ，しかもその費用の多くがサンクとなって参入障壁を高める。よって市場はコンテスタブルとならず，既存企業が平均費用や（2社以上のときに）限界費用を上回る価格設定をしても参入が起きないから，既存企業の超過利潤が持続することになる。

このように，専売的契約は，参入障壁を高めることによって競争を阻害し，社会的厚生を損なう可能性が強い。このため，たとえば，学習研究社が自社製品の訪問販売業者に対し専売契約を結び遵守することを要求した事件は競争制限的とされ，独占禁止法違反の同意審決（1979年）を受けている。また90年代前半には，富士写真フイルムの専売店契約による1次卸売の支配が外国企業の参入を妨げているとコダックが主張して，日米摩擦の大きな争点となった。

専売店契約は上流企業（メーカー）による下流企業（卸売店，小売店）の

囲い込みをもたらしているが，下流企業による上流企業の囲い込みもある。アルミニウム精練メーカーがボーキサイト採掘業者の他精練メーカーへの販売を制限したり，組立メーカーが部品メーカーに対し他の組立メーカーへ販売しないよう求めたりするのがその例である。これらの例でも，新規参入メーカーは原材料の既存業者からの調達ができず，自ら原材料サプライヤーを設立あるいは育成しなければならなくなるため，参入障壁が生まれる。

排他条件付取引の利点 しかし，こうした排他条件付取引がすべて社会的に望ましくないわけではない。

排他条件付取引条項があることによって，メーカーが小売店に対し（下流囲い込みの場合），あるいはメーカーがサプライヤーに対し（上流囲い込みの場合），販売・生産支援のためのサービスを提供したり，情報・技術・ノウハウを供与したりするインセンティブが生まれるからである。これらサービスや情報には公共財的性格があるため，排他条件がなければ，小売店やサプライヤーが取引するライバル・メーカーがこれらサービスや情報からの便益にフリーライドすることを恐れ，各メーカーは供給しなくなってしまう。また取引相手が排他的かつ継続的に自社と取引することがわかっていなければ，関係特殊的でサンクされる投資をおこなうインセンティブも生まれない。これは**ホールドアップ問題**と呼ばれ，垂直統合（メーカーとサプライヤー，あるいはメーカーと卸・小売店の統合）の大きな誘因とされているが，排他条件付取引にも当てはまる。

よって，排他条件付取引はすべて有害なわけではなく，参入障壁を高めて競争を制限する恐れと，それによってサービスや情報が提供されることによるプラス効果とのバランスに基づいて，その効果を判断することが必要である。

6. 不公正な取引方法の禁止

以上，再販売価格維持行為（再販），テリトリー制，排他条件付取引などの功罪について説明してきた。独占禁止法はこれらを「**不公正な取引方法**」に含まれるものとして規制している。そこで独占禁止法における規定に則し

て，これらの垂直的取引制限を再整理しよう。

　独占禁止法は，第19条で「事業者は，不公正な取引方法を用いてはならない」と原則禁止し，第2条9項で「不公正な取引方法とは，左の各号の一に該当する行為であって，公正な競争を阻害するおそれがあるもののうち，公正取引委員会が指定するものをいう」と定義している。左の各号とされたもののうち，第4号が「相手方の事業活動を不当に拘束する条件をもって取引すること」であり，再販，テリトリー制，排他条件付取引はいずれもこれにあたる。ただしこれらのうち，「競争を阻害するおそれのあるもの」でなければ不公正な取引方法とはみなされないから，公正取引委員会は「流通・取引慣行に関する独占禁止法上の指針」（1991年，2010年改正）を公表して，どのような場合に違法となるかを示している。

　以上にあげた3つの行為のうち，原則違法とされているのは再販である。ただし定価を表示しただけではなく，メーカーが流通業者の再販価格を効果的に拘束している，いいかえれば，流通業者がメーカーの示した価格で販売することについての実効性が確保されていることが必要である。たとえば，メーカーの示した価格で販売することが契約に定められていたり，メーカーの示した価格で販売しない場合に出荷停止などの不利益を課すことを示唆している場合などがこれにあたる。このような形で実効性が確保されている限り，再販は原則禁止である。ただし，独占禁止法第23条は適用除外を定めており，本書執筆時点では，著作物（新聞，雑誌，書籍，レコード盤，音楽用CD，音楽用テープ）についてのみ再販が容認されている。

　これに対し，メーカーによる流通業者の取扱い商品，販売地域，取引先等の制限（非価格制限行為と呼ぶ）については，それが競争制限的かどうかの判断に基づいて違法性が決定される。この判断における要件の1つは，メーカーが市場において有力な存在であることであって，マーケット・シェア10％以上あるいは上位3位以内であることを要する。さらに，排他条件付取引については，「当該行為によって新規参入者や既存の競争者にとって代替的な流通経路を容易に確保することができなくなるおそれがある」場合，地域制限（テリトリー制）については「当該行為によって当該商品の価格が維持されるおそれがある」場合に限り，不公正な取引方法と認定され違法と

なる。

　これらの規定は，前節までの経済学的考察に照らし合わせてみると，制限的に過ぎる可能性がある。特に，再販が小売店のサービス供給を促すことによって社会的厚生を改善する可能性は考慮されていない。ただし，逆に新聞配達のようなサービスは，商品（新聞）に付随するものであって公共財的性格を持つものではないから，再販を著作物に限って容認することの根拠とはならない。

　また非価格制限行為について，マーケット・シェア10％未満かつ4位以下企業について問題としないという立場は，上位3社がこれら制限行為をしていないなら，4位以下企業のみが排他条件付取引をしても参入障壁を高めることにはなりそうにないことを考えると妥当である。しかし，逆にいえば，上位企業による行為だからといって参入障壁を必ずしも高めるわけではない。このために，公正取引委員会は，参入障壁を高めたり価格維持に働くおそれがある場合に限って，不公正な取引方法と認定することとしている。こうしたおそれがあるかどうかについて，公正取引委員会は市場の状況，当該メーカーの地位，流通業者の数など多面的に検討するとしている。

　しかし，垂直的取引制限のもたらしうるサービス供給などのプラス効果を考慮し，競争制限のおそれというマイナス効果とのバランスを考えるという論理は「指針」にはなく，そのために過剰規制となっている可能性が存在する。これは，社会的厚生を改善させる合併を制限するという誤り（第1種の誤り）があったとしても，社会的厚生を悪化させる合併を容認してしまう誤り（第2種の誤り）を最小化することを優先するという競争政策当局の合併に対する基本姿勢（第11章第5節参照）が，不公正な取引方法についても同様にとられていると解釈することができよう。

コラム⑩　不当廉売

　不公正な取引方法にあたるものとして，本文であげたもののほかに，価格差別や取引拒絶など不当に他の事業者を取り扱うこと，不当廉売など不当な対価をもって取引すること，誇大広告や不当な利益供与によって顧客を誘引すること，自己の取引上の地位を不当に利用して相手方を取引することなどの行為が

ある。これらについては若杉 [1999] を参照するとよい。

不当廉売だけを簡単に説明しておこう。公正取引委員会のガイドラインは，不当廉売を「正当な理由がないのに商品又は役務をその供給に要する費用を著しく下回る対価で継続して供給し，その他不当に商品又は役務を低い対価で供給し，他の事業者の事業活動を困難にさせるおそれがあること」としている。

不当廉売の典型的な例として，やや古くなるが，1975 年の中部読売新聞事件がある。これは，『読売新聞』が愛知・三重・岐阜 3 県での日刊新聞の販売を開始するにあたり，1 カ月購読料（朝刊のみ）を 500 円としたものである。当時，競合他社は 1000 円（地方紙，朝刊のみ）から 1700 円（全国紙，朝夕刊セット）で販売しており，また，発行・販売に要する費用は低く見積もっても 812 円と推定され，不当廉売として，東京高裁での緊急停止命令に引き続き，同意審決が下された。

これは，廉売によって参入し，当初は赤字であっても，十分な顧客を獲得した後には競合他社と類似の価格まで引き上げて，長期的には利益を上げようとする戦略である。よって浸透価格戦略と解釈され，第 8 章第 5 節で示された参入企業の価格戦略と合致している。アメリカで不当廉売のことを**略奪的価格政策**（predatory pricing）と呼ぶのも，需要を競合企業から略奪するという意味からである。

このような価格戦略は社会的に望ましくないのだろうか。

社会的に望ましくないとすれば，この参入企業の廉売により，既存企業が経営困難となって退出してしまうために，消費者の選択が狭められてしまったり，参入企業が独占価格をつけるようになってしまう場合であろう。しかし，市場がコンテスタブルであれば，既存企業が退出して参入企業の独占になっても，参入企業は平均費用を上回る価格をつけることができない。よって，廉売による独占的地位の獲得が社会的に望ましくないとすれば，それはサンク・コストのために，いったん退出した企業が容易には再参入できないときであろう。ただし，サンク・コストは参入企業にはかかるが既存企業にはかからない費用であるから，参入企業が長期的には正の利潤を上げられると予想して廉売して参入するときに，既存企業が同じく廉売で対抗しても長期的に正の利潤を上げられないというのは不自然である。つまり，既存企業が退出を余儀なくされ，しかも再参入が困難であるとすれば，参入企業に費用や品質上の優位性があるはずである。不当廉売規制は，これらの意味で効率的な企業の有力な参入手段を

阻害するおそれがある。

　ただし，中部読売新聞の事件でもそうであるが，廉売を仕掛ける企業は他地域・他製品で利益を上げており，その利益によってこの市場での廉売からの赤字を支えていることが多い。第5章補論で説明した**内部補助金**による廉売である。これに対し，既存の企業は他に事業を持たない中小あるいは零細の事業者であって，対抗して廉売するために必要な運転資金をまかなえず，また銀行もそのための融資には応じないことが多い。しかも，廉売企業に対抗し範囲の経済性を生かして他市場へ進出しようとしても，そのためのノウハウなど経営資源を持たない。この結果，これら企業が退出を余儀なくされるようであれば，より効率的な大企業によって置き換わられるということ自体には問題がないとしても，製品バラエティを減少させるという点では，第7章第2節で説明したように，消費者余剰を減少させる可能性がある。

　また，中小・零細の事業者が大企業に置き換わられるとすれば，所得分配上の問題が発生しやすい。この問題は本書での範囲外であるが，現実の不当廉売規制では，政治的要請も含め，この問題への配慮が大きな要因になっているとみられる。

◎練習問題
❶　二重の限界化を説明しなさい。この理論に基づいて化粧品メーカーが定価販売を弁護したとすれば，どのように評価すべきか，論じなさい。
❷　ブランド内競争とブランド間競争を比較しなさい。
❸　「小売店による顧客へのサービスが維持されるためには再販売価格維持制度（再販）が必要である」という議論を説明しなさい。新聞における再販制度の維持を新聞社がこの議論を用いて主張したとすれば，どう評価すべきか，論じなさい。
❹　市場の囲い込みとは何かを述べ，それが参入障壁を高めるのはなぜか，説明しなさい。

◎変 数 一 覧◎

* かっこ内の数字はその記号法が用いられている章を示す。かっこのないものは本書全体にわたって用いられている記号法である。なお，第3，5，6，10章での回帰式に用いられている記号については略す。

A	差別化・線分モデルにおける企業（7）
	広告費（8）
B	差別化・線分モデルにおける企業（7）
C	総費用
D	需要曲線
E	参入（5）
F	確率分布関数（10）
H	ハーフィンダール指数
K	カルテルを逸脱することからの将来の損害（10）
L	差別化・円環モデルにおける距離（7）
Q	産業生産量，需要量
R	売上収入（$=pq$）
S	$(a-c)/b$
T	交通費（7）
	発明までの期間（9）
	カルテル逸脱者への報復までの期間（10）
U	効用
V	利潤の現在価値（9）
W	社会的厚生，社会的余剰（$CS+PS$）
W^N	純社会的余剰（$W-$固定費用）
Y	品質期待値（8）
	支出（11）
Z	技術フロー（9）
CRk	k社集中度
CS	消費者余剰
MC	限界費用
MR	限界収入
MU	限界効用
PCM	プライス・コスト・マージン
PS	生産者余剰

a	線型需要曲線の切片
	差別化・線分モデルにおける企業 A の位置（7）
b	線型需要曲線の傾き（絶対値）
	差別化・線分モデルにおける企業 B の位置（7）
c	線型モデルにおける限界費用（＝平均可変費用）
d	差別化・円環モデルにおける需要（7）
	研究開発の品質改善効果（8）
f	固定費用
	確率密度関数（7, 10）
	合併が利潤を増加させるための条件に関する関数（11）
	フランチャイズ契約における固定支払い（12）
g	合併が社会的厚生を増加させるための条件に関する関数（11）
h	ハザード率（9）
k	総資産（2）
	生産能力
m	産業数
n	企業数
p	価格
$\bar{p}$	フル能力生産価格（4）
	引き金発動価格（10）
p^r	再販価格（12）
p_w	卸売価格（12）
q	企業生産量
r	営業利益率（2）
	生産能力単位費用
	利子率
s	マーケット・シェア（q/Q）
t	距離当たり交通費（7）
u	既存企業の限界費用が高い確率（6）
v	ブランドからの限界効用（8）
x	買い手住所（7）
	サービス費用（12）
y	品質（8）
z	研究開発費（9）
α	広告の信頼係数についての学習速度（8）
	研究開発スピルオーバー係数（9）
β	割引因子（＝$1/(1+r)$）

	消費者の品質重視度（8）
γ	規模の経済性の定義における生産倍率（5）
ε	微小数
ζ	研究開発費現在価値（9）
η	需要の価格弾力性
θ	1マイナス差別化度
	広告の信頼係数（8）
λ	推測的変動
	1マイナス調整速度（5）
	ラグランジュ乗数
μ	平均（1）
	不良品確率（8）
	需要変動要因（10）
ξ	平均費用の研究開発費に対する弾力性（9）
π	利潤
σ	標準偏差（1）
	スイッチング・コスト（8）
τ	$=\mu r/(1-\mu+r)$（8）
	報復解除期間（10）
ϕ	産業成果改善可能性指標（3）
	参入の反応速度（5）
	マンキュー=ウィンストン・モデルの効用関数内関数（7）
χ	需要のサービスに対する弾力性（12）
ψ	マンキュー=ウィンストン・モデルの効用関数内関数（7）
Γ	社会的総費用（7）
$\forall i$	すべてのiについて

上付き添字

b	ベルトラン解
c	完全競争解
d	差別化解
ℓ	参入阻止解
m	独占解
mc	独占的競争解
mes	最小効率規模
n	n社寡占解

s	社会的最適解	
v	二重の限界化解（12）	
$\hat{}$	カルテル解（10）	
$\sim$	逸脱解（10）	

下付き添字

i	企業
j	産業

◎学習ガイド◎

1. 本書よりも入門的な日本語の教科書はいくつかあるが，ここでは次の3つを勧めておく。小田切と柳川・川濱は独占禁止法についての説明にも多くの紙数が割かれている。

   小田切宏之［2008］『競争政策論』日本評論社

   柳川隆・川濱昇編［2006］『競争の戦略と政策』有斐閣

   長岡貞男・平尾由紀子［2013］『産業組織の経済学 第2版』日本評論社

2. 次の著書は産業組織論の教科書ではないが，産業組織，技術革新，垂直統合，合併などに関する章は，本書と関連が深い。

   小田切宏之［2010］『企業経済学 第2版』東洋経済新報社

3. 以下の2冊はミクロ経済学の応用という観点からの産業組織論の教科書である。

   矢野誠［2001］『ミクロ経済学の応用』岩波書店

   X. Vives［1999］*Oligopoly Pricing*, The MIT Press.

4. 英語の初級・中級レベルの教科書として次の3つがある。

   L. M. B. Cabral［2000］*Introduction to Industrial Organization*, The MIT Press.

   D. W. Carlton and J. M. Perloff［2004］*Modern Industrial Organization*, 4th ed., Prentice Hall.

   R. D. Blair and D. L. Kaserman［2009］*Antitrust Economics*, 2 nd ed., Oxford University Press.

5. 大学院レベル向けの教科書としては次の3つをあげる。Motta は産業組織論の競争政策への応用に焦点を当てている。

   J. Tirole［1989］*The Theory of Industrial Organization*, The MIT Press.

   S. Martin［2002］*Advanced Industrial Economics*, 2nd ed., Blackwell.

   M. Motta［2004］*Competition Policy,* Cambridge University Press.

6. 特定のテーマについてさらに勉強したい人は，以下の論文集から関連テーマの章を読むとよい。Handbook と題された3点（計4冊）はサーベイ論文

集で，そのうち Buccirossi は競争政策に関連する経済分析に焦点を当てている。Readings は代表的論文を集めたものである。

R. Schmalensee and R. D. Willig eds. [1989] *Handbook of Industrial Organization*, 2 vol., North-Holland.

M. Armstrong and R. H. Porter eds. [2007] *Handbook of Industrial Organization*, Volume 3, North-Holland.

P. Buccirossi [2008] *Handbook of Antitrust Economics*, MIT Press.

L. M. B. Cabral [2000] *Readings in Industrial Organization*, Blackwell.

7. 独占禁止法についての経済学的分析の教科書は少ないが，第1項であげた『競争政策論』に加え，2冊をあげる。岡田・林は日本の実際の審決や判決を経済学者と法学者が共同して事例分析したものである。

後藤晃・鈴村興太郎編［1999］『日本の競争政策』東京大学出版会

岡田羊祐・林秀弥編［2009］『独占禁止法の経済学――審判決の事例分析』東京大学出版会

8. 法学者による事例解説として，以下の2冊は実例を知るのに最適であり，これらの事例を本書での経済学的分析と照らし合わせて考察することは何よりの勉強になる。

「経済法判例・審決百選」『別冊ジュリスト』199号，2010年

金井貴嗣・川濱昇・泉水文雄編［2006］『ケースブック独占禁止法』弘文堂

9. 本書で説明されたような産業組織論の新しい成果を経営戦略論に取り入れた教科書として，次のものがある。

D. Besanko, D. Dranove, S. Schaefer and M. Shanley [2012] *The Economics of Strategy*, 6th ed., Wiley.

◎参 考 文 献◎

植草益［1982］『産業組織論』筑摩書房。
上山明博［2000］『プロパテント・ウォーズ』文藝春秋（文春新書）。
大橋弘［2013］「企業合併の経済学――わが国の鉄鋼産業における経験を踏まえて」小川一夫他編『現代経済学の潮流 2013』東洋経済新報社，111～141 頁。
岡田羊祐［1999］「独禁法と技術開発」後藤晃・鈴村興太郎編『日本の競争政策』東京大学出版会，327～381 頁。
奥野正寛・鈴村興太郎［1988］『ミクロ経済学II』岩波書店。
小田切宏之［1988］「市場集中度・マーケットシェアと企業利潤率――実証分析」『公正取引』450, 39～45 頁。
小田切宏之［1992］「産業組織における歴史的要因と戦略的要因――『先行者の優位性』を中心に」『公正取引』504, 11～16 頁。
小田切宏之［1992］『日本の企業戦略と組織』東洋経済新報社。
小田切宏之［1999］「企業結合に対する規制」後藤晃・鈴村興太郎編『日本の競争政策』東京大学出版会，255～289 頁。
小田切宏之［2010］『企業経済学 第 2 版』東洋経済新報社。
小田切宏之他［2011］「企業結合の事後評価」公正取引委員会競争政策研究センター共同研究報告書 CR 04-11（http://www.jftc.go.jp/cprc/reports/index.files/cr-0411.pdf）。
小田切宏之・本庄裕司［1995］「新規企業の市場参入――工業統計表による計量分析」『通産研究レビュー』6, 76～91 頁。
小田切宏之・丸山展弘［1999］「利潤率格差の持続性は持続するか？」『通産ジャーナル』32(4), 66～71 頁。
後藤晃［1993］『日本の技術革新と産業組織』東京大学出版会。
後藤晃［1999］「一般集中の規制」後藤晃・鈴村興太郎編『日本の競争政策』東京大学出版会，231～254 頁。
後藤晃［2000］『イノベーションと日本経済』岩波書店（岩波新書）。
後藤晃・鈴村興太郎編［1999］『日本の競争政策』東京大学出版会。
土井教之［1986］『寡占と公共政策』有斐閣。
鳥居昭夫［1995］「技術効率」植草益編『日本の産業組織』有斐閣，215～242 頁。
新飯田宏・後藤晃・南部鶴彦編［1987］『日本経済の構造変化と産業組織』東洋経済新報社。
丸山展弘［1996］「日本の製造業における産業利潤率の決定要因分析」（筑波大学社会工学類卒業論文）。
柳川範之・大東一郎［1999］「カルテル規制」後藤晃・鈴村興太郎編『日本の競争政策』東京大学出版会，71～95 頁。
若杉隆平［1999］「不公正な取引方法に関する規制(1)――不当廉売及び優越的地

位の濫用・下請取引」後藤晃・鈴村興太郎編『日本の競争政策』東京大学出版会, 97〜129頁。

Arrow, K. J. [1962] "Economic Welfare and the Allocation of Resources for Invention," in R. R. Nelson ed., *The Rate and Direction of Inventive Activity*, Princeton University Press, pp. 609-625.

Bain, J. S. [1956] *Barriers to New Competition*, Harvard University Press.

Baumol, W. J. and Bradford, D. F. [1970] "Optimal Departures from Marginal Cost Pricing," *American Economic Review*, 60, pp. 265-283.

Baumol, W. J.; Panzar, J. C.; and Willig, R. D. [1982] *Contestable Markets and the Theory of Industry Structure*, Harcourt Brace Jovanovich.

Barzel, Y. [1968] "Optimal Timing of Innovation," *Review of Economics and Statistics*, 50, pp. 348-355.

Becker, G. S. [1964] *Human Capital*, Columbia University Press. (佐野陽子訳 [1976]『人的資本』東洋経済新報社)。

Bernheim, B. D. and Whinston, M. D. [1990] "Multimarket Contact and Collusive Behavior," *Rand Journal of Economics*, 21, pp. 1-26.

Bresnahan, T. F. [1981] "Duopoly Models with Consistent Conjectures," *American Economic Review*, 71, pp. 934-943.

Chamberlin, E. H. [1933] *The Theory of Monopolistic Competition*, Harvard University Press. (青山秀夫訳 [1966]『独占的競争の理論』至誠堂)。

Cohen, W. M. and Levin, R. C. [1989] "Empirical Studies of Innovation and Market Structure," in R. Schmalensee and R. D. Willig eds., *Handbook of Industrial Organization*, Vol. II, North-Holland, pp. 1059-1107.

Cohen, W. M. [1995] "Empirical Studies of Innovative Activity," in P. Stoneman ed., *Handbook of the Economics of Innovation and Technological Change*, Blackwell, pp. 182-264.

Comanor, W. S. and Leibenstein, H. [1969] "Allocative Efficiency, X-Efficiency and the Measurement of Welfare Losses," *Economica*, 36, pp. 304-309.

Cowling, K. and Mueller, D. C. [1978] "The Social Costs of Monopoly Power," *Economic Journal*, 88, pp. 727-748.

Dansby, R. E. and Willig, R. D. [1979] "Industry Performance Gradient Index," *American Economic Review*, 69, pp. 249-260.

Dasgupta, P. and Stiglitz, J. [1980] "Industrial Structure and the Nature of Innovative Activity," *Economic Journal*, 90, pp. 266-293.

d'Aspremont, C.; Gabszewicz, J. J.; and Thisse, J.-F. [1979] "On Hotelling's 'Stability in Competition'," *Econometrica*, 47, pp. 1145-1150.

d'Aspremont, C. and Jacquemin, A. [1988] "Cooperative and Non-Cooperative R&D in Duopoly with Spillovers," *American Economic Review*, 32, pp. 569-577.

Demsetz, H. [1974] "Two Systems of Belief about Monopoly," in H. J. Goldschmid, H. M. Mann, and J. F. Weston eds., *Industry Concentration : The New Learning*, Little Brown, pp. 164-184.

Dixit, A. and Norman, V. [1978] "Advertising and Welfare," *Bell Journal of Economics*, 9, pp. 1-17.

Dixit, A. [1980] "The Role of Investment in Entry Deterrence," *Economic Journal*, 90, pp. 95-106.

Domowitz, I. ; Hubbard, R. G.; and Petersen, B. C. [1986] "Business Cycles and the Relationship between Concentration and Price-Cost Margins," *Rand Journal of Economics*, 17, pp. 1-17.

Dorfman, R. and Steiner, P. O. [1954] "Optimal Advertising and Optimal Quality," *American Economic Review*, 44, pp. 826-836.

Farrell, J. and Shapiro, C. [1990] "Horizontal Mergers: An Equilibrium Analysis," *American Economic Review*, 80, pp. 107-126.

Gibbons, R. [1992] *Game Theory for Applied Economists*, Princeton University Press.（福岡正夫・須田伸一訳 [1995]『経済学のためのゲーム理論入門』創文社）。

Gilbert, R. J. and Newbery, D. M. G. [1982] "Preempting Patenting and the Persistence of Monopoly," *American Economic Review*, 72, pp. 514-526.

Green, E. J. and Porter, R. H. [1984] "Noncooperative Collusion under Imperfect Information," *Econometrica*, 52, pp. 87-100.

Harberger, A. [1954] "Monopoly and Resource Allocation," *American Economic Review*, 44, pp. 77-87.

Hirschey, M. [1981] "The Effect of Advertising on Industrial Mobility, 1947-72," *Journal of Business*, 54, pp. 329-339.

Hotelling, H. H. [1929] "Stability in Competition," *Economic Journal*, 39, pp. 41-57.

Kaldor, N. [1949] "The Economic Aspects of Advertising," *Review of Economic Studies*, 18, pp. 1-27.

Kamien, M. I. and Schwartz, N. L. [1972] "Timing of Innovation under Rivalry," *Econometrica*, 40, pp. 43-60.

Klemperer, P. [1987] "Entry Deterrence in Markets with Consumer Switching Costs," *Economic Journal*, 97, pp. 99-117.

Kotowitz, Y. and Mathewson, G. F. [1979] "Informative Advertising and Welfare," *American Economic Review*, 69, pp. 284-294.

Kreps, D. M. and Scheinkman, J. A. [1983] "Quantity Precommitment and

Bertrand Competition Yield Cournot Outcomes," *Bell Journal of Economics*, 14, pp. 326-337.

Leibenstein, H. [1966] "Allocative, Efficiency vs. 'X-Efficiency'," *American Economic Review*, 56, pp. 392-415.

Levin, D. [1990] "Horizontal Mergers: The 50-Percent Benchmark," *American Economic Review*, 80, pp. 1238-1245.

Lieberman, M. B. [1987] "Excess Capacity as a Barrier to Entry: An Empirical Appraisal," *Journal of Industrial Economics*, 35, pp. 607-627.

Lieberman, M. B. and Montgomery, D. B. [1988] "First-Mover Advantages," *Strategic Management Journal*, 9, pp. 41-58.

Loury, G. C. [1979] "Market Structure and Innovation," *Quarterly Journal of Economics*, 93, pp. 395-410.

Lynk, W. J. [1981] "Information, Advertising, and the Structure of the Market," *Journal of Business*, 54, pp. 271-303.

Mankiw, N. G. and Whinston, M. D. [1986] "Free Entry and Social Inefficiency," *Rand Journal of Economics*, 17, pp. 48-59.

Martin, S. [1993] *Advanced Industrial Economics*, Blackwell.

Masson, R. T. and Shaanan, J. [1986] "Excess Capacity and Limit Pricing: An Empirical Test," *Economica*, 53, pp. 365-378.

Mathewson, G. F. and Winter, R. A. [1984] "An Economic Theory of Vertical Restraints," *Rand Journal of Economics*, 15, pp. 27-38.

Milgrom, P. and Roberts, J. [1982] "Limit Pricing and Entry under Incomplete Information: An Equilibrium Analysis," *Econometrica*, 50, pp. 443-459.

Mizuno, M. and Odagiri, H. [1990] "Does Advertising Mislead Consumers to Buy Low-Quality Products?" *International Journal of Industrial Organization*, 8, pp. 545-558.

Mueller, D. C. [1985] "Mergers and Market Share," *Review of Economics and Statistics*, 67, pp. 259-267.

Mueller, D. C. ed. [1990] *The Dynamics of Company Profits*, Cambridge University Press.

Nelson, P. [1974] "Advertising as Information," *Journal of Political Economy*, 82, pp. 729-754.

Nelson, R. R. [1959] "The Simple Economics of Basic Scientific Research," *Journal of Political Economy*, 67, pp. 297-306.

Nelson, R. R. and Winter, S. G. [1982] *An Evolutionary Theory of Economic Change*, Harvard University Press.

Nishimura, K.; Ohkusa, Y.; and Ariga, K. [1999] "Estimating the Mark-up over Marginal Cost : A Panel Analysis of Japanese Firms, 1971-1994,"

International Journal of Industrial Organization, 17, pp. 1077-1111.

Odagiri, H. and Goto, A. [1996] *Technology and Industrial Development in Japan: Building Capabilities by Learning, Innovation, and Public Policy*, Oxford University Press. (河又貴洋・絹川真哉・安田英土訳 [1998]『日本の企業進化』東洋経済新報社)。

Odagiri, H. and Yamashita, T. [1987] "Price Mark-Ups, Market Structure, and Business Fluctuation in Japanese Manufacturing Industries," *Journal of Industrial Economics*, 35, pp. 317-331.

Orr, D. [1974] "The Determinants of Entry: A Study of the Canadian Manafacturing Industries," *Review of Economics and Statistics*, 56, pp. 58-66.

Porter, R. H. [1983] "A Study of Cartel Stability: The Joint Executive Committee, 1880-1886," *Bell Journal of Economics*, 14, pp. 301-314.

Reinganum, J. F. [1989] "The Timing of Innovation: Research, Development, and Diffusion," in R. Schmalensee and R. D. Willig eds., *Handbook of Industrial Organization*, Vol. II, North-Holland, pp. 849-908.

Rey, P. and Tirole, J. [1986] "The Logic of Vertical Restraints," *American Economic Review*, 76, pp. 921-939.

Rotemberg, J. L. and Saloner, G. [1986] "A Super Game-Theoretic Model of Price Wars during Booms," *American Economic Review*, 76, pp. 390-407.

Salamon, G. L. [1985] "Accounting Rates of Return," *American Economic Review*, 75, pp. 495-504.

Salant, S. W.; Switzer, S.; and Reynolds, R. J. [1983] "Losses from Horizontal Merger: The Effects of an Exogenous Change in Industry Structure on Cournot-Nash Equilibrium," *Quarterly Journal of Economics*, 98, pp. 185-199.

Salop, S. C. [1979] "Monopolistic Competition with Outside Goods," *Bell Journal of Economics*, 10, pp. 141-156.

Scherer, F. M. [1980] *Industrial Market Structure and Economic Performance*, 2nd ed., Houghton Mifflin.

Schmalensee, R. [1982] "Product Differentiation Advantages of Pioneering Brands," *American Economic Review*, 72, pp. 349-365.

Schmalensee, R. [1989] "Inter-Industry Studies of Structure and Performance," in R. Schmalensee and R. Willig eds., *Handbook of Industrial Organization*, Vol. II, North-Holland, pp. 951-1009.

Schumpeter, J. A. [1934] *The Theory of Economic Development*, Oxford University Press. (塩野谷祐一・中山伊知郎・東畑精一訳 [1977]『経済発展の理論』岩波書店(岩波文庫))。

Schumpeter, J. A. [1942] *Capitalism, Socialism, and Democracy*, Harper and Row. (中山伊知郎・東畑精一訳 [1995] 『資本主義・社会主義・民主主義 (新装版)』 東洋経済新報社)。

Shapiro, C. [1983] "Optimal Pricing of Experience Goods," *Bell Journal of Economics*, 14, pp. 497-507.

Shapiro, C. and Varian, H. R. [1998] *Information Rules*, Harvard Business School Press. (千本倖生監訳 [1999] 『「ネットワーク経済」の法則』 IDG コミュニケーションズ)。

Shinjo, K. and Doi, N. [1989] "Welfare Loss Calculation for Japanese Industries," *International Journal of Industrial Organization*, 7, pp. 243-256.

Simon, H. A. [1952] "A Behavioral Model of Rational Choice," *Quarterly Journal of Economics*, 69, pp. 99-118.

Slade, M. [1987] "Interfirm Rivalry in a Repeated Game: An Empirical Test of Tacit Collusion," *Journal of Industrial Economics*, 35, pp. 499-516.

Smiley, R. [1988] "Empirical Evidence on Strategic Entry Deterrence," *International Journal of Industrial Organization*, 6, pp. 167-180.

Smirlock, M.; Gilligan, T.; and Marshall, W. [1984] "Tobin's q and the Structure-Performance Relationship," *American Economic Review*, 74, pp. 1051-1060.

Spence, A. M. [1974] *Market Signaling*, Harvard University Press.

Spence, A. M. [1977] "Entry, Capacity, Investment and Oligopolistic Pricing," *Bell Journal of Economics*, 8, pp. 534-544.

Stigler, G. J. [1968] *The Organization of Industry*, Richard D. Irwin. (神谷傳造・余語将尊訳 [1975] 『産業組織論』 東洋経済新報社)。

Stiglitz, J. E. [1986] "Theory of Competition, Incentives and Risk," in J. E. Stiglitz and G. F. Mathewson eds., *New Developments in the Analysis of Market Structure*, The MIT Press, pp. 399-446.

Stoneman, P. ed. [1995] *Handbook of the Economics of Innovation and Technological Change*, Blackwell.

Suzumura, K. [1995] *Competition, Commitment and Welfare*, Oxford University Press.

Sylos-Labini, P. [1962] *Oligopoly and Technical Progress*, Harvard University Press.

Tirole, J. [1989] *The Theory of Industrial Organization*, The MIT Press.

Williamson, O. E. [1968] "Economies as an Antitrust Defense: The Welfare Tradeoffs," *American Economic Review*, 58, pp. 18-36.

Willig, R. D. [1976] "Consumer's Surplus without Apology," *American Economic Review*, 66, pp. 589-597.

◎索　引◎

◇ 事　項

○ アルファベット

CES 関数　126
PCM　→　プライス・コスト・マージン
q　→　トービンの q
SCP パラダイム　3, 43
SCP 分析　3
SSNIP テスト　241
X 非効率性　24

○ あ　行

安全港　238
暗黙の協調　204, 211
一括均衡　113
逸　脱　206
一定の取引分野　226, 243
一定量販売戦略　156, 162
一般集中　227
イノベーション　→　技術革新
迂回発明　188
上澄み価格戦略　158

○ か　行

買い手独占，買い手寡占　4
価格決定型寡占モデル　51
価格差別　28
価格の同調的引き上げ　204
学　習　152, 231
　──効果　165
過剰差別化　128, 138
過少参入　27
過剰参入　128
　──定理　118, 120, 129, 142
過剰な慣性　165
過剰能力　56
寡　占　3, 31

課徴金　222
　──減免制度　222
合　併　225
　──ガイドライン　237, 244
過当競争　61
ガバナンス　25
カラの脅し　103
カルテル　35, 194, 203
関係特殊的　79
勧　告　244
規　格　165
企業結合　212, 225
企業特殊的　79
技術革新　171, 173
技術的効率性　72
技術の専有可能性　174, 192
技術フロー　188
規制緩和　81, 99, 177
規制撤廃論　74
規模の経済性　84, 93, 231
逆循環的　216
競争市場　3
協調　→　暗黙の協調
共同研究　193
共同行為　203, 210
クールノー均衡，クールノー・モデル　32, 60, 101
経営者資本主義　5
経験財　149
経路依存性　152
結合利潤最大化　204
研究開発　78, 152, 171
　──カルテル　194
　──集約度　84, 182
鉱工業技術研究組合法　198
広　告　78, 146

——集約度　84, 167
——の信頼係数　151
厚生経済学の基本定理　15
公正取引委員会　221, 226, 237, 243
厚生の三角形　20
厚生の損失　20, 21, 74
厚生のトレードオフ　233, 244
構造主義　226
工程革新　173
行動主義　226, 232
効率性仮説　44
効率性の向上　228
顧客奪取効果　121, 142
告発　223
固定費用　8, 26, 79
コミットメント　104, 107
混合合併　226
コンテスタブル・マーケット　67, 191

○ さ 行

最小最適規模　84
最小差別化　130, 133
最大差別化　130, 137
最適停止のルール　143
再販売価格維持行為（再販）　212, 251, 264
サステイナブルな解　68, 75
産業　2
産業成果改善可能性指数　45
サンク・コスト　77, 79, 163, 166, 266
参入
　——が受容される　64, 108
　——が阻止された　64, 108, 112
　——がブロックされた　64, 108, 112
　——自由　5
　——不能　5
　→「過少参入，過剰参入」も見よ
参入障壁　4, 67, 77, 83, 166, 262
参入阻止　164, 186
　——価格　62
　——価格戦略　62
参入の反応速度　86

シェア　9
シグナリング　114
資源配分上の効率性　5, 72
資源配分上の非効率　25
資産の特殊性　79
死重的損失　20
市場　2
　——の画定　2, 124, 226, 240
　——の囲い込み　262
市場構造　3
市場行動　5
市場支配力仮説　43
市場成果　5
事前相談　243
自然独占　55, 69, 81, 95
次善の解　120, 178, 196
シナジー効果　231
資本参加　225
社会的余剰　17, 29
住所付きモデル，住所なしモデル　126
集中度　3, 9, 180, 219
シュタッケルベルグ・モデル　108
需要の交叉弾力性　123, 241
純参入数　86
純社会的余剰　27, 29
順循環的　216
シュンペーター仮説　172, 179, 191, 192
消費者余剰　17, 28, 29, 150
情報提供的広告　146
情報の公共財的性格　174, 258
シロスの仮定　101
進化論的理論　172
審決　221
審決取り消しの訴え　223
人的資本　78
浸透価格戦略　157, 266
審判　221, 244
信頼するに足る脅し　103
推測的変動　32, 34
垂直合併　226
垂直的差別化　125, 145, 149
垂直的取引制限　227, 247

垂直統合　247
垂直連鎖　247
スイッチング・コスト　110, 159, 163
水平合併　226
水平的差別化　125, 145
数量維持行為　251
スピルオーバー　188, 258
生産者余剰　17
生産能力　56, 59, 105
生産量決定型寡占モデル　31
製品革新　173
製品差別化　4, 36, 53, 123
　――度　37
絶対的費用障壁　77
絶対的費用優位性　77
説得的広告　146
線型モデル　9
先行者の優位性　160, 164, 193
潜在的参入企業　2, 62, 67
専売店契約　262
戦略的代替関係，戦略的補完関係　54
粗参入数　86
損害賠償　223

○　た　行

対称均衡　33
多角化　93
ただ乗り問題　198
談合　204
探索財　149
探索理論　143
置換効果　177
長期利益率　89
調整速度　89
提携　225
適者生存原理　86
デファクト・スタンダード　166
テリトリー制　260, 264
電撃的参入　81
同意審決　222
投資理論　105
独占　3

――的競争モデル　127, 129
独占禁止法　198, 203, 221, 226, 264
特許　164, 175, 183, 192
トーナメント競争　183
トービンの q　43
ドーフマン＝スタイナー条件　257
トリガー戦略　209

○　な　行

内部補助金　99, 267
ナッシュ均衡　60
二重の限界化　249
2段階ゲーム　59, 105, 135, 140, 189, 194
2部料金制　252
ネットワーク外部性　165

○　は　行

買収　225
排除措置命令　221
排他条件付取引　262, 264
バックワード・インダクション　59
ハーフィンダール指数　9, 41, 42, 47, 238
パレート改善　15
パレート最適　5, 15, 73
範囲の経済性　93
反応曲線，反応関数　33, 54, 217
引き金戦略　209, 213
必要資本量　84
費用優位性　61, 77
品質　125, 148, 149
フォーク定理　209
複占　33
不公正な取引方法　263, 265
不当な取引制限　203, 211
不当廉売　266
プライス・コスト・マージン（PCM）
　39, 42, 96, 167, 218, 242
プライス・テーカー（価格受容者）の仮定
　17
プライス・リーダーシップ　204, 238
　――・モデル　211
フランチャイズ契約　252

ブランド　4, 124
　——間競争　253
　——内競争　253
プロ・パテント政策　193
分離均衡　113
ベルトラン均衡，ベルトラン・モデル
　53, 74, 101, 134
ベルトラン・パラドックス　53
報　復　207
ホールドアップ問題　263
ホワイト・リスト　238

○ ま 行

埋没費用　→　サンク・コスト
マークアップ率　220
マーケット・シェア　9, 38, 40, 181, 207, 235
満足化行動　153

持株会社　225

○ や・ら 行

八幡製鉄・富士製鉄合併　243
有限回繰り返しゲームにおける最終期問題　210
弱い見えざる手の定理　98
ラーナーの公式　22
ラムゼイ最適　73, 98
ラムゼイ定理　97
利益率格差の持続性　90
利　潤　22, 86
　——最大化　5
立地理論　4, 125
リニエンシー　222
略奪的価格政策　266
劣加法性　94

◇ 人　名

○ ア 行

有賀健　43
アロー（Arrow, K. J.）　174, 175, 193
ウィリアムソン（Williamson, O. E.）
　232, 233, 235
ウィリグ（Willig, R. D.）　29, 45, 47, 67, 98
ウィンストン（Whinston, M. D.）　119, 120, 227
ウィンター（Winter, S. G.）　172, 260
植草益　43, 212
上山明博　193
エッジワース（Edgeworth, F. Y.）　57, 59, 61
オア（Orr, D.）　167
大日康史　43
岡田羊祐　198
奥野正寛　16
小田切宏之　5, 23, 25, 40, 43, 87, 92, 153, 165, 167, 173, 220, 221, 225, 226, 228, 240, 244, 247

○ カ 行

カウリング（Cowling, K.）　22, 23, 26
ガブセヴィッツ（Gabszewicz, J. J.）　135
カミエン（Kamien, M. I.）　185
カルドア（Kaldor, N.）　146
ギボンズ（Gibbons, R.）　114
ギリガン（Gilligan, T.）　43
ギルバート（Gilbert, R. J.）　186, 191
グリーン（Green, E. J.）　213–216, 218, 219
クールノー（Cournot, A. A.）　53
クレプス（Kreps, D. M.）　60
クレンペラー（Klemperer, P.）　164
コーエン（Cohen, W. M.）　179
後藤晃　173, 180, 181, 192, 193, 198, 227
コトウィッツ（Kotowitz, Y.）　148
コマナー（Comanor, W. S.）　24, 25

○ サ 行

サイモン (Simon, H. A.)　153
サラモン (Salamon, G. L.)　43
サラント (Salant, S. W.)　227
サロップ (Salop, S. C.)　139
サロナー (Saloner, G.)　215, 216, 218, 219
シャインクマン (Scheinkman, J. A.)　60
ジャックマン (Jacquemin, A.)　194
シャーナン (Shaanan, J.)　116
シャピロ (Shapiro, C.)　1, 157, 158, 231, 235
シャーラー (Scherer, F. M.)　101
シュマーレンゼー (Schmalensee, R.)　43, 154-157
シュワルツ (Schwartz, N. L.)　185
シュンペーター (Schumpeter, J. A.)　171-173, 175, 179
シロス-ラビーニ (Sylos-Labini, P.)　101
新庄浩二　23, 26
スウィッツァー (Switzer, S.)　227
鈴村興太郎　16, 119, 194, 196
スタイナー (Steiner, P. O.)　257
スティグラー (Stigler, G. J.)　77, 86
スティグリッツ (Stiglitz, J. E.)　176, 181
ストーンマン (Stoneman, P.)　173
スペンス (Spence, A. M.)　109, 114
スマイリー (Smiley, R.)　117
スマーロック (Smirlock, M.)　43
スレード (Slade, M.)　217, 218

○ タ 行

大東一郎　203
ダスグプタ (Dasgupta, P.)　181
ダスプレモン (d'Aspremont, C.)　135, 194
ダンズビー (Dansby, R. E.)　45, 47
チェンバリン (Chamberlin, E. H.)　127-129
ディキシット (Dixit, A.)　105, 148, 164
ティッセ (Thisse, J.-F.)　135
ティロル (Tirole, J.)　261
デムセッツ (Demsetz, H.)　44
土井教之　23, 26, 43, 179, 181
ドーフマン (Dorfman, R.)　257
ドモヴィッツ (Domowitz, I.)　219, 220
鳥居昭夫　25

○ ナ 行

南部鶴彦　180, 181
新飯田宏　180, 181
西村清彦　43
ニューベリー (Newbery, D. M. G.)　186, 191
ネルソン (Nelson, P.)　149-151, 153, 154
ネルソン (Nelson, R. R.)　172, 180
ノーマン (Norman, V.)　148

○ ハ 行

ハーシー (Hirschey, M.)　168
バーゼル (Barzel, Y.)　183
ハーバーガー (Harberger, A.)　22-26
ハバード (Hubbard, R. G.)　219
バリアン (Varian, H. R.)　1
パンザー (Panzar, J. C.)　67, 98
バーンハイム (Bernheim, B. D.)　227
ピーターセン (Petersen, B. C.)　219
ファレル (Farrell, J.)　231, 235
ブラッドフォード (Bradford, D. F.)　97
ブレスナハン (Bresnahan, T. F.)　32
ベイン (Bain, J. S.)　84, 85, 167
ベッカー (Becker, G. S.)　78
ベルトラン (Bertrand, J. L. F.)　53
ポーター (Porter, M. E.)　1
ポーター (Porter, R. H.)　213-219
ホテリング (Hotelling, H. H.)　133, 137
ボーモル (Baumol, W. J.)　67, 97, 98

本庄裕司　87

○ マ 行

マーシャル（Marshall, W.）　43
マシューソン（Mathewson, G. F.）　148, 260
マーチン（Martin, S.）　31
マッソン（Masson, R. T.）　116
丸山展弘　42, 92
マンキュー（Mankiw, N. G.）　119, 120
水野誠　153
ミューラー（Mueller, D. C.）　22, 23, 26, 92, 238
ミルグロム（Milgrom, P.）　110
モンゴメリー（Montgomery, D. B.）　165

○ ヤ・ラ・ワ 行

柳川範之　203
山下高志　220, 221
ライベンシュタイン（Leibenstein, H.）　24, 25
ラインガナム（Reinganum, J. F.）　185
ラウリー（Loury, G. C.）　185
リーバーマン（Lieberman, M. B.）　116, 165
リンク（Lynk, W. J.）　167, 168
レイ（Rey, P.）　261
レイノルズ（Reynolds, R. J.）　227
レヴィン（Levin, D.）　235, 236, 238
レヴィン（Levin, R. C.）　179
ローテンバーグ（Rotemberg, J. L.）　215, 216, 218, 219
ロバーツ（Roberts, J.）　110
若杉隆平　266

◎著者紹介

小田切　宏之（おだぎり　ひろゆき）
1969年，京都大学経済学部経済学科卒業
　　73年，大阪大学大学院修士課程経済学研究科修了（経済学修士）
　　77年，米国ノースウェスタン大学大学院博士課程経済学専攻修了
　　　　　（Ph. D. in Economics）
　　米国オバリン大学助教授，筑波大学教授，一橋大学教授，成城大学教授，公正取引委員会委員などを経て，
現在，一橋大学名誉教授，公正取引委員会顧問
専攻：企業経済学，産業組織論，技術革新の経済学
主要著作
　　The Theory of Growth in a Corporate Economy: Management Preference, Research and Development, and Economic Growth, Cambridge University Press, 1981（日経・経済図書文化賞受賞）．
　　Growth through Competition, Competition through Growth: Strategic Management and the Economy in Japan, Oxford University Press, 1992.
　　『日本の企業戦略と組織』東洋経済新報社，1992年（日本経営協会・経営科学文献賞受賞）．
　　Technology and Industrial Development in Japan: Building Capabilities by Learning, Innovation, and Public Policy, Oxford University Press, 1996（後藤晃と共著）．日本語版：『日本の企業進化』東洋経済新報社，1998年．
　　『企業経済学』東洋経済新報社，2000年（第2版，2010年）．
　　『バイオテクノロジーの経済学』東洋経済新報社，2006年．
　　『競争政策論』日本評論社，2008年（第2版，2017年）．
　　『イノベーション時代の競争政策』有斐閣，2016年．
　　『産業組織論：理論・戦略・政策を学ぶ』有斐閣，2019年．

新しい産業組織論：理論・実証・政策
Modern Industrial Organization:
Theoretical and Empirical Approaches and Competition Policy

2001年 9 月30日	初版第 1 刷発行
2013年 9 月10日	初版第 5 刷発行（補訂）
2020年 6 月30日	初版第 7 刷発行

著　者	小 田 切 宏 之
発行者	江 草 貞 治
発行所	東京都千代田区神田神保町2-17 株式会社　**有　斐　閣** 電話 (03) 3264-1315〔編集〕 　　 (03) 3265-6811〔営業〕 郵便番号 101-0051 http://www.yuhikaku.co.jp/

印刷・株式会社暁印刷／製本・大口製本印刷株式会社
© 2001, Hiroyuki Odagiri. Printed in Japan
落丁・乱丁本はお取替えいたします．
★定価はカバーに表示してあります．

ISBN 4-641-16127-5

Ⓡ 本書の全部または一部を無断で複写複製（コピー）することは，著作権法上での例外を除き，禁じられています．本書からの複写を希望される場合は，日本複製権センター（03-3401-2382）にご連絡ください．